城乡二元结构下的基础教育公平问题

Study of the Base Fair Education of Urban-rural Dual Structure

李 淼 ● 著

中国社会科学出版社

图书在版编目(CIP)数据

城乡二元结构下的基础教育公平问题 / 李淼著. —北京:
中国社会科学出版社, 2012.9

ISBN 978-7-5161-1522-0

Ⅰ.①城… Ⅱ.①李… Ⅲ.①城市教育-基础教育-研究-
中国②乡村教育-基础教育-研究-中国 Ⅳ.①G639.2

中国版本图书馆 CIP 数据核字(2012)第 229194 号

出 版 人 赵剑英
责任编辑 门小薇
责任校对 崔冬梅
责任印制 戴 宽

出　　版 中国社会科学出版社
社　　址 北京鼓楼西大街甲 158 号 (邮编 100720)
网　　址 http://www.csspw.cn
中文域名:中国社科网　010-64070619
发 行 部 010-84083685
门 市 部 010-84029450
经　　销 新华书店及其他书店

印刷装订 三河市君旺印装厂
版　　次 2012 年 9 月第 1 版
印　　次 2012 年 9 月第 1 次印刷

开　　本 710×1000　1/16
印　　张 20.75
字　　数 249 千字
定　　价 48.00 元

序 言

改革开放30多年，中国的社会主义现代化建设取得了巨大成就，举世瞩目。尤其是近10年来，我们紧紧抓住和用好我国发展的重要战略机遇期，战胜一系列严峻挑战，奋力把中国特色社会主义事业推进到了新的发展阶段。在新阶段，中国的发展出现了阶段性新特征：经济实力显著增强，同时长期形成的结构性矛盾和粗放型增长方式尚未根本改变；协调发展取得显著成绩，同时城乡、区域、经济社会发展不平衡问题依然突出；科技逐步成为第一生产力，但自主创新能力依旧较弱；人民生活总体上达到小康水平，同时贫困人口和低收入人口还有相当数量。随着经济迅速增长，恩格尔系数下降，基尼系数攀升，市场发展不足与过度并存，社会贫富差距不断拉大，机会与结果的不平等已经在整个社会蔓延开来。发展理念严重考问着社会的公平秩序。社会主义和谐社会的本质属性是公平正义，核心是利益的整合，关键是实现社会阶层的和谐。而公平的缺失已经严重危及和谐社会的建设。社会公平必须放在更加突出的地位，使广大人民群众真正能够共建共享。

城乡二元经济结构是发展中国家工业化过程中必然出现的经济现象，美国著名的发展经济学家刘易斯提出：发展中国家并存着以传统生产方式为主的农业和以现代制造业为主的现代化部门，并通过模型说明工农业之间的二元经济结构转化实质上是一个经济增长的过程。中国的二元结构不仅表现为现代工业部门与传统农业之间的二元经济结构，还表现在城市社会与农村社会长期分割的二元社会结构。在我国城乡二元结构下，城乡经济差距成为一个严酷的现实，这种差距造成城乡教育差距的扩大，主要表现在城乡在教育制度、政策、投资、人力资源等方面存在的显著差别。教育作为提高人的内在素质以消除外部条件影响的工具，原本是缩小社会差距的重要手段之一，但日益扩大的城乡教育差距将直接导致未来城市和乡村居民在知识结构、经济地位和收入方面差距的扩大。教育公平是教育公共性的必要条件，没有教育利益的分配和教育公共参与机会分配的公平性，就不可能实现教育的公共性，因此教育公平是当代中国政府基础性伦理诉求。又由于教育是政府的公共服务产品，完全受政府的管理和调节，因此当前政府主体在教育制度中所起的作用是影响教育公平的主要因素。

我们党一直高度关注解决城乡二元结构问题。江泽民同志在2001年12月的一次讲话中指出："我国二元经济社会结构的问题，要在工业化、信息化的进程中逐步加以解决。"城乡二元结构在良性状态下不断被弱化直至最终消除是中国特色社会主义的本质要求。如果固化的城乡二元结构得不到改善，就无法达到城乡的均衡发展，从而也终将制约城乡教育的均衡发展，从而影响中国特色社会主义的完善与发展。不断解决我国城乡二元结构问题，就需要解决教育不公平问题。教育不公平一方面是城乡二元结构造成的突出问题之一，同时教育不公平又将进一步影响并深化二元经济结构的特征，加大社会成员之间的贫富差距，阻碍社会各阶层的良性流动。只有通过城乡一体化发展逐渐弱化城乡二元结构，从教育制度政策上保障农村基础教育优先发展的地位，农村学生教育机会的获得以及教育资源分配中处境的改善，才能真正实现农村基础教育的良性发展和城乡教育公平的实现。

随着改革开放的深入发展，中国的城乡二元结构问题呈现出复杂的局面。2012年2月16日《求是》杂志发表中共中央政治局常委、国务院副总理李克强的文章。李克强指出：在城乡之间二元结构还没有得到根本改变的同时，城镇内部“二元结构”现象又在显现，后者既包括城镇居民与进城农民工及其家属之间在生产生活条件上形成的差异，也包括城镇历史遗留的棚户区困难群众与大多数市民之间在居住条件上的差异。这种“双二元结构”严重地影响到了教育公平问题。推动解决这种“双二元结构”问题，有利于促进城乡协调发展，减少社会矛盾，释放出城镇化带来的需求潜力，也有利于推动保障社会公平正义，使改革发展成果更多更公平地惠及全体人民，保证人民过上更好的生活。

李淼博士的这本专著对于城乡教育公平问题作了十分系统完整的探索，提出的许多观点给人以启发。我相信此书的出版有助于推进中国城乡教育差距研究的深入。

辛向阳

2012年8月1日

目录

第二章

城乡二元经济结构理论及中国独特的城乡二元社会结构 / 39

第三章

教育公平理论及中国城乡二元结构下的基础教育不公现状 / 93

第四章

中国城乡基础教育不公的根源：城乡二元结构下的教育体制性障碍 / 133

第六章

中国城乡基础教育不公的扩大：城乡二元结构下社会分层和教育公平的相互影响 / 195

第七章

和谐社会视阈下的城乡基础教育公平实现之路初探 / 227

第一章

教育公平是构建和谐社会的重要基础

在马克思主义中国化过程中社会公平理念的发展脉络／构建和谐社会的主旨需要通过社会公平来体现／公平在构建和谐社会过程中的功能／教育公平与构建和谐社会的内在联系

第一节　在马克思主义中国化过程中社会公平理念的发展脉络

构建和谐社会，实现社会公平，是马克思主义中国化的理论创新。早在马克思、恩格斯创立历史唯物主义的过程中，就将社会公平问题作为一个重要的理论范畴加以论述。从毛泽东的“注重社会教育机会的公平，关注人民基本权利的保障”，到邓小平的“效率优先、兼顾公平”，再到江泽民的“立党为公”、“执政为民”，胡锦涛的“初次分配和再分配都要处理好效率和公平的关系，再分配更加注重公平”战略，社会公平的探索既一脉相承又与时俱进。

一　社会公平理念的源头——马克思、恩格斯的社会公平理论

自1848年马克思、恩格斯在《共产党宣言》中宣布共产主义的幽灵在欧洲大地上徘徊以来，公平正义就一直作为社会主义的核心价值观贯穿并指导着国际共产主义运动。马克思、恩格斯的社会公平理论，是其在前人思想成果的基础上，特别是通过对空想社会主义公平分配理论的批判和继承，逐步创立和发展起来的。空想社会主义者认

为，公平的社会分配形式是社会成员在生产资料公有制的基础上进行共同劳动，社会对劳动产品实行公共管理，而个人或家庭则根据各自的需要从社会领取所需的产品。马克思、恩格斯在深刻批判了资本主义社会的不公平现象，深刻分析资本主义社会不公所产生的社会历史根源，深刻揭露资产阶级唯心主义公平理论的非科学性基础上，论述了未来社会公平实现的历史条件，形成了自己的社会公平观。具体而言，马克思、恩格斯的社会公平理论主要有以下几方面内容。

（一）马克思、恩格斯认为，公平是一个历史的、社会的、阶级的范畴，不同的社会、不同的阶级对公平有不同的理解。不存在任何超越特定历史条件、超越阶级的抽象的“永恒公平”。马克思在批评蒲鲁东的公平观时指出：“蒲鲁东先从与商品生产相适应的法权关系中提取他的公平的理想，永恒公平的理想。”[①] 恩格斯在《论住宅问题》一文中也指出，蒲鲁东主义认为正义是一切事物的原则和标准，赋予正义一种永恒的、绝对的地位，看不到公平、正义等观念、范畴不能脱离产生它们的现实条件。蒲鲁东主义在公正问题上的缺陷在于：“要求现代社会不是依照本身经济发展的规律，而是依照公平的规范来改造自己。”[②] 马克思、恩格斯从两个层次的社会形态论述了公平分配的历史性。第一层次，历史地看待资本主义分配过程中等价交换原则。马克思认为，权利绝不能超出社会的经济结构以及由经济结构制约的社会文化的发展。另一方面，由于等量劳动互换的公平分配体现平等的权利按照原则仍然是资产阶级的权利。因此社会主义分配制度按劳分配以等量劳动交换的形式表现出来，明显带有资本主义公

① 《资本论》第1卷，人民出版社2004年版，第102页。

② 《马克思恩格斯选集》第3卷，人民出版社1995年版，第491页。

平分配观的烙印。第二层次，共产主义公平分配观是对社会主义分配思想的历史性批判继承。他们认为，在共产主义社会里，公平分配将从根本上摆脱资产阶级权利的狭隘界限，实现按需分配的公平。

（二）马克思、恩格斯认为，社会公平思想要以现实的人为出发点。在马克思看来，个人“不是处在某种虚幻的离群索居和固定不变的状态中的人，而是处在现实的、可以通过经验观察到的、在一定条件下进行的发展过程中的人”①。人是社会生产力中最重要的、活跃的、起决定性作用的因素，是一切社会活动和一切社会关系的承担者、表现者和实现者，人的主体性和创造能力能否得到实现和发展，直接影响到社会公平的实现。

（三）马克思、恩格斯认为，公平的性质和内容是由一定社会的物质生活条件即经济基础决定的。社会存在决定社会意识，经济基础决定上层建筑。道德和法是上层建筑的重要组成部分，其性质和内容必然而且只能由经济基础来决定。公平作为道德和法的观念，决定它的东西只能是现存的经济关系。因此，恩格斯指出，公平“始终只是现存经济关系的或者反映其保守方面、或者反映其革命方面的观念化的神圣化表现”②。

（四）马克思、恩格斯认为，大力发展生产力是实现社会主义公平的基本前提。生产力是推动社会发展的决定性力量，一种社会制度的存亡最终取决于生产力的发展状况，生产力的发展状况决定着社会公平的实现是否可能。马克思通过阐述人类在追求自由和自身全面发展的历史过程中表现为三大历史形态：与自然经济相适应的“人的依

---

①《马克思恩格斯选集》第1卷，人民出版社1995年版，第73页。

②同上书，第3卷，人民出版社1995年版，第212页。

赖关系”、与市场经济相适应的“以物的依赖性为基础的人的独立性”和“建立在个人全面发展和他们共同的社会生产能力成为他们社会财富这一基础上的自由个性”，提出了自己的设想，即真正公平的分配方式只能是共产主义社会的“各尽所能，按需分配”的方式。但这一分配方式的实现必须以社会物质财富的极大丰富为前提。解决社会公平问题，关键还是靠发展。

（五）马克思、恩格斯认为，以实现“公平”为由阻碍经济发展的做法是完全错误的，要实现公平首先是实现社会制度的公平。恩格斯在抨击蒲鲁东时指出，蒲鲁东只要永恒公平，希望把全部现代工业、蒸汽机、纺纱机以及其他一切坏东西统统抛弃，而返回到旧日的规规矩矩的手工劳动。哪怕这样做我们会丧失千分之九百九十九的生产力，整个人类注定会陷入极可怕的劳动奴隶状态，那也没什么了不起，只要使每个人都能得到“十足的劳动所得”并且能实现“永恒公平”就行了。但有公平常在，哪怕世界毁灭！如果蒲鲁东的这种反革命的东西确实能付诸实现，世界是要毁灭的。马克思、恩格斯指出，只有通过无产阶级革命消灭剥削阶级，推翻资本主义制度，建立社会主义制度才能实现社会公平。

（六）马克思、恩格斯认为，权利永远不能超出社会的经济结构以及由经济结构制约的社会的文化发展，公平必然经历一个从相对不公平至相对公平的渐进的历史过程。刚刚从旧社会脱胎出来的新社会，必然在各个方面被打上旧社会的痕迹。公平中包含着不公平，这才是新社会渐进的历史发展中真正现实的公平。

如何实现真正彻底的公平，马克思、恩格斯认为，实现社会公平和正义的基本条件，就是整个社会实行生产资料公有制，发展生产力，消灭工农之间、城乡之间、体力与脑力劳动之间的差别。把无产阶级的公平要求理解为消灭私有制，消灭阶级，实现人的自由全面发展，是马克思、恩格斯社会公平观的根本之点。

二　党的历代领导集体对社会公平理念的探索

（一）毛泽东对社会公平理念的奠基性探索

公平是社会发展的永恒主题，努力实现社会公平是社会主义的重要原则和价值诉求。毛泽东在领导中国人民进行革命和建设的伟大进程中，始终把实现社会公平作为其奋斗目标。虽然他没有留下一篇专门论述公平问题的文献，但他曾针对中国社会特有的现状对社会公平问题有过广泛而深入的探索。我们可以看到，在许多重要的文献中，都有他关于我国社会公平方面问题的经典论述。毛泽东的社会公平思想是毛泽东思想的重要组成部分，对中国革命以及中国社会主义建设与发展进程产生了深远影响。对于今天构建社会主义和谐社会，尤其具有重要的借鉴和启示作用。

首先，毛泽东注重农民在中国革命中的地位和作用。他认为应该实行土改，通过公平分配农业生产资料、实行农业合作化来克服农村的两极分化。毛泽东赞同孙中山"耕者有其田"的思想，要求党和革命武装力量没收地主的土地，分给没地或少地的农民。他认为，社会主义新中国的成立，广大民众应该是均等、均富，革命的目的就是为了推翻旧制度，建立社会主义新制度，使贫苦农民梦想平等、自由，摆脱贫困、丰衣足食的社会愿望成为现实，两极分化是社会主义不能容许的。他在《组织起来》一文中指出，要克服这种状况的唯一办法就是逐渐地集体化。而达到集体化的唯一道路，就是经过合作社。如果不给小农经济指出社会主义改造这一条正确的、光明的和广阔的出路，就一定会发展到放弃社会主义在农村的阵地，帮助农村资本主义自发势力的生长。

值得注意的是，毛泽东还较早地注意到平均主义的危害，并对之进行了批判。1927 年，毛泽东在《关于纠正党内错误思想》的讲话中就提出要纠正绝对平均主义的错误。1942 年，他又指出绝对平均主义是小资产阶级空想社会主义，是不能实现的。

其次，毛泽东关注人民基本权利的保障，重视劳动者参与管理的权利，还特别关心和重视性别平等及妇女基本权利的保障。1922 年 5 月 1 日纪念国际劳动节时，毛泽东在湖南《大公报》上载文，呼吁社会各界“请注意到劳工的三件事：一、劳工的生存权，二、劳工的劳动权，三、劳工的劳动全收权”。“一个人在‘老’‘少’两段不能做工的时候应该都有一种取得保存他生命的食物的权利，这就是生存权。”

> 一个人在十八以上六十以下有气有力的时候，除开他自己发懒不做工可以让他饿死不算数外，在理都应该把工给他们做，工人就有种要求做工的权利。若是工人有力而社会无事可以买他的力事实上工人不得不“赋闲”时，社会就应该本着罪不在工人的理由而给与他们平常的工资，这就是劳动权。工人做的东西应该全归工人自己，这就是劳动全收权。[①]

① 《毛泽东文集》第 1 卷，人民出版社 1993 年版，第 9 页。

因此，毛泽东在陕甘宁边区施政纲领中明确了人民的权利“保证一切抗日人民（地主、资本家、农民、工人等）的人权，政权，财权及言论、出版、集会、结社、信仰、居住、迁徙之自由权”[①]。另外，他特别指出，劳动者应当有管理国家、管理军队、管理各种企业、管理文化教育的权利。

在《湖南农民运动考察报告》中，毛泽东特别明确提出，“妇女要同男子一样，有自由，有平等”。“就是女子有办事之权，开会之权，讲话之权，没有这些权利，就谈不上自由平等。”[②] 真正推动了中国社会妇女解放事业的发展，为男权社会画下句号。

再次，毛泽东十分注重社会教育机会公平，注重大众教育和反对教学特权。毛泽东对于国人的文化程度有一个基本的估计，认为占人口10%左右的“地主、富农、城市资产阶级和知识分子，中国有文化的主要是这一部分人。还有10%左右的人是识字的，就是上层小资产阶级和富裕中农。80%的人过去都是文盲”[③]。因此，如何提高广大人民群众的文化水平为毛泽东高度关注和极为重视。针对我国大众教育的不发达，毛泽东指出：

> 现在我国不仅有许多到了学习年龄的儿童没有学校可进，而且还有一大批超过学龄的少年和青年也没有学校可进，成年人更不待说了。这个严重的问题必须在农业合作化的过程中加以解决，也只有在农业合作化的过程中才能解决。

---

① 《毛泽东文集》第2卷，人民出版社1993年版，第335页。

② 同上书，第171页。

③ 《毛泽东文集》第8卷，人民出版社1999年版，第214—215页。

并进一步要求，在制订农业合作社规划中要做好安排。

> 还有什么规划呢？还有文化教育规划，包括识字扫盲，办小学，办适合农村需要的中学，中学里面增加一点农业课程，出版适合农民需要的通俗读物和书籍，发展农村广播网，电影放映队，组织文化娱乐等等。……在整个规划里面都要有这些部分。

毛泽东非常反对教育上的特权，对于带有特权色彩的教育很敏感、很警惕。新中国成立之初，毛泽东就提出："干部子弟学校，第一步应划一待遇，不得再分等级；第二步，废除这种贵族学校，与人民子弟合一。"①

最后，毛泽东强调通过共同富裕来实现社会公平。毛泽东对社会主义的追求，包含着对富裕的追求。在毛泽东看来，富裕是社会主义的必然伴生物。正如美国学者特里尔所说的："在毛看来，富裕和社会主义是一枚硬币的两面。"② 毛泽东指出，共产党领导农民走社会主义道路，就是要"使农民群众共同富裕起来，穷的要富裕，所有的农民都要富裕"③。要把社会主义制度的合理性与经济发展、生产力进步联系在一起，因为"我们现在的社会主义制度比旧时代的社会制度要优胜得多"④。

毛泽东认为，革命胜利后的形势要求党带领农民走共同富裕的道路。我党有必要"领导农民走社会主义道路，使农民群众共同富裕起

① 《毛泽东书信选集》，人民出版社 1983 年版，第 437 页。

② 《毛泽东传》，河北人民出版社 1990 年版，第 297 页。

③ 《毛泽东选集》第 5 卷，人民出版社 1999 年版，第 7 页。

④ 同上书，第 73 页。

来，穷的要富裕，所有农民都要富裕，并且富裕的程度要大大地超过现在的富裕农民”[①]。通过什么手段呢？这就是实现农业合作化。“只要合作化了，全体农村人民会要一年一年地富裕起来”，“现在我们实行这么一种制度，这么一种计划，是可以一年一年走向更富更强的，一年一年可以看到更富更强些。而这个富，是共同的富，这个强，是共同的强，大家都有分，也包括地主阶级”。[②] 毛泽东更初步提出实现共同富裕的概略时间表。“我们准备在几年内……使农业得到发展，使合作社得到巩固……使农村中没有了贫农，使全体农民达到中农和中农以上的生活水平。”估计“要有几十年时间，经过艰苦的努力，才能将全体人民的生活水平逐步提高起来”[③]。

毫无疑问，社会主义制度的确立，使我国具备了实现社会公平的坚实制度基础。正是在毛泽东社会公平思想的基础上，中国共产党人不断深化对社会公平问题的认识，为今天和谐社会的构建与社会公平的维护奠定了良好的基础。

（二）邓小平对社会公平理念的历史性开拓

邓小平对社会公平最伟大的探索是将社会公平从理想拉回到现实，建立适应社会主义初级阶段的社会公平观，即“效率优先、兼顾公平”。它是以“效率优先”为前提，使新生的社会主义制度具备高速发展生产力的条件，并在这个基础上逐步实现全体人民的共同富裕，由经济公平到政治公平、社会公平，直到实现更加美好的共产

① 《毛泽东选集》第5卷，人民出版社1999年版，第373页。
② 同上书，第7、495页；同上书，第6卷，第197、495页。
③ 同上书，第81页。

主义。

邓小平认为我国正处于社会主义的初级阶段，生产力落后，人民的生活还很贫穷，这种国情决定了社会主义初级阶段的根本任务是发展生产力。以牺牲经济增长去追求公平分配就我国现阶段来说是不合适的。生产力决定生产关系，经济基础决定上层建筑，离开生产的发展一切无从谈起，更不会有真正意义上的公平。邓小平反复强调指出，“社会主义原则，第一是发展生产，第二是共同富裕”①。贫穷不是社会主义，发展太慢也不是社会主义，社会主义的本质是“解放生产力，发展生产力，消灭剥削，消除两极分化，最终达到共同富裕”②。社会主义的目标是共同富裕，即使全体劳动人民过上幸福美好的生活，而实现这一目标的根本途径是解放和发展生产力。

“效率优先、兼顾公平”的内涵包含几个方面。首先，效率优先是前提条件。邓小平认为，效率既指经济工作的效率，又指整个社会系统的效率。经济工作的效率，既指宏观的资源有效配置的效率，又指微观的劳动生产率。他说过：“国家这么大，这么穷，不努力发展生产，日子怎么过？我们人民的生活如此困难，怎么体现社会主义的优越性？”邓小平把发展速度看成一个经济问题，还把它作为一个能否体现社会主义优越性，保持国内稳定和提高中国国际地位的政治问题来考虑。他强烈要求我们“要掌握和发展现代科学文化知识和各行各业的新技术、新工艺，创造出比资本主义更高的劳动生产率，把我国建设成为现代化的社会主义强国”。在社会效率方面，他强调“搞四个现代化不讲工作效率不行，现在的世界，人类进步一日千里，科

① 《邓小平文选》第3卷，人民出版社1993年版，第172页。

② 同上书，第373页。

学技术方面更是这样，落后一年，赶都赶不上，所以，必须解决效率问题”[①]。在他看来，效率是速度和效益的统一，只有高速度与高效益的统一，才是真正的高效率。

其次，强调兼顾公平。邓小平把公平和效率的统一上升到社会主义本质的高度，反对割裂两者之间的关系，片面强调一方，忽视或否定另一方，因为离开效率的公平只能是“共同贫穷”，不讲公平最终也必将失去效率。另一方面，他也反对将两者无条件地等同起来。他用唯物辩证法的基本观点，深刻分析了公平与效率的关系，指出在效率和公平这个统一体中，效率是矛盾的主要方面，在解决公平和效率的关系问题上，必须把效率放在优先的地位，在效率优先的前提下，兼顾公平。

在具体实践途径上，邓小平提出的允许一部分地区、一部分企业、一部分工人农民，由于辛勤努力、成绩大而收入先多起来、生活先好起来的政策，正是为了通过有效的激励提高生产活动和经济活动的效率，实行“按劳分配”的分配原则，“多劳多得、少劳少得”，允许人们的收入有合理的差距，这才是真正的公平。他主张依靠经济体制改革，建立社会主义市场经济。通过生产力的发展，在更高层次的水平上实现公平。

> 社会主义的第一个任务是要发展社会生产力。一九四九年取得全国政权后，解放了生产力，土地改革把占人口百分之八十的农民的生产力解放出来了。但是解放了生产力以后，如何发展生

① 《邓小平文选》第3卷，人民出版社1993年版，第10、90、179—180页。

> 产力，这件事做得不好。主要是太急，政策偏“左”，结果不但生产力没有顺利发展，反而受到了阻碍。[①]

社会主义不是简单的平均主义。市场经济是目前为止最有效率的经济体制，而社会主义是最具有优越性的社会制度，二者的结合为效率与公平的关系提供了新的内涵。

在保障社会公平方面，邓小平有三点思想主张。一是一再强调必须保持公有制经济在整个国民经济中的主导地位，以及按劳分配在社会主义财富分配制度中的主导地位，这实质上就是要从经济制度上保障不出现过大的两极分化。“社会主义的目的就是要全国人民共同富裕，不是两极分化，如果我们的政策导致两极分化，我们就失败了。”[②] 二是为了保障基本的社会公平，防止两极分化的扩大，邓小平在提出允许一部分人先富起来的大政策的同时，又强调政府要通过宏观调控手段控制贫富差异的扩大，通过“第二次分配”来平衡不同的地区、单位和个人之间的利益关系，逐步缩小人们收入的差距，同时还强调先富起来的地区、单位和个人要帮助后富的地区、单位和个人。“一部分人生活先好起来，就必然产生极大的示范力量，影响左邻右舍，带动其他地区、其他单位的人向他们学习。这样，就会使国民经济不断地波浪式地向前发展，使全国各族人民都能比较快地富裕起来。”[③] 三是为保障基本的社会公平，防止两极分化的扩大，他主张要坚决打击一切非法致富的行为活动。要通过深化改革、堵塞体制上

---

① 《邓小平文选》第3卷，人民出版社1993年版，第227页。
② 同上书，第111页。
③ 《邓小平文选》第2卷，人民出版社1994年版，第152页。

和政策上的漏洞，优化市场经济秩序，防止一切非法致富行为活动的蔓延。

（三）江泽民对社会公平理念的全面丰富

以江泽民同志为代表的第三代领导集体，通过对社会主义市场经济改革目标的确定，对公有制经济的含义、地位和作用的界定，对构筑市场平台的思考及对发展社会主义市场经济的目的性追问，建立起比较完整的社会主义市场经济理论体系。他结合社会主义市场经济建设的新形势和新要求，围绕着怎样建设党的重大历史课题，进一步推动着社会主义社会公平的探索和实践，创造性地提出“三个代表”重要思想。江泽民同志的社会公平思想正是其“三个代表”重要思想的理论特色之一。

首先，他明确提出立党为公、执政为民是马克思主义政党的根本价值观和核心执政理念。江泽民同志指出：

> 全心全意为人民服务，立党为公，执政为民，是我们党同一切剥削阶级政党的根本区别。任何时候我们都必须坚持尊重社会发展规律与尊重人民历史主体地位的一致性，坚持为崇高理想奋斗与为最广大人民谋利益的一致性，坚持完成党的各项工作与实现人民利益的一致性。……归根到底都是为了最广大人民的利益。[①]

这奠定了马克思主义政党实现社会公平的基础。

① 《江泽民文选》第3卷，人民出版社2006年版，第279页。

其次，他继承并更好地发展了“效率优先、兼顾公平”。从众多的论述中可见，他是把效率优先、兼顾公平作为允许和鼓励一部分人先富起来，最终实现共同富裕的平衡点。他在《正确处理社会主义现代化建设中的若干重大关系问题》的重要讲话中指出，必须认识到我国社会主义市场经济体制是同社会主义基本制度结合在一起的，它既可以发挥市场经济的优势，又可以发挥社会主义制度的优越性，在处理市场机制和宏观调控、当前发展和长远发展、效率和公平等关系方面，应比西方国家做得更好和更有成效。也正因为如此，江泽民强调要把调节个人收入分配作为全局性的大事来抓，要区分不同情况，采取有针对性的措施，保护合法收入，取缔非法收入，调节过高收入，保障低收入者的基本生活，以保证兼顾公平的要求得以实现。

最后，要求党员领导干部树立正确的权力观，绝不允许以权谋私，侵害人民群众的利益，破坏社会公平；广泛提倡尊重劳动、尊重知识、尊重人才、尊重创造，平等对待一切中国特色社会主义事业的建设者，维护每一个阶层的合法权益。“所有党员干部必须真正代表人民掌好权、用好权，而绝不允许以权谋私，绝不允许形成既得利益集团。”“领导干部必须运用人民赋予的权力……为国家和人民谋利，而绝不能把它变成牟取个人或少数人私利的工具。”“无论是体力劳动还是脑力劳动，不论是简单劳动还是复杂劳动，一切为我国社会主义现代化建设作出贡献的劳动，都是光荣的，都应该得到承认和尊重。”“对为祖国富强贡献力量的社会各阶层人们都要团结，对他们的创业精神都要鼓励，对他们的合法权益都要保护。”①

① 《江泽民文选》第3卷，人民出版社2006年版，第280、420、539—540页。

（四）胡锦涛对社会公平理念的进一步发展

随着市场化、工业化、城镇化以及经济全球化的推进，我国社会结构也发生了一系列新的变化，地区之间、城乡之间、阶层之间、部门之间的利益差距在不断扩大，社会财富与发展机会越来越向少数人手中积聚，社会弱势群体的政治权利在某种程度上得不到切实的保障，从而引发社会的稳定危机、信任危机和认同危机。在这种情势下，只有把社会公平放到更加突出的位置，逐步建立以权利公平、机会公平、规则公平、分配公平为主要内容的社会公平保障体系，从法律、制度、政策上努力营造公平的社会环境，才能化解社会群体之间的各种矛盾，形成全体人民各尽所能、各得其所而又和谐相处的社会局面。因此，在十七大报告中，胡锦涛提出："初次分配和再分配都要处理好效率和公平的关系，再分配更加注重公平"，要"提高劳动报酬在初次分配中的比重"。这些开天辟地的新提法是正确认识和处理分配关系中效率与公平问题的指导思想，是对社会公平理念的进一步发展。

初次分配中涉及公平的问题主要有四方面：一是参与初次分配的机会不均等，包括就业机会不均等、劳动力不能充分流动、失业等。二是劳动力进入劳动力市场后，劳动力市场中存在的一些歧视，包括性别歧视、户籍歧视等，导致同工不同酬。三是在生产过程中，劳动力市场长期存在供过于求的现象，尤其是低端劳动力，导致一些企业过度使用劳动力、压低工资等现象。四是在初次分配中，除了工资，作为劳动报酬一部分的社会保障也由于身份不同而存在分配不公。

三　构建和谐社会——社会公平理念的最新理论平台

改革开放后，我国经济持续高速增长，人民生活水平飞速提高。与此同时，职工下岗、农民失地、农民工讨薪难、大学生就业难、群众就医难等问题也显著表露。城乡差距、区域差别、行业差别不仅没有缩小反而有进一步加大的趋势。因此，中共十六大报告第一次将“社会更加和谐”作为重要目标提出；十六届四中全会更进一步提出构建社会主义和谐社会的任务。

民主法治、公平正义、诚信友爱、充满活力、安定有序、人与自然和谐相处的和谐社会理念正是对马克思、恩格斯公平理论的继承，对毛泽东同志“注重社会教育机会的公平，关注人民基本权利的保障”公平理念和邓小平的“效率优先、兼顾公平”公平理念的发展。

（一）和谐社会理念中的社会公平理念是对马克思、恩格斯公平理论的继承。马克思、恩格斯公平理论的精髓在于，使社会公平原则实现了理论与实践的高度统一，使抽象的公平理论变为具体的、实践的社会公平观，即实现公平的根本途径是发展生产力。而和谐社会建设正是要不断增强全社会的创造活力，大力发展社会生产力，妥善协调利益关系，正确反映和兼顾不同方面群众的利益。同时，马克思、恩格斯还认为，公平是历史的，必然经历一个从相对不公平到相对公平的渐进过程。而和谐社会理念的提出原因之一正是由于我国现阶段出现一系列社会不公问题。构建和谐社会，就是要完成这个从相对不公平到相对公平的渐进过程。

（二）和谐社会理念高度概括了毛泽东“注重社会教育机会的公

平，关注人民基本权利的保障”公平理念。和谐社会理念以广大人民的根本利益为出发点和落脚点，抓准大多数人的共同利益与不同阶层的具体利益的结合点，充分考虑和兼顾不同地区、不同行业、不同阶层、不同群体的利益，充分考虑社会各方面的承受能力。正是毛泽东注重社会教育机会的公平，关注人民基本权利的保障理念的高度概括。

（三）和谐社会理念丰富和发展了毛泽东“注重社会教育机会的公平，关注人民基本权利的保障”公平理念。首先，和谐社会理念把注重社会教育机会公平的思想从教育机会公平扩展到社会的全面公平上。其次，和谐社会理念把关注人民基本权利的保障的思想从基本权利扩展到重视和落实人民群众最现实、最关心、最直接的利益上。最后，和谐社会理念把通过共同富裕来实现社会公平扩展为努力促进经济社会的全面发展，不断增强全社会的创造活力。

（四）和谐社会理念与邓小平“效率优先、兼顾公平”的公平理念是相契合的，二者具有内在的一致性。邓小平“效率优先、兼顾公平”理念的思想精髓是尊重国情、实事求是。发展生产力，是贯穿邓小平全部理论和实践的一个带有根本性和全局性的科学命题，是邓小平思想的实质和精髓。当前，我国改革在广度上已涉及政治、经济、文化等所有领域，在深度上已触及人们具体的经济利益，发展方面已由单纯追求 GDP 上升到追求人文 GDP、环保 GDP，实现人口、资源、环境统筹协调发展。只有促进社会和谐，重构社会结构，调整社会关系，最大限度激发各社会阶层创造活力，才能使得全社会形成合力，从根本上提高生产力。

（五）和谐社会理念要求的“公平正义”是对邓小平“效率优先、

兼顾公平”思想的丰富和发展。“效率优先，兼顾公平”在改革开放初期具有重要价值，没有让一部分人先富起来，就不可能有经济发展，不可能有市场经济。但今天，在社会出现很多弱势群体情况下，继续实行效率优先，就使得某些政府官员不注重民意，以效率为借口，侵犯民众的利益。只有初次分配和再分配都促进效率与公平有机结合，才能促进国民收入合理分配，促进社会和谐。

综上所述，和谐社会理念的源头正是马克思、恩格斯的社会公平理论。党的历代领导集体的社会公平理论，实际上代表了不同阶段的马克思主义中国化理论。从马克思、恩格斯的经典理论，到党的历代领导集体在建设中国特色社会主义过程中关于社会公平的理论和实践成果，无一不为我们党在新时期提出构建和谐社会理念奠定了坚实的理论基础。

第二节　构建和谐社会的主旨需要通过社会公平来体现

一　社会公平是构建社会主义和谐社会的前提和基础

众所周知，和谐社会是追求公平正义的社会。公平正义作为社会主义的本质要求，是衡量社会全面进步的重要尺度，更是中国共产党长期追求的根本目标。

对于社会主义生产目的，马克思认为，它要保证一切社会成员有富足的和一天比一天充裕的物质生活。恩格斯认为，它要满足所有人的需要。列宁认为，它要保证社会全体成员的充分福利和自由的发展。邓小平认为，就是要消除两极分化，实现全国人民的共同富裕。尽管他们对于社会主义生产目的的表述不完全相同，但他们的核心思想都是要满足整个社会成员的需要，实现社会公平。社会主义之所以最终要消灭经济上的剥削和政治上的压迫，归根结底是为了消除社会的不平等和不公正，使全体人民在政治、经济、文化诸多方面享有同等的权利，从而实现人的全面发展。所以，社会公平是社会主义的核心价值和本质属性，社会主义社会应当是比以往任何社会形态都更加公平正义的社会。

社会公平不仅是社会主义的核心价值和本质属性，更是一种现实的要求。马克思主义认为，社会公平是社会历史发展的产物，社会公平受制于特定的社会经济、政治和文化结构，具有具体性和历史性。因此我们看到，公平并不是抽象的理想，而是与社会发展的一定历史阶段紧密联系的。在我国不同的社会发展阶段，社会公平有着不同的内容和意义。社会主义初级阶段，由于坚持以经济建设为中心，解决中国的一切问题都要靠发展。1993 年，中央在确立社会主义市场经济体制的文件中提出的坚持效率优先兼顾公平原则，正是以社会主义初级阶段全面建设小康社会的任务出发来决定的。而党的十七大报告关于“深化收入分配制度改革，增加城乡居民收入”的部署中，强调指出“初次分配和再分配都要处理好效率和公平的关系。再分配更加注重公平”，是针对现在社会不公平现象日益突出、贫富差距现象日益明显提出的新举措，是由目前我国出现的收入差距超常扩大的趋势，引发新的社会矛盾，不利于社会稳定的现状决定的。

共产主义的最终目标是要实现人的自由全面发展，这是人类所追求的最高境界的社会公平，是马克思主义政党的最终奋斗目标。社会主义的本质是以全体人民的幸福为宗旨。享有社会物质与文化财富是每一个社会成员的权利，而不是少数人的特权。只有切实维护和实现社会公平，人们的心情才能舒畅，各方面的社会关系才能协调，整个社会才会更加和谐稳定。促进社会公平正义，不仅是我国社会主义制度的本质要求，更要成为构建社会主义和谐社会进行制度安排与制度创新的前提和基础。

二　社会公平是构建社会主义和谐社会的核心价值理念

公平，包含平等和公正两层含义。平等是人与生俱来的一种基本权利。公正则是一个相对的概念和历史的范畴，主要是指人的权利和义务、地位和作用、付出和所得之间的相应关系，其基本要义是，给每个人他应得的。现代意义上的公平，除了能够切实保证社会成员的基本权利，使每个社会成员都享有大致相同的发展机会，根据每个社会成员的具体贡献进行分配外，还须对一次分配后的利益格局进行必要的调整，从而保证全体社会成员的生活质量得到提高，使整个社会的发展能力与整个社会机体的质量得以提升，进而实现社会的整体化发展。

社会公平是现代社会进行制度安排和制度创新的重要依据，是协调社会各个阶层相互关系的基本准则，也是一个社会具有凝聚力、向心力和感召力的道义基础。社会公平是人们历来所追求的理想目标。从公平的价值形态上看，公平所反映的是人与人之间的关系，它以规范和原则的形式规定人们活动的范围、方式，使其与相应的责任与义务联系起来，从而保持某种“应然”的秩序。也就是说，公平的直接目的就是保持社会的稳定和秩序。任何一个社会，在谋求稳定的社会秩序的过程中，都需要依赖于这个社会所广泛认同的公平正义原则的实现。只有在相对公平得到实现的前提下，社会才能避免动乱，人民才能安居乐业。

和谐社会的核心是人际关系的和谐。人不仅在意自己付出后得到的回报，而且更关心比较意义上的所得，即是否得到公平对待。“和谐社会”应是各方面的利益关系都能得到协调的社会，能够调动劳动者积极性的社会。在整个社会实现公平、公正是社会和谐的基础。就一个国家而言，最可怕的潜在危机是来自社会内部各个阶层之间的隔阂、不信任、抵触和冲突。要避免出现社会危机，就要举起公平正义的旗帜。没有社会公平，社会就不可能诚信友爱、安定有序、充满活力，社会就不可能实现和谐。

因此我们看到，社会主义和谐社会的本质就是共同富裕和社会公平。社会公平是和谐社会所内蕴的核心价值理念。它涉及社会利益的合理分配，而社会利益的合理分配，正是和谐社会的核心。正是由于对社会制度和社会整体具有如此巨大的价值力量，社会公平才成为社会和谐的核心价值内容。

三　社会公平是构建社会主义和谐社会的推动力

社会发展不仅是经济的增长和政治的进步，更为深刻的是公平和正义的张扬。尽管作为一种它变性因素，公平正义不能离开它赖以生存的经济和社会基础，但是它却会在经济和社会发展中发挥巩固和推动的作用。在当代社会，公平主要通过以下三个层面推动着社会主义和谐社会的建设。

第一，经济公平规则推动着经济交往的和谐。经济层面的公平原则是指在经济交往活动中，坚持平等竞争、等价交换、机会均等、收入分配均衡等原则。经济领域中的公平要求交换双方相互平等，对方不得以任何非经济要素强迫合作者接受自己的意向。我们看到，经济交换的普遍化和规范化，有力地推动了生产力的发展，体现了社会的文明和进步，并保障了经济公平的运行。但是，这种公平只是被界定在经济领域中，一旦交换关系普遍渗入到政治和文化领域，它带来的就可能不是公平，而是腐败和混乱。

第二，政治公平规则推动着政治的和谐。政治层面的公平，就是指国家和社会应当制定相应的法律和规则，保证每个社会成员都有平等的机会参与社会政治生活。“一切人，或至少是一个国家的一切公民，或一个社会的一切成员，都应当有平等的政治地位和社会地位。”① 社会公平有着鲜明的制度属性和阶级属性，不同的所有制社会所提倡的政治公平具有不同的性质。就社会主义国家而言，政治层面的公平就是指国家和社会应当制定相应的法律和规则，保障每一个合法公民都具有政治的发言权、参与权和监督权，在政治交往关系中，要维护每个公民的合法权益。

第三，伦理公平规则推动着和谐文化的构建。伦理层面的公平，主要指在价值观上倡导的一种个人生存价值和人格独立的平等。即使

① 《马克思恩格斯选集》第 3 卷，人民出版社 1995 年版，第 444 页。

智力天赋、受教育的程度、家庭背景等的不同，使得每个人的经济地位和政治地位存在差异，不平等是不可能避免的，但伦理意义的公平必须有自身的内在尺度：每个人都有自己的人格尊严，这种人格尊严是神圣不可侵犯的。

随着经济市场化进程的加快，经济结构和社会结构正发生着深刻的变化，利益主体的多样化所引发的矛盾和问题越来越突出。在建设中国特色的社会主义背景下构建社会主义和谐社会，任重道远。只有切实维护和实现社会公平与正义，才能充分调动人们的积极性、主动性和创造性，实现和谐社会的构建。

第三节　公平在构建和谐社会过程中的功能

一　公平在和谐社会构建中的社会稳定功能

建设社会主义和谐社会，稳定是第一要素，也是改革和现代化建设的必要条件。一般来说，稳定的社会需要社会秩序规范。社会秩序规范分为三类，一是道德性规范，是指道德伦理、风俗习惯、宗教训诫等在内的道德性规范。社会秩序规范是一种自律的力量，它是人在社会化过程中从其生活环境中潜移默化得到的。二是契约性规范，是指包括大量隐形契约在内的人们在相互交往的过程中所达成的、彼此同意的规则。三是行政性规范，指包括法律、法规和各种规章制度在内的以国家强制力作保证，由国家或政府部门制定的人与人、人与组织、组织与组织之间行为和关系的规则。这三种规则由内而外、相互交织规范着人的行为，协调着人们的关系，维护着社会的秩序。我们看到，这三种秩序的发挥和合力都离不开社会公平。道德没有公平，就丧失了伦理的根基；契约没有公平，就埋下背信的祸根；不公平的法律或法律执行不公平，更会引起社会动荡。

目前，中国社会正处于社会转型的关键期，从农业社会向工业社会和信息社会转型；从乡村社会向城镇社会转型；从封闭社会向开放社会转型，等等。社会转型既是改革开放、经济增长的结果，也是中国社会整体性发展的表现。同时，社会转型导致了利益多元的形成，利益群体的多样化。不同利益群体之间的矛盾大量涌现，社会不公现象突出，利益群体多样化、利益要求层次化、利益分配结果差异化等给当今公平理念提出了新的课题。在这种环境下，旧的规则已被打破，新规范体系尚未建成，人们的思想不免陷入混乱，很难区分什么是公正的，什么是不公正的；什么是合理要求，什么是不合理要求，因此也失去了对欲望的约束。人们时刻感觉自己行为的预期效益和按传统所获的利益失去了保障，于是开始急功近利。

于是我们看到，在现代社会里，公共领域表现出的程度不一的腐败；生活领域表现出各种各样的越轨行为；政治领域表现出的公权私用；经济领域表现出的不择手段；道德领域表现出的见利忘义；人际关系中表现的信任缺乏和互相利用。这些都是人们对现存制度合法性认同度下降、社会公平信任下降的结果。市场经济空前地刺激了人们发财和享乐的欲望，使一些人更加贪婪。贫富差距、城乡差距、地区差异及行业收入差距的扩大，更会激化人们为了争取公平的生存机会和发展条件而采取的行为。

因此，要维护社会稳定，光有警察，执法者是不够的。更重要的是法律制度的公平精神、社会价值的公平理念、公共权威的公平形象，这才是社会稳定的真正基础。公平具有其相对独立的价值，它是社会广大成员普遍能够接受的价值目标，能够为整合社会各种力量提供强大的道义动力，是一个政权具有合理性和合法性的重要体现。靠公平凝聚起来的社会，才是稳定、团结、和谐的社会。

二 公平在和谐社会构建中的社会建设功能

在构建社会主义和谐社会的大背景下，社会公平问题被放在了更加突出的位置。公平的社会建设功能具体表现在促进改革深入、完善市场机制、保障可持续发展几个方面。

中国的高速发展，得益于改革开放。而要保持继续发展，必须要进行新的改革。改革要获得全社会的普遍支持，改革的受益者就要对受损者进行足够补偿。在改革初期，邓小平的“两个大局”就包含了让改革即时受益者和即时受损者相互承诺的意思，即受损者先投票支持改革，受益者在事后对受损者进行补偿。但是，在改革进入攻坚阶段后，利益格局变动引发矛盾和冲突造成改革动力缺乏。国企职工和农民等即时利益受损者支持改革积极性自然不会高，甚至有一种抵触情绪。而改革的前期获益者已成为社会较富阶层，因为害怕触动其既得利益而变得保守起来，很难成为新一轮改革的推动者。因此，要将改革继续推向前进，政府必须重视改革中的公正性，协调社会各阶层间的利益关系，使改革重新获得广大民众，尤其是普通工人农民的支持，才有望将改革推向前进。

公平是商品交换的内在要求，市场经济体制的完善过程本身也是一个公平建构的过程。第一，产权是市场的前提和交易的基础，公平是界定产权的内在根据。在产权模糊的情况下，人们没有办法确定他们付出的努力所换来的成果究竟有多少是真正属于自己的，这就打消了他们的积极性，造成了工作动力不足。第二，公平是激励手段的内在精神。效率是实践主体、实践手段、实践对象和实践方式等一系列要素有机组合而得的，其中最根本的要素就是人。最终是否能获得高的效率，主要是看人的能动性。想得到全社会人民积极持久的、有创造性的能动性，最终在于建立良好的社会公平机制。在公平的环境下，个人的贡献和获取就在最大可能性上得到一致，他的劳动积极性就越高。当每个人都积极有效率，就会形成有机的整体，使得整体运行效率提高。第三，机会公平是市场竞争的需要。竞争活动的自主参与，竞争规则的公平，竞争过程的透明，竞争结果的公平，这四个元素有效地促使了资源配置的高效率，是市场活力的来源。第四，公平保障是市场健康运转的外围条件。对市场经济来说，公平分为场内公平和场外公平。场外公平除了保证社会的非物质生产领域获得合理利益支撑外，还要确保那些缺乏参与市场竞争的机会和能力的人及在市场竞争中失败者得到基本生活条件。只有场外公平和场内公平都良好，市场才能更好地运转，发挥它的作用。

公平是可持续发展的必要条件。要实现可持续发展的目标，即“不仅创造经济的增长，而且关注经济增长结果的分配，它是再造环境，而不是破坏环境，它给人助益，而不是使人边缘化；它是这样发展，它首先关注穷人，增加其选择和机会，使他们更多地参与到影响他们生活的决策中来”①。一定要建立良好的公平机制。我们可以看

① 联合国开发计划署：《人类发展报告 1994》，牛津大学出版社 1995 年版。

到，在城市环境整体有所改善的同时，农村污染问题却不断恶化。先富起来的人群占有较多的环境收益，却不承担环保任务。贫穷和落后的人们为了生存的需要，只能对环境施加更大的压力，引起资源和环境的继续退化，直至耗竭。环境的耗竭又会造成更大的贫困化，从而形成恶性循环。所以，要实现可持续发展，公平的社会机制是必不可少的。

公平是建立合理的利益分配机制的前提，是协调利益冲突、利益纠纷的杠杆。公平，意味着使每个社会成员都能得到他应得的或有权得到的东西，意味着社会成员所得利益的相对平衡。因此，只有坚持公平正义，才能形成良序社会，实现社会和谐。

第四节　教育公平与构建和谐社会的内在联系

一　教育公平是社会公平的基础

党的十七大报告指出，教育是民族振兴的基石，教育公平是社会公平的重要基础。社会公平分为起点公平、过程公平和结果公平，教育公平是人发展起点的公平，显得尤为重要。

教育是一个国家培养人才的最重要的途径，它通过对社会成员在知识、技能、心理和品德等方面的培养与锻炼，将各种不同类型的人才输送到社会的不同位置上去，为社会的运行和发展提供一定素质的人才保障。教育能增强人的社会能力，提供相对公平的竞争和向社会上层流动的机会，帮助弱势群体改善生存状态，缩小社会性的不平等。正是在这个意义上，现代社会的教育在社会发展和社会分化中才具有稳定器、平衡器的功能，教育通过影响人口素质的提高以及国民经济和整个社会的可持续发展来促进社会公正的实现。

然而，教育实现这些功能的前提是必须具备符合现实条件的基本的教育公平。如果教育自身在总体上是不公平的，它就会起到相反的作用，不但不能缩小社会的不平等和不公正，反而会扩大这些不平等和不公正。教育的不公平将导致那些处于社会底层的人由于失去教育机会而没有可能凭借提高知识水平和自身素质来摆脱贫困，提高自己的社会地位，使他们失去发展的前景。

美国现代社会学的奠基人帕森斯（Talcott Parsons，1902—1979）在《现代社会中的平等与不平等，或社会分层问题再考察》中详细论述了教育对于社会公平的作用。他认为，现代社会的发展包括了三次革命性的结构变迁：工业革命、民主革命和教育革命。这三次革命都在总体上提升了人类条件的水平，带来了人类社会“飞越性的”变化，使得社会和个人两方面都从一些局限性限制中解放出来，并创造了很多前所未有的机会。而教育革命的独特性在于，它通过职业对社会分层和社会公平产生了质的影响。训练有素的能力作为职业获得的有效因素是现代社会的一个显著特征。通过训练而非身份地位所获得的必要文化知识已经成为各种职业共同体的标准。不是先赋性地位而是个人成就的标准已经决定着选择的进行。这种选择继而对职业分化和社会分层产生影响，职业分化使得上层与下层阶级之间不再有明晰的分野，甚至体力劳动与非体力劳动之间的分别也不再那么明显。职业的多元化使得社会分成两大或几大阶级的现象成为历史，各社会阶层之间的界限益发模糊。因此，教育革命使得职业体系在社会结构中的地位日益显要，还可能成为社会整合机制的核心。同时，教育革命在促进社会整合的同时，也可能带来新的不平等问题。因为职业化及其准入机制会将很大一部分人排斥在职业共同体之外。因此，教育革命已经将感觉冲突的场所从旧的焦点，如经济以及政治权利的不平等问题转移到文化的不平等问题上来。

他进一步论述到，教育的深层问题在于为现代社会提供一种文化认知层面的公共性，使得现代社会在日益分化和多元化的基础上同时伴随一种相应的整合过程和模式，如现代社会快速的专业化进程总是与科学知识的集结整合比肩而行，宗教自由与公民宗教比肩而行。这一过程就是“文化的普遍性概化过程”。定义“通识教育”的唯一明智的方法就是在允许进步性提升的意义上，积极地参与到这一文化传统的普遍性概化过程当中。因此我们看到，要在全社会达到这个目标，最关键就是实践教育公平，在全社会普及基础教育，进行专业技能培训。

其他学者也对这个问题进行了深入的研究。库兹涅茨（Kuznets，1955）提出了“劳动力受教育程度的提高将在长期内有助于收入分配的均等化”。以舒尔茨（Schultz，1961）为代表的人力资本理论（Human Capital Theory）认为随着教育的发展及其分布的平等化，人们的收入也将趋于平等。贝克尔和契斯威克（Becker & Cheswick，1966）的研究表明美国各地区的收入不平等与平均受教育程度负相关。廷伯根（Tin Bergen，1972）用美国、加拿大和荷兰的数据所作的研究也发现，平均受教育程度增加有助于改善收入分配状况。温内加登（Winegarden，1979）用32个国家数据的分析表明，平均受教育程度越高，收入分配越趋于平等。帕克（Park，1996）用 59 个国家的数据也得出了类似的结论。

根据经济学家利用中国 1981—2004 年的时间序列数据，运用协整理论考察的中国教育公平与社会公平之间的关系，我们看到：我国 1981—2004 年间的平均受教育年限和收入基尼系数是非平稳的，但其一阶差分是平稳的，二者之间存在长期稳定的关系即协整关系，即教育的公平扩展与收入分配状况之间存在长期稳定的关系。我国平均受教育年限与收入分配差距之间呈现显著的倒 U 形关系，平均受教育年限的增加先是导致收入基尼系数变大，后随着平均受教育年限的进一步增加收入基尼系数会变小。也即教育的公平扩展先是会扩大收入分配差距，继而会缩小收入分配差距。平均受教育年限的变化影响收入基尼系数的变化且发生在收入基尼系数的变化之前，收入基尼系数的变化不会影响平均受教育年限的变化。

由这些分析我们可以看到，教育的公平扩展与收入分配状况之间存在长期稳定的关系。而且这一关系是单向的，即教育的公平扩展显著影响收入分配状况，收入分配状况并不影响教育的公平扩展。可见，教育的公平扩展在长期内是有收入分配平等化效应的。而且教育与政府的其他收入再分配政策所不同的是它是一种治本之策。政府的再分配政策如个人所得税制、社会保障制度以及政府的转移支付制度等只能保障低收入阶层生存权，不能改变他们的命运。而教育公平更多侧重于保障低收入阶层的发展权，让他们有更多平等的机会参与市场的初次分配，从而改变自己的命运。因此，在中国长期的经济、社会发展中教育公平可以作为调节收入分配差距、促进社会公平的有力政策工具。

笔者认为，教育公平作为社会公平的重要基础主要表现在以下几个方面：

（一）教育公平促进经济公平

教育公平是社会公平系统的子系统，对经济公平有重要的推动作用。一方面，教育是促进经济发展和社会进步的基本动力。劳动者接受必要的教育以后，不仅能提高劳动能力，把简单劳动变为复杂劳动，而且能将科学技术转变为现实生产力，实现科学技术再生产。实践证明，先进的教育能够促进科技的兴旺。科技是第一生产力，这种生产力一旦投入生产建设实践，必将创造更多的价值和国民收入，为实现经济公平打下坚实的基础。我们看到，在当今时代，劳动这一生产要素在参与分配中的作用，已经不再单纯地取决于劳动的数量，更重要地取决于劳动的质量。而劳动质量的提高又在很大程度上取决于教育。通过教育公平，可以改善公民特别是低收入人群的教育状况，全面提升人的劳动质量，促进就业公平，进而带来经济公平。另一方面，教育公平能够使劳动者充分解读就业信息、获得更高收入。教育可以从两个方面调节收入差距：一方面，通过提高受教育者的素质和能力来直接影响其收入能力，从而缩小与他人的收入差距；另一方面，通过合理配置教育资源来影响未来收入分配的状况。

（二）教育公平是政治公平的重要基础

公民整体平等、民主精神的获得，对政治的有序参与，都离不开教育公平的获得。一方面，教育公平具有促进社会正常流动的社会功能。在目前公民经济和社会地位尚存在较大差距的情况下，社会的正常流动，特别是向上流动仍存在很大障碍。由于社会弱势群体与社会其他阶层不在同一起跑线上，他们丧失了向上流动的希望，难以通过知识改变命运，社会各阶层也难以正常地流动，这样会进一步导致社会各阶层政治上的两极分化。而公平的教育能为社会全体成员提供同等的发展机会，促进人的自我发展能力的提升，满足人们希望受社会尊重和自我实现的更高层次的多种需求。这种教育能有效改变社会底层群体的命运，减弱代际继承效应，促进社会的正常流动。另一方面，教育公平可以缓解政治体系与社会体系的压力，维护社会稳定。教育公平观念一旦深入人心，民众会充分重视社会价值和政治体系价值，在发现和肯定自我价值的同时，期待具有平等参与社会公共事务的能力以及具备形成政治体系所需要的社会政治秩序的意识。

（三）教育公平是人的全面发展和社会公平的客观要求

教育的不公平状态与社会公平在某种程度上会形成一种非良性循环。一个人的一生，其成熟成长的主要时间是在学校中度过的。学校为他们提供的教育背景如何，将直接决定他一生的价值取向和目标追求。为此，构建公平的教育环境，对于推进社会公平无疑具有基础性作用。

总之，教育公平既是社会公平在教育领域的体现，也是实现社会公平的基本途径和基础之一。一个国家的政府要保持社会的发展和稳定，必须采取一切措施来实现和维护机会的公正。而实现和维护机会的公正，最关键的因素还是做到教育的公平。

二　促进教育公平是构建和谐社会的重要基础

教育作为社会系统中的一个子系统，在社会发展中起着重要的作用。它不仅促进社会主义物质文明的发展，同时也在社会主义精神文明的建设中起着重要的作用，担负着培养社会主义现代化合格建设人才的重任，担负着提高全民族科学文化素质的重任。促进教育公平是构建和谐社会的重要基础，主要表现在以下两个方面：

（一）教育公平是和谐社会的重要内容

社会主义和谐社会是一个民主法制、公平正义、诚信友爱、充满活力、安定有序、人与自然和谐相处的社会，包括教育公平在内的公平正义是和谐社会内在的、基本的内容和核心价值理念。

努力促进人的全面而自由的发展是社会主义社会的本质要求，人的全面发展与社会全面进步互为前提、互相补充，也为和谐社会的构建提供了条件。教育的目的正是在于培育人们自我生存和发展的能力，为人的全面而自由的发展奠定基础，进而促进人与社会的和谐。而人的全面发展是以教育公平为基础的，只有教育的公平，才能最大限度地做到每个人的全面发展。

21世纪的今天，知识与经济的融合已成为必然趋势，经济增长中文化的推动力越来越突出，经济效益中的科学技术附加值越来越明显，经济发展中文化产业越来越成为新的增长点，经济竞争中文化资源的作用也越来越重要。因此，要使我国市场经济快速发展，关键是要激发人的潜能，通过公平的教育使更多人可以更高层次地参与经济建设活动。人际关系的和谐、民族凝聚力的增强需要重视加强人的思想道德教育，重视加强人的理想信念教育。以公平的教育促进个人心理的和谐，由个人的和谐构成社区的和谐，最终才能构成社会的和谐。

（二）实现教育公平是构建和谐社会的重要途径

首先，从教育的功能来看，教育就是要缩小贫富差距，促进社会平等和社会和谐。教育最直接的功能就是促进人的智力、心理和道德的发展。而智力、心理和道德的提升是人走向社会的必备条件。教育公平可以促进社会各个阶层成员公平合理地流动。在开放的社会中，人们能够在不同阶层中垂直流动，这种流动性是社会活力的源泉，也是公平效率的保证。要让社会各个阶层成员能够公平合理地流动，尤其底层成员能够有机会向上层流动，公平的教育资源分配就极其重要。教育公平促使每一位社会成员接受到适合自己发展需要的教育。通过受教育提高自身的智力水平，使社会成员的心理逐步走向成熟，建立起适应社会生活的道德观。

其次，教育公平能保证广大社会成员社会生存和参与社会发展能力的获得。我国是一个人口大国，如果人口素质低，那无疑是沉重的人口负担；如果人口素质高，那就是丰富的人力资源。要把沉重的人口负担转变成为强大的人力资源优势，其中最重要的就是要依靠教育。教育不仅与一个人的利益、发展和命运紧密联系，更与民族和国家的未来休戚相关，教育是改变国运、家运和个人命运的根本之道。教育具有选拔和分配社会成员的功能。对于低收入群体，最重要的是通过实施教育公平与补偿政策，给低收入者提供更多的受教育机会，以发掘其知识与才能，他们才有更多积极参与市场竞争的信心和能力，才能用自己的双手和大脑创造更多的社会财富，使自己更多分享经济增长的成果。这才能真正有利于有效地改变落后地区和个体的社会经济地位，缩小贫富差距，改善和缩小两极分化现象。

最后，公平的教育是一种潜在的生产力，是构建和谐社会的基础。教育本身能提高劳动人口的素质，把可能的生产力转化为现实的生产力，从而促进经济的发展。随着科技广泛应用于生产，教育对提高劳动生产率起着越来越重要的作用。

三　教育公平与和谐社会之间的互动关系

教育公平与和谐社会之间是一种相互作用、相互影响的关系。教育公平是达到和谐社会的一座桥梁，和谐社会的建成也是教育公平的终极目标。正如武汉大学博士生导师洪可柱教授所言，教育公平与和谐社会是非此无彼、由此及彼的关系。简而言之，就是一方面教育若不公平，则社会无法和谐；另一方面，公正、普及、完善的国民教育，是中国通往和谐社会最重要的一座桥梁。实现教育公平直接关系到社会主义和谐社会的建设，而在和谐社会建设的过程中也可以促进教育公平，两者关系密不可分。

上文已经详细论述过，促进教育公平是构建和谐社会的重要基础。从和谐社会的目标来看，党的十六届四中全会提出的和谐社会，应当是以人为本、经济社会全面协调可持续发展的社会，应当是各种利益关系协调、体现社会公平和正义、人们能够各得其所的社会。这个目标需要分解成各个子目标，只有全部的子目标都实现才能实现这个总目标。而各个子目标之间也是相互影响的，经济政治的和谐可以促进教育的和谐，教育的和谐也可以促进其他目标的实现。同样，文化、自然等各方面的和谐也是如此。只有实现包括教育公平在内的社会公平，才能协调各方面的社会关系，才能有利于调动人民群众的积极性，实现社会的和谐。也只有其他各方面的和谐才能促进教育的和谐，才能从根本上做到真正的教育公平。

第二章

城乡二元经济结构理论及中国独特的城乡二元社会结构

城乡二元经济结构理论／中国城乡二元社会结构的演化进程／中国城乡二元社会结构的特征、成因分析及危害／良性与恶性的城乡二元结构

第一节　城乡二元经济结构理论

一　西方二元经济结构理论

二元经济结构是指发展中国家传统部门比重过大、现代经济部门发展不足以及城乡差距十分明显的一种状态。发展中国家城乡二元经济结构主要表现为：城市经济以现代化的大工业生产为主，而农村经济以典型的小农经济为主；城市的道路、通信、卫生和教育等基础设施发达，而农村的基础设施落后；城市的人均消费水平远远高于农村；相对于城市，农村人口众多等。这种状态既是发展中国家的经济结构存在的突出矛盾，也是这些国家相对贫困和落后的重要原因。发展中国家的现代化进程，可以说在很大程度上是实现城乡二元经济结构向现代经济结构的转换。二元经济结构的理论框架最早由美国经济学家刘易斯提出，此后费景汉、拉尼斯修正了刘易斯模型中的假设，在考虑工农业两个部门平衡增长的基础上，完善了农业剩余劳动力转移的二元经济发展思想。后续经济学家以此为基础提出自己的理论。这里选取西方具有代表性的几个二元经济结构理论予以解读。

（一）刘易斯的二元结构转换理论

1954 年，刘易斯提出了典型的二元经济理论模式，即封闭经济条件下的二元结构模式和开放经济条件下的二元结构模式。从而为发展中国家由传统经济向现代经济转变提供了一般性或规律性的理论基础。总的来说，他的理论分为以下几个部分：

1. 前提假设

第一，劳动的无限供给，即劳动与其他生产要素相比数量如此之多，使得劳动的边际生产力等于零，或者是负数。刘易斯认为不发达国家的劳动边际生产率很小或等于零，甚至为负数。在这些国家里，家庭拥有的土地很少，以至于部分家庭成员离开土地去找其他工作，剩下的家庭成员就算再贡献更多的劳动力，土地的产量也不会变。

第二，社会经济呈现二元结构。刘易斯认为，国民经济中同时存在两种性质不同的部门：一个是以现代化方法进行生产的资本主义工业部门，另一个是以传统方法为基础的农业部门。传统部门不使用资本，现代部门不使用土地，资本和土地这两种生产要素在两部门间不具流动性。两部门都使用劳动，且劳动力具有流动性。

刘易斯认为，发展中国家的二元经济特征主要表现在三个方面。第一，劳动生产率的差别。第二，生产目的和行为的差别。第三，收入分配原则的差异。

第三，工资不变。他认为，维持生计部门的工资是由农民的平均产品所决定的，是维系传统部门家庭成员生存的最低标准，它基本上是长期稳定的。而现代工业部门的工资水平取决于传统农业部门的工资水平。所以说，资本主义部门的工资基本上是不变的。

第四，不变工资条件下的劳动力无限供给。由于每一个职位后面都排着等待工作的长队，因此无限供给就是劳动力的供给弹性无限大。刘易斯特别指出，无限供给实质就是一种劳动力供给远远大于需求的情况，这是他二元经济理论的必要条件。

2. 模型表述

依据上述一系列的假设，刘易斯构建了一个模型来阐述他关于二元经济转换和发展的思想。他认为，资本家会以不变的工资率得到更多的剩余价值，完成资本积累，从而推动生产规模扩张。在经济发展的下一期，由于生产规模扩张过程，更多的劳动力会被吸引进入到生产过程，从而创造更多的资本剩余。只要农业部门尚有过剩劳动力存在，这个过程将一直继续下去，一直到农业过剩劳动力全部被吸吮尽为止。这时劳动力供给曲线及工资水平线将由水平直线变为具有正斜率的曲线，工业劳动者的工资和农村劳动者的收入都将随投资增加而逐步提高，工农业趋向均衡发展，国民经济结构趋向逐步转变。从而实现传统经济向现代经济转化，城乡处于平衡发展状态，最终使二元经济结构转变为一元经济结构。

总的来说，刘易斯二元经济理论符合发展中国家的经济特点。他描述了两大部门在生产和组织方面的不对称性，阐述了现代部门的生产决策是为了利润最大化，对发展经济学的关键问题——资本形成的源泉问题进行深入分析。而传统部门的产品分配是依据“传统的成规”而不是边际产品这一现象，也抓住了发展经济学主流思想所说的二元性的意义，奠定了二元经济理论的基础。同时，它提供了一种观察落后和不发达经济的视角，引导后来者从过去被简单地认为是消极的传统部门中寻找蕴藏的积极因素。

但是，他的理论存在一定的争议，主要表现在以下几个方面：

第一，无限劳动供给的假定前提是否成立。经济学家舒尔茨认为，尽管传统农业部门生产率低，但资源配置是有效率的，不存在边际生产率等于零的剩余劳动力。对于传统农业部门的边际生产率很低甚至为零的假定不成立，无限劳动力供给也就缺乏基础。而刘易斯就此的解释是，劳动力的边际生产率等于零是指每人的边际产品等于零，而不是每人每小时的边际产品等于零。当一部分劳动力从非资本主义部门撤出后，剩下的劳动力增加劳动时间和劳动强度，从而保证该部门的总产量不变，因此，每人每小时边际产品为正和每人边际产品为零并不矛盾。

第二，刘易斯二元经济理论模型的假设与发展中国家现实不符。首先，刘易斯模型假设现代部门的资本积累率与就业创造率为正比例关系，随着资本积累的增加，创造的就业率增加，农村劳动力转移率也增加。但这个假设忽略了技术进步对生产要素比例的改变。按照这个假设，传统部门有剩余劳动力，现代部门充分就业。但事实上，发展中国家的农村虽然有剩余劳动力，城市也存在着大量的失业。其次，刘易斯模型假设现代部门的劳动市场是竞争性的，在农村剩余劳动力被完全吸收之前，现代部门的工资水平保持不变。而发展中国家现代部门的工资一直有上升的趋势。再次，刘易斯不认为劳动力的异质性是劳动力转移过程中的障碍，从而不存在劳动力转移的生产技术上的障碍。但发展中国家的现实是经济上的二元化会反射到教育上，导致农村教育贫困，形成教育上的二元性，农村劳动力并没有受到较好的教育。劣质甚至缺失的基础教育，使新技术的掌握对农村劳动力来说是一个很难逾越的障碍，把他们挡在了现代产业的大门之外。复次，刘易斯模型中暗含现代部门资源能够有效配置。但事实上，发展中国家更加缺乏人力资本和社会资本，企业家短缺等是发展的最大障碍。在以上资源缺乏的条件下，必将造成资源的大量浪费，阻碍二元经济的转换。最后，刘易斯认为现代部门的资本积累和就业机会增加是同比例增长的。在他的模型中，只要经济中存在剩余劳动力，就不可能出现资本深化现象，劳动与资本同比例增加。事实上，战后发展中国家大多实行赶超发展战略，加之从国外引进资本密集型设备，使现代部门的就业增长远远落后于资本积累和产出增长速度。

第三，刘易斯对于农业发展对二元经济转化的作用缺乏认识。模型中，刘易斯有忽视农业的倾向，认为农业主要为现代部门发展提供剩余劳动力、粮食等，是一个随经济发展要被削弱的部门。其实，如果农业劳动生产率提高，农业工资水平上升会推动工业部门工资上升。如果农业劳动生产率不变，当边际生产率大于零小于平均收入水平的劳动力转移到现代部门，农业总产量必然下降，粮食价格上涨，推动工业部门工资上升，工业部门不能获得不变工资水平下的无限劳动力供给，将影响现代部门的发展和二元经济转变。

第四，刘易斯二元经济理论模型假定社会再生产能顺利进行。而事实上在封闭经济条件下，传统部门的工资水平长期维持在生存水平，现代部门在无限劳动力供给的作用下，工资水平也保持在相对稳定的较低水平，生产和需求矛盾最终制约了现代部门扩大和二元经济转换。

（二）拉尼斯－费景汉的二元经济转换模型

美国耶鲁大学经济学教授费景汉和古斯塔夫·拉尼斯认为，刘易斯的二元经济结构模式有两个缺点：第一，不重视农业在促进工业增长方面的重要性；第二，忽视农业生产率提高而出现剩余产品是农业劳动力向工业流动的先决条件。他们在刘易斯二元经济理论的基础上，运用现代经济学理论和计量经济学方法来描述二元经济转化问题，建立了自己的理论模型。

按照费景汉、拉尼斯的观点，假定一个经济体的经济发展初期，全部人口都从事农业生产，但在一定的劳动生产率条件下存在一部分边际生产率为零的人口，由于制度因素的约束，使得所有农业人口均享有用平均农产品表示的制度工资。随着工业部门的出现，工业部门可以参照农业制度工资水平吸收农业人口进入到工业部门，只要工业部门的工资不低于制度工资，人们就有理由从农业部门转入工业部门。因此我们看到，作为前提，费景汉和拉尼斯重新界定剩余劳动力。他们把劳动的边际产品等于零的那一部分劳动力称为“多余劳动力”。即假定农村中存在着不变的制度性工资，农村在不同阶段存在着多余劳动力和伪装性失业，多余劳动力的边际生产率为零，伪装性失业的边际生产率大于零而小于不变制度性工资。

在这种条件下，经济发展过程可分为三个阶段：

第一阶段，农业劳动的边际物质产品等于零。这一阶段和刘易斯模型类似，劳动的边际物质产品等于零，当劳动力从农业部门转移出去时，农业总产量不会下降。由于农业剩余劳动力存在，实际制度工资不变。随着剩余劳动力从农业部门转移出去，总农产品与现存农业劳动力对农产品的消费之间产生一个差额，即农业剩余。农业剩余可以满足转移到工业部门的劳动力对粮食的需求。因此，农业部门的人均收入没有改变，工业部门的工资也保持不变。当这部分劳动力转移完毕，经济发展就进入第二阶段。

第二阶段，农业劳动的边际产品大于零，但小于实际的制度工资。劳动力的转移必然使劳动力的边际产品提高，随着劳动力的进一步转移，将出现农业总产量的下降，而剩下的农业劳动力仍按以前水平消费，所以，提供给工业部门的农产品就不足以按平均消费水平来供应工业部门的劳动力。这样，经济中开始出现农产品特别是粮食的短缺，工农业之间的贸易条件变得有利于农业部门，工业部门的工资水平开始上升。此时，如果不提高农业劳动生产率，工业部门将因为工业利润率下降而停止吸收农业人口。

第三阶段，劳动力的边际产品大于固定的、由制度决定的实际工资。如果伴随着农业劳动的流出是农业生产率的提高，农业剩余便不致降低，固定制度工资将被实际工资代替。农业工人的工资由竞争的市场原则决定，并开始随劳动边际产品的增加而提高。农业和工业同时发展，平衡进行，短缺点与商业点不断靠近并最终重合成为转折点，经济持续发展。这时，由农业部门转向工业部门的工人的工资水平就可以摆脱制度因素，完全由市场调节，即工业工人工资由农业部门的边际生产率决定，从而农业部门实现了商业化，整个经济完成了由二元经济向一元经济的转变。

在这个过程中，困难在于第二阶段。在第三阶段到来之前，即在伪装性失业全部流入工业部门，边际产品在价值上大于不变工资制度的劳动力的转移还没有开始的时候，农业劳动流出受到阻碍，工业部门停止扩张，经济进入停滞状态。这时，很有可能出现工业部门的扩张在全部剩余劳动力被吸收完毕之前就停止的情况。费景汉和古斯塔夫·拉尼斯认为，在这时，就必须将一部分工业利润投向农业部门，以促进农业生产技术的改进和农业劳动生产率的提高。关键问题集中在一个社会如何对付可怕的短缺点的出现，即是否可能找到一种途径，使劳动力的配置过程超越食物短缺可能导致发展停止的那一点后，仍继续进行。这样，在制度工资不变的假设下，就有可能实现短缺点和商业点的重合。

同时，费景汉和拉尼斯在模型中还分析了工业资本积累、技术创新和劳动力需求之间的关系。费景汉和拉尼斯在引入技术创新强度时说明了它对劳动力需求的影响。他们认为，技术创新强度即创新引起的产出增量与创新前的总产量的比率在其他条件不变的情况下，创新强度越大，对劳动力需求就越大。而劳动的技术创新在其他条件相同时对劳动力的需求也随之增大。

我们由此可以看出，拉尼斯一费景汉的二元经济转换模型比刘易斯二元经济理论模型进步的地方在于，刘易斯模型只是说明了第一和第三阶段，没能清楚说明第二阶段。如果二元经济转变不能顺利通过第二阶段，就很难进入第三阶段，意味着二元经济转变不能完成。显然，农业劳动生产率的提高和农业的发展是摆脱困境的根本出路，而且在封闭经济条件下，它是唯一的出路。拉尼斯一费景汉的二元经济转换模型提出了通过农业劳动生产率的提高来增加农业剩余和劳动边际产品，从而防止短缺点的出现，缩短商业化点的到来时间，推动二元经济结构的转变。

除了基本的模型，费景汉和拉尼斯还阐述了社会经济的组织形式和制度对二元经济转换的影响。他们把广大群众在生产和创新活动中大量参与作为成功发展的第一规律，而市场则是保证这种参与特别可行的机制。市场机制在促进二元经济结构转换的过程中经过以下三个阶段：首先，市场机制刺激生产率提高后的农业劳动力和农业剩余向工业部门转移，接着再促进农业生产率提高的力量转化为工业部门的投资能力。最后，农业劳动生产率仍然不变，工业资本家将利润用于积累和多用劳动的技术创新，使劳动的需求不断增加，农业剩余劳动力不断转移到工业部门。因此，他们认为政府的作用主要是为市场经济的增长创造条件，完善市场，保证资源流动渠道畅通，为农业产出提高和工业就业增加提供服务。发展中国家在对外贸易战略的选择上应该关注有利于二元经济结构转换，服从于劳动力转移这个中心。

拉尼斯一费景汉的二元经济转换模型认为农业剩余是农村劳动力转移、工业扩张的前提条件，并把技术进步纳入其中，从而突破了刘易斯模型的要素比例不变模式，有一定的进步意义。但这个模型在一些方面不符合发展中国家的现实，是我们应该注意的。

首先，资本积累按固定的资本—劳动比率增加的情形是不能成立和不符合发展中国家的现实的。费景汉和拉尼斯在分析资本积累时，是不存在技术创新的。在资本存量不变、技术创新引起就业增加时，他们考虑到了边际报酬递减规律的作用。那么在技术不变、资本积累发生变化时，规模收益就不应该假定不变。而且实际工资也难以固定。如果实际工资上升，资本替代劳动的现象就会发生，资本—劳动比率也会提高。因此，资本积累按固定资本—劳动比率增加就业的假定就不成立。如果多用劳动的技术创新导致的人均资本下降，不能抵消资本积累时因工资上升引起的人均资本上升，资本深化必然出现。从战后发展中国家的实际情况来看，资本深化也是一般的事实，就业增长普遍落后于产出。

其次，剩余劳动力的流动决定工业和农业之间的工资差距的论断不符合发展中国家的现实。在费景汉和拉尼斯模型中，一方面，工农业之间的现实工资差距是导致劳动力流动的直接经济原因；另一方面，剩余劳动力的流动又受制于工业部门提供的就业机会。但发展中国家的现实是，农业部门的收入水平受农业劳动生产率的影响，工业部门的工资水平并不依赖于农业的收入水平。因此，大多数发展中国家存在城市失业率上升与工业实际工资上升，工农业工资收入差距扩大并存的现象。

（三）舒尔茨的二元经济转变理论

舒尔茨是美国芝加哥大学经济学教授，由于深入研究了发展中国家在经济发展中应特别考虑的问题，他与另一位经济学家威廉·阿瑟·刘易斯同时获得了1997年诺贝尔经济学奖。温家宝总理在2005年3月14日的记者招待会上引用了舒尔茨的两句话，世界上大多数人是贫穷的，所以如果懂得穷人的经济学，我们也就懂得了许多真正重要的经济原理；世界上大多数穷人以农业为生，因而如果我们懂得农业经济学，我们也就懂得许多穷人的经济学。可见其理论影响深远。

舒尔茨将农业分成三种：传统农业，即传统生产要素的供应和需求实现了均衡，实现了资源的有效配置，但收入流价格是高昂的。过渡农业，即在传统农业和在现代农业之间处于失衡状态的阶段。现代农业，即农民使用新的生产要素，新的生产要素的供应和需求没有实现均衡，收入流价格是低廉的。他认为任何一个国家的农业部门都对经济增长作出重大贡献。先发达国家大多是通过农业实现了较快的经济发展。同时，他又认为，发展中国家的传统农业是不能对经济增长作出贡献的，只有现代农业才能对经济增长作出贡献。所以关键问题是如何把传统农业改造成为现代化的农业。

舒尔茨特别对传统农业进行了详尽的分析。他认为，传统农业技术状况长期保持不变，农业生产要素的供给和技术条件不变，农民没有改变传统生产要素的动力，农民的储蓄为零，没有投资能力。因此，传统农业实际上是一种生产方式长期保持，基本维持简单再生产的、封闭的和长期停滞的经济模式。他认为，传统农业贫穷的根本原因在于传统农业中对原有生产要素增加投资的收益率低，对农民储蓄和投资缺乏足够的经济刺激。由于持久收入流来源的供给和农民持有和获得收入流的偏好与动机是不变的，所以对持久收入流来源的需求也不变。这样，持久收入流的均衡价格就长期在高水平上固定不变。

因此，舒尔茨提出了改造传统农业的思路。第一，必须采取市场方式。政府采用行政命令方式对农业加以改造，指挥农业活动，会影响农民进行精明的市场配置的积极性。农民是生产要素配置的中心，只有采用市场方式，才能给予农民经济刺激，调动农民的生产积极性。第二，基本生产单位只能是农户。舒尔茨认为，农业生产基本单位具有真不可分性，只有农户才具有真不可分性，不以农户为生产单位，会挫伤农民的积极性。第三，需要向农业投资。改造传统农业需要投入新生产要素和新技术。在发展中国家，农民对新生产要素的购买力低，所以新生产要素的市场狭小，这时就需要政府的资助。农民对新生产要素的使用需要学习，政府也应该提供资助，承担成本，提高农民的素质和能力。

舒尔茨指出，有三个因素是改造传统农业的关键，是改造传统农业强有力的推动力。首先，要引入现代农业生产要素。他认为，贫穷国家农业增长所依赖的现代生产要素主要不能通过进口获得，而必须立足于本国进行研究开发。由于现代农业生产要素的研究开发具有明显的外部性和不可分性，因此，大量基础性和部分应用性研究应该由政府承担。其次，学校教育是培训农民最好的形式。最后，要大力提倡发挥市场机制的激励作用，促进传统农业的改造和现代农业的发展。

舒尔茨的农业发展模式，是在工业化带动模式暴露出诸多弊端的基础上提出的一种新型二元经济结构转换模式。它充分肯定了农业在经济增长和缩小二元经济差距上的重要作用，提出农业现代的途径、重点和机制，对发展中国家有很好的借鉴意义。但他过分强调农业现代化，忽略工业化的积极作用，成为其理论中很大的缺憾。

（四）钱纳里的结构转变理论

以研究经济结构转变享有盛誉的美国哈佛大学教授钱纳里，虽然没有对农业发展和二元经济转变内容的问题进行专门的和系统的论述，但从某种意义上说，钱纳里的结构转变理论就是农业发展和二元经济转变理论。

和刘易斯、费景汉和拉尼斯一样，钱纳里的结构转变所包含的传统部门向现代部门的转化，主要是传统农业向现代农业的转化。即国民经济由传统与现代并存的二元结构转变为单一现代部门的一元结构。他把经济结构转变的全部过程分为逐步推进的三个阶段：①初级产品阶段。这是经济结构转变的起始阶段。在这一阶段，农业作为初级产品的生产活动占统治地位，是可交易商品产出增长的主要来源。由于人均收入水平低，制成品的有限需求不能使制造业成为总产出的主要来源，同时附加价值中农产品比重较高，因此这一阶段总增长速度较慢。在供给方面，资本积累低速至中速增长，劳动力增长加快，全要素增长率极为缓慢。②工业化阶段。这是经济结构迅速变化的阶段。随着收入水平的增加，制造业对增长的贡献高于初级产品生产的贡献。由于资本和劳动从生产率较低的农业部门向生产率较高的工业部门转移，在供给方面，资本积累的贡献一直较高。③发达经济阶段。此为结构转变的完成阶段。传统的农业部门完成了现代化改造，整个国民经济呈现为一元结构。就需求方面而言，制成品的收入弹性开始减少，并自某一时点起，制成品在国内总需求中所占份额也开始下降。就供给方面而言，要素投入的综合贡献减少了。

在钱纳里看来，农业发展的基本标志是宏观经济结构中农业份额的下降和伴随农业份额下降过程的农业现代化程度的提高。伴随结构转变和农业份额下降这一过程的，是农业资源及其配置状态的改善和农业生产率的提高。首先，经济结构的转变、升级过程，就是农业中高效率资源对低效率资源的替换过程。过多的劳动投入和过少的资本、技术投入的均衡，是传统农业低效率的根源。传统农业要实现发展，就必须打破资源配置的这种低效率均衡。这依赖于资源的两方面流动：过剩劳动力流出农业部门和资本、技术等要素流入农业部门，从而在农业部门形成高效率的资源替代；经济结构的转变，为农业部门这两类资源的流动提供了条件。其次，在结构转变过程中，农业生产率特别是农业劳动生产率明显提高。在经济发展的初始阶段，由于未充分就业的劳动力大量存在，早期农业全要素生产率增长缓慢。但随着工业化的发展而不断加快，一旦人口迁徙和资本积累使农业的剩余劳动力大量减少，其相对工资便会增长，农业的赶超过程也会发生。因而，和其他部门相比，这一部门的资本密集度提高得更快一些，这是和要素生产率的连续增长相关联的。结果，农业开始缩小生产率的差距。最后，在经济结构实现成功转变的过程中，农业产出也在不断增长。经济结构转变导致农业比重下降，并不意味着农业产出绝对量的减少。与农业部门劳动力供给这种相对量相对应的是农业部门资本投入和技术投入的增加与生产率水平的提高。生产率增长和投入增加相结合，导致了产出的增长。

在钱纳里的结构转变理论中，工业化、农业发展与结构转变之间存在密切的联系。第一，工业化是经济结构转变的主导力量。经济结构转变就是将以传统农业为主体的国民经济结构转变为以现代工业为主体的国民经济结构。因此，工业份额大幅度提高及扩散，结构转变的突出特征就是工业部门的扩张。第二，农业的现代化是经济结构转变的重要内容。经济结构的转变为农业剩余劳动力的转移，低效资源配置均衡的破坏，资本技术等新生产要素的流入，现代生物化学技术、现代机械技术和现代管理技术的运用提供了基础。第三，工业化是农业发展的推动力量。工业化既是结构变化的主导力量，又推动了农业完成向现代化转型。

钱纳里的经济结构转变理论是建立在包括发达国家和发展中国家在内的大多数国家经济发展与结构转变的大量经验数据的基础上的，以事实为依据，全面地反映了经济发展过程中经济结构转变的规律。但是和舒尔茨相反的是，他对农业发展重视不够。他认为工业部门是经济进步的主导力量，农业是从属和依赖于工业部门的一个被动发展部门。离开工业部门的扩张，工业部门对农业剩余劳动力的吸纳和工业技术向农业的扩散，农业将不可能发展和实现现代化。这显然犯了与刘易斯、费景汉和拉尼斯一样的错误。

二　马克思、恩格斯的城乡统筹理论

马克思、恩格斯在创立历史唯物主义的过程中，将城乡关系作为一个重要的理论范畴加以论述，形成了其颇具特色的城乡关系理论，为今天我国研究城乡统筹理论问题奠定了世界观和方法论基础。

（一）提出背景

资本主义生产关系的基础和起点就是资本对农民的剥夺。形成资本主义的生产关系须具备两个条件：一是资本家手中聚集了大量资本；二是社会上有大批可供资本家雇用的劳动者。这两者都是通过城市掠夺农村形成的。马克思、恩格斯时代，城乡的分离已发展成为城乡尖锐对立并成为一大社会矛盾。随着社会分工的出现，城市和乡村在政治、经济和社会关系上日益趋于分离和对立。此时城市和乡村具有不同的特征，相互联系极少，各自相对独立。过去，城乡关系表现为浑然一体的现象已经不复存在。城市聚集着工业资本家和商业资本家，城市资本侵入并占领了农村，农村屈服于城市的统治。产业革命后，这种对立尤其尖锐。

首先，当时的城市化进入高速发展状态。由于经历了比较彻底的资产阶级革命和产业革命，实行了比较典型的资本主义经济制度，大肆进行对外扩张，开拓并垄断了世界市场等原因，几个主要西方国家的生产力得到了惊人的发展，创造出了比过去一切时代创造的全部生产力还要多、还要大的生产力。在这种环境下，国家的城市化进程也进入了迅速发展阶段。恩格斯在《英国工人阶级状况》中详细描述了这个进程。他指出，在工业日益集中的趋势下，人口像资本一样集中起来，“于是村镇变成小城市，而小城市变成大城市。城市愈大，搬到里面来就愈有利……这就决定了大工厂城市惊人迅速地成长”。他举了郎卡郡的例子。

> 郎卡郡是棉纺织业的摇篮，而棉纺织业又使郎卡郡完全革命化，把它从一个偏僻的很少开垦的沼泽地变成了热闹的熙熙攘攘的地方；这种工业在八十年内使郎卡郡的人口增加了9倍，并且好像用魔杖一挥，创造了居民共达70万的利物浦和曼彻斯特这样的大城市及其附近的城市。①

其次，在城乡对立中出现了城乡协调发展的萌芽。恩格斯曾这样描述产业革命前在农村居住的英国产业工人："他们和城市完全隔离，连紧靠着城市住了一辈子的老年人也从来没有进过城。""当时英国产业工人的生活和思想与现在德国某些地方的工人是一样的，闭关自守，与世隔绝，没有精神活动。""某一民族内部的分工，首先引起工商业劳动和农业劳动的分离，从而也引起城乡的分离和城乡利益的对立。""居民第一次被划分为两大阶级，这种划分直接以分工和生产工具为基础。城市本身表明了人口、生产工具、资本、享乐和需求的集中；在乡村里看到的却是完全相反的情况：孤立和分散。"②

虽然西方几个主要国家的城乡关系出现了一些积极变化，乡村中形成一批新兴的城镇，乡村生活质量和社会环境得到了提高，城市和乡村的联系开始增多。但总的来说，城市仍然在政治上统治乡村，在经济上掠夺乡村，农村普通居民的生活质量和社会环境仍十分悲惨，城乡无法达到协调发展。

① 《马克思恩格斯选集》第2卷，人民出版社1957年版，第288—301页。

② 同上书，第24、57、282页。

（二）主要内容

马克思以唯物史观为指导，把城乡关系放在人类社会历史进程中来考察，从人类生存的两种社会有机体的发展及人类自由全面的发展两个维度揭示了城乡关系的起源、对立及融合的基本规律，形成了科学的城乡关系学说。

马克思的城乡观是围绕三个基本要素展开的：一是城乡关系的发展目标和价值指向，即消除城乡对立和差别的共产主义城乡一体化的社会目标；二是研究城乡关系的方法论原则，即历史唯物主义的基本原则；三是对城乡关系一系列前瞻性的具体论述。具体而言，马克思、恩格斯的城乡关系理论主要有以下几方面内容：

第一，城乡关系问题的产生发展是一个自然的历史演进过程。马克思在《资本论》中指出：一切发达的、以商品交换为媒介的分工基础，都是城乡的分离。可以说，社会的全部经济史，都概括为这种对立运动。

（1）城市的出现、城乡关系的分离具有历史的必然性。马克思认为，人类社会的发展和进步，都是生产力与生产关系矛盾运动的结果。生产力是历史发展的根本动力，以生产力和生产关系矛盾统一体所形成的生产方式的更替，表征着社会文明形态依次演进的基本图式。在人类社会初期，由于生产力低下，社会分工不发达，农业与畜牧业、手工业直接结合在一起，整个社会浑然一体，无所谓城乡关系问题。当生产力有了一定程度的发展，社会分工深化了，于是出现了城市，开始了城乡分离甚至对抗的历史。这里的一定程度的发展，指的是农业劳动生产率的提高已经能够生产出超过维持农业劳动者所必需的产品，为城乡和工农之间的分离提供了可能，但发展水平尚不足以避免或杜绝城乡之间发展的不均衡所引起的利益分化、冲突乃至对抗。“城乡之间的对立是随着野蛮向文明的过渡、部落制度向国家的过渡、地方局限性向民族的过渡而开始的，它贯穿着全部文明的历史并一直延续到现在。”① 因此我们可以很明显看到城乡关系的这种分离和对抗是适应并促进了生产力发展的根本要求和前进方向，是合理性的。

（2）城乡之间的分离促进了社会生产关系的变革，体现了资本主义生产方式比以往生产方式的优越性。近代以前的城市主要是政治、文化（宗教）中心，城市商业和手工业等经济活动还居于从属和次要地位。产业革命使城市发生了根本性的变化，工厂的大量出现与集中，使城市成为先进生产力的代表。市政、金融、商业和交通等领域的发展，进一步提高了城市的经济地位，而农村则日益处于从属地位。城市的兴起伴随于近代的整个工业化过程，而工业化发展史也就是城市迅速扩张的历史，是城市不断发展壮大并最终战胜乡村的历史，同时也是传统落后的乡村社会向现代先进的城市社会转型的历史。由此看来，“城市是经济、政治和人民的精神生活的中心，是前进的主要动力”②。

（3）城乡分离是人类历史上发生的最大一次社会分工，城市文明是人类文明的集中体现。马克思、恩格斯在《共产党宣言》中将城市发展作为资本主义生产方式不断成熟的基本成果和独特标志，指出资本主义生产方式的一个重要特点是城市的优势地位：

---

① 《马克思恩格斯选集》第3卷，人民出版社1960年版，第57页。
② 《列宁全集》第19卷，人民出版社1959年版，第52页。

> 资本主义使乡村屈服于城市的统治。它创立了巨大的城市，使城市人口比农村人口大大增加起来，因而使很大一部分居民脱离了乡村生活的愚昧状态。正像它使乡村从属于城市一样，它使未开化和半开化的国家从属于文明国家，使农民的民族从属于资产阶级的民族，使东方从属于西方。[①]

城市成了社会商业经济和政治文化的中心，在此基础上形成的城市文化也就成了人类文明的集中体现。

第二，对资本主义社会城乡关系的状况及性质的分析。马克思认为，城乡分离不可避免地带来深刻的矛盾和某些负面效应，造成了城乡之间的“对立”。城乡对立是指城乡分离过程中不同劳动分工和生产关系之间的矛盾状态。

马克思、恩格斯从不同的角度解释了城乡对立的含义。他们认为城乡对立首先表现在城乡差别和城市病态。产业革命后，城市和乡村差别明显。“城市本身表明了人口、生产工具、资本、享乐和需求的集中，而在乡村所看到的却是完全相反的情况：孤立和分散。”[②]“由于农业和工业的分离，由于大的生产中心的形成，而农村反而相对孤立化。”[③] 城市人口过度集中造成很多恶性影响，如城市人口拥挤、住房严重紧张、环境污染严重、流行病蔓延等问题。“今天所说的住宅缺乏现象，是指本来就很恶劣的工人的居住条件因为人口突然涌进大城市而特别尖锐化，房租大幅度提高，每所房屋里的住户愈加拥挤，

① 《共产党宣言》第2卷，人民出版社1964年版，第28页。
② 《马克思恩格斯全集》第3卷，人民出版社1979年版，第57页。
③ 《马克思恩格斯全集》第25卷，人民出版社1974年版，第733页。

有些人简直无法找到住所。”[①] “在这种社会里，工人大批地拥塞在大城市里，而且拥塞的速度比在当时条件下给他们修造住房的速度更快；所以，在这种社会中，最污浊的猪圈也经常能找到租赁者。”[②]

其次，城乡对立表现在个人劳动方式的对立。“城乡之间的对立只有在私有制的范围内才能存在。这种对立鲜明地反映出个人屈从于分工、屈从于他被迫从事的某种活动，这种屈从现象把一部分人变为受局限的城市动物，把另一部分人变为受局限的乡村动物，并且每天都不断地产生他们利益之间的对立。”[③] 马克思、恩格斯吸收和总结了早期社会主义者欧文和傅立叶的人道主义观点，认为人的自由发展要求消除城乡分离造成的劳动活动本身的畸形发展，消除城乡对立是消灭整个旧的分工的第一个基本条件。

再次，城乡对立表现在劳动方式的对立和劳动活动的畸形发展。在《法兰西内战》中，马克思分析了法国农民和无产阶级的利益分歧，指出不同的财产形式和劳动方式，造成城市生产者和乡村个体农民之间的利益隔阂。马克思认为，生产方式的对立引起农村和城市在财产、交换、政治关系等方面的多重矛盾。“这种对立鲜明地反映出个人屈从于分工、屈从于他被迫从事的某种活动，这种屈从现象把一部分人变为受局限的城市动物，把另一部分人变为受局限的乡村动物，并且每天都不断地产生他们利益之间的对立。”“第一次大分工，即城市和乡村的分离，立即使农村人口陷入数千年的愚昧状况，使城市居民受到各自专门手艺的奴役。他破坏了农村居民的精神发展的基

---

① 《马克思恩格斯选集》第 2 卷，人民出版社 1972 年版，第 470 页。

② 《马克思恩格斯全集》第 3 卷，人民出版社 1995 年版，第 167 页。

③ 同上书，第 331—332 页。

础和城市居民的体力发展的基础。”①

最后，城乡对立表现在农业持续发展遭受损害。

> 资本主义生产使它汇集在各大中心的城市人口越来越占优势，这样一来，它一方面聚集着社会的历史动力，另一方面又破坏着人和土地之间的物质交换，也就是使人以衣食形式消费掉的土地的组成部分不能回到土地，从而破坏土地持久肥力的永恒的自然条件。②

马克思、恩格斯认为，城市和农村的对立同经济发展、社会分工、物质利益密切相关。马克思依据他所经历的资本主义时代，对于城乡的分离，在《资本论》中是这样描述的：“一切发达的、以商品交换为媒介的分工基础，都是城乡的分离。可以说，社会的全部经济史，都概括为这种对立运动。”③ 城乡对立的根源一方面是由于生产力发展不够高、旧的社会分工的存在；另一方面是生产关系即私有制的存在。显然，城乡对立只有在私有制的范围内才能存在。资本主义社会不仅不能消除这种对立，反而不得不使它日益尖锐化。同时，他们还指出，这种分工的继续扩大造成城乡利益的对立。

第三，科学地分析了城市和乡村两种社会有机体融合的条件，预见了未来城乡关系融合的历史趋势。恩格斯在《论住宅问题》一文中，驳斥了当时的米尔伯格等一些资产阶级经济学家认为城乡对立是

---

① 《马克思恩格斯全集》第 3 卷，人民出版社 1960 年版，第 57、330 页。
② 《马克思恩格斯全集》第 23 卷，人民出版社 1972 年版，第 552 页。
③ 《资本论》第 1 卷，人民出版社 1963 年版，第 390 页。

自然的，是历史上形成的，消灭城乡对立的思想是一种“空想”的错误思想，旗帜鲜明地指出：随着剥削阶级的消灭，城乡对立的阶级基础也就消失，在工人阶级的政治统治下将会产生工业生产和农业生产之间的关系日益密切的条件，只有那时，工业和农业才能在生产力高度发展的情况下相互接近。人民民主专政是消灭城乡差别、城乡对立的重要条件。城乡发展是以人为中心的全面发展，城乡发展的前提是建立无产阶级专政。而无产阶级专政的建立，必须取得农民的支持，没有农民参加，无产阶级革命根本不可能胜利，无产阶级专政不可能建立，城乡差别、城乡对立的消失就失去了政治前提。马克思在总结1848—1850年法国阶级斗争的经验时明确提出：

> 在革命进程中把站在无产阶级和资产阶级之间的国民大众即农民和小资产阶级者发动起来反对资产阶级制度，反对资本统治以前，在革命进程中迫使他们承认无产阶级是自己的先锋队而靠拢它之前，法国的工人们是不能前进一步，不能丝毫触动资产阶级制度的。①

1894年恩格斯指出：“农民到处都是人口、生产和政治力量的非常重要的因素”，社会主义工人政党为了夺取政权，首先应当从城市走向农村，应当成为农村中的一股力量。

马克思、恩格斯认为，就如当初城乡之间对立是生产力一定发展阶段的产物一样，随着大工业的发展，“产生了空前大规模的资本和

① 《刘少奇选集》下卷，人民出版社1981年版，第419页。

生产力，并且具备了能在短时期内无限提高这些生产力的手段"，此时，"社会将生产出足够的产品，可以组织分配以满足全体成员的需要，因此，社会划分为各个互相敌对的阶级就是多余的了"，"只有这时废除私有制才不仅可能，甚至完全必要"，"城市和乡村之间的对立也将消失"①，融合随之产生。

对于这种"结合城市和乡村生活方式的优点而避免两者的偏颇和缺点"② 的城乡融合模式，恩格斯指出，"通过消除旧的分工，进行生产教育、变换工种、共同享受大家创造出来的福利，以及城乡的融合，使社会全体成员的才能得到全面的发展"，这是城乡统筹发展的终极目标。恩格斯进一步指出实现这一目标的两个标志，一是工人和农民之间阶级差别的消失，二是人口分布不均衡（指城乡之间）现象的消失。当然，达到城乡融合是一个漫长的社会历史过程，不能设想这种对立的消灭是一蹴而就的。"消灭城乡之间的对立，是社会统一的首要条件之一，这个条件又取决于许多物质条件，而且一看就知道，这个条件单靠意志是无法实现的（这些条件还必须详加探讨）。"③

城乡融合需要有两个客观条件：一是物质条件，即生产力的高度发展，特别是大工业的发展和协调安排。"资本主义生产方式同时为一种新的更高级的综合，即农业和工业在它们对立发展的形式的基础上的联合，创造了物质前提。"④ 二是社会条件，即消灭资本主义私有制，建立社会主义公有制。"彻底消灭阶级和阶级对立；通过消除旧的分工，进行生产教育、变换工种、共同享受大家创造出来的福利，

① 《马克思恩格斯全集》第1卷，人民出版社1956年版，第104—207页。
② 同上书，第220页。
③ 《马克思恩格斯选集》第3卷，人民出版社1995年版，第57页。
④ 《马克思恩格斯全集》第23卷，人民出版社1972年版，第552页。

以及城乡的融合，使社会全体成员的才能得到全面的发展——这一切都将是废除私有制的最主要的结果。”①

马克思和恩格斯认为，城乡在更高级的形态上实现融合，是经济社会协调发展的客观要求。首先，是农业发展和乡村摆脱愚昧落后状态的需要。其次，是大工业发展和解决“城市病”的要求。

> 消灭城乡对立……日益成为工业生产和农业生产的实际要求……当你看到仅仅伦敦一地每日都要花很大费用，才能把比全萨克森王国所排出的更多的粪便倾抛到海里去，当你看到必须有那么多巨大的建筑物才能使这些粪便不至于弄臭伦敦全城……那么你就知道消灭城乡对立的这个空想是具有极实际的基础了。②

最后，是人的自由而全面发展的需要。人的自由发展要求消除城乡分离造成的劳动活动本身的畸形发展，消除城乡对立是消灭整个旧的分工的第一个基本条件。城乡对立的消逝，会使劳动者的生产方式发生改变，生产方式的改变必然有利于生活方式的改变和整个社会文明程度的提高。

第四，提出了一系列实现城乡统筹的方法与途径。

首先，马克思高度重视农业现代化和技术化的思想。他通过对英国资本原始积累过程的研究发现，农业资本化、企业化经营在英国等西方国家创造了农业史上的奇迹，农业生产力和农产品的发展与增长速度都大大超过了人口的增长速度。在马克思看来，农业的现代化需

① 《马克思恩格斯全集》第4卷，人民出版社1958年版，第371页。
② 《马克思恩格斯选集》第3卷，人民出版社1995年版，第215页。

要借助于农业的资本化、企业化经营，推动现代大农业的发展。同时，农业的工业化还引发现代大农业取代小农经济的农业革命，它是“提高劳动生产率，即缩短生产商品的必要劳动时间的最有力的手段，机器化大工业在占据城市工业部门之后也开始占领农业领域并引起农业革命。随着以农业机械化、良种化和化肥化为主要特征的农业工业化进程逐步展开，最墨守成规和最不合理的经营，被科学在工艺上的自觉应用代替了”①。大工业在农业中的应用还加速了小农经济的解体，并将大量农业人口从封建宗法关系和土地的束缚中解放出来而成为产业工人或农业工人，从而促进了城乡社会关系的大调整和大转变。

其次，重视生产力发展在消除城乡对立中的作用。马克思认为，乡村农业人口的分散和大城市工业人口的集中，“仅仅适应于工农业发展水平还不够高的阶段”，这种状态会在工农业发展水平提高后得到改变。“把每个人的生产力提高到能生产出够两个人、三个人、四个人、五个人或六个人消费的产品；那时，城市工业就能腾出足够的人员，给农业提供此前完全不同的力量；科学终于也将大规模地像在工业中一样彻底地应用于农业。”②

再次，强调工业和农业的结合。恩格斯在《共产主义原理》中指出的，“公民公社将从事工业生产和农业生产，将把城市和农村生活方式的优点结合起来，避免二者的片面性和缺点。”③ 他认为，消灭城乡对立的最重要条件是，不仅使工业生产资料归社会公有，而且使农业生产资料也由社会占有。在此基础上，使工业生产和农业生产发生

① 《马克思恩格斯全集》第 1 卷，人民出版社 1956 年版，第 463 页。
② 《马克思恩格斯全集》第 31 卷，人民出版社 1972 年版，第 470 页。
③ 《马克思恩格斯全集》第 4 卷，人民出版社 1958 年版，第 368 页。

密切的内部联系，通过把工业同农业结合起来，促使城乡之间的差别逐步消灭。他们还强调城市工人与农村生产者之间的联合，提出要把农村的生产者置于他们所在地区中心市的精神指导之下，使农村生产者在城市有工人作为他们利益的天然代表者。

复次，重视城市的中心地位，充分发挥城市在城乡协调发展中的作用，充分发挥中心城市的历史先导作用和文明辐射扩散功能。“像伦敦这样的城市……这种大规模的集中，250万人这样集聚在一个地方：使这250万人的力量增加了100倍；他们把伦敦变成了全世界的商业首都。”① “城市的繁荣也把农业从中世纪的简陋状态下解脱出来。不仅耕地面积扩大了，而且染料植物以及其他输入的植物品种也种植起来了，这些植物需要比较细心的栽培，对整个农业起了很好的影响。”②

最后，合理布局城乡生产力和产业结构，使城乡之间的文化和生活条件日益接近。马克思在设计未来社会主义社会时，提出了一系列使城乡融合互动和日益接近的基本措施。他主张工业生产和农业生产密切联系与有机结合：“在最先进的国家里采取的方法是：把农业和工业结合起来，促使城乡之间的差别逐步消灭”③；生产力的计划利用和平衡分布：“大工业在全国的尽可能平衡的分布，是消灭城市和乡村的分离的条件”；人口的平均分布：“只有使人口尽可能地平均分布于全国……才能使农村人口从……那种与世隔绝和愚昧无知的状态中挣脱出来”④；城乡之间文化和生活条件的日益接近。

① 《马克思恩格斯全集》第2卷，人民出版社1957年版，第303页。
② 《马克思恩格斯全集》第7卷，人民出版社1959年版，第387页。
③ 《马克思恩格斯选集》第2卷，人民出版社1995年版，第543页。
④ 《马克思恩格斯全集》第3卷，人民出版社1960年版，第646、215页。

第二节　中国城乡二元社会结构的演化进程

一　中国城乡二元社会结构形成的历史背景

中国自公元前475年进入封建社会，一直到1840年鸦片战争的两千多年间，城乡一直处于共生状态，经济没有根本分离。城市没有发展成为独立于农村之外的经济中心，而是在政治上统治农村，在经济上依赖农村。城市与农村的经济联系主要是单向的，即城市从农村征收贡赋、调集劳役，而很少向农村提供产品。这是由于中国封建社会的工商业在城市经济中的比重很低，服务性行业和职业种类很少，城市社会分工不发达，无法吸纳农业人口。同时，封建社会里的城市经济功能弱，对社会经济发展的推力较小。

这种畸形的形态直接导致封建社会不能容纳游离出来的农村人口，无论这种人口是因天灾人祸从农业中自动游离出来，还是因为以自己的手艺而到城市谋生，城市本身并没有给农村人口留下生存空间。因此，我们看到，封建社会每次爆发大的天灾人祸，就会跟随着农民起义。

鸦片战争以后，中国逐步演变成为一个半殖民地半封建社会。列强的入侵给自给自足的封建农耕经济以巨大的冲击。西方列强为了自身的利益，在中国广泛建工厂。同时，在洋务运动中，中国的民族工业也取得了较大的发展，中国近代工业城市开始兴起。城市形成了自身的经济体系，城乡经济开始分离，形成中国城乡二元社会结构的雏形。

二　形成阶段：新中国成立初期至改革开放

中华人民共和国成立以后，为迅速扭转落后挨打的被动局面，我国国民经济只经过短暂的三年恢复期，便于1952年进入了大规模的工业化建设。但是当时的国情是我国人均国民收入水平相当低，缺乏工业化所需要的资金；传统的农业和轻工业在产业结构中的比重大，技术落后，总量产出少，支持工业化的能力有限；农村人口比重高，城市化压力大。同时，还有国际上资本主义国家对刚刚建立的社会主义新中国进行种种经济封锁，使我国不能吸收和利用国际资源技术支持国内工业化，只能自力更生。

在借鉴苏联工业化经验的基础上，我国凭借大国优势，选择了一种独特的经济发展战略以及与之配套的资源组织方式和管理制度。这就是通过榨取农业剩余获取工业化发展所需的原始积累来进行工业化发展。为实现这种战略，建立起一套高度集中的计划经济体制。在这种战略与体制支配下，政府依靠行政力量来组织和配置社会经济资源，进行强制性工业化积累，具体通过工农业产品不等价交换和税收等形式把农业中的资源强制转移到工业领域，以支持工业的扩张和发展。

据有关资源研究计算，1952—1978年间，国家通过工农业产品价格“剪刀差”积累了几千亿元，农民每年向国家缴的农业税在27亿—32亿元之间，累计有几百个亿。通过农民储蓄这条渠道，国家积累了约155.5亿元。三项相加，从1952—1978年，国家依靠农业积累的资金达4452亿元左右，年均约171亿元，占国民收入积累额的比重，除 1978 年外，都在 30%以上。与经济上的重工业优先发展战略相对应，国家为了进一步保护工业化的顺利进行，开始在社会层面出台一系列政策法规，如垄断和控制生产要素的配置权，限制农村发展工业，实行主要生活资料的统购统销和低工资制度，限制资源向消费领域流动，等等。其中最重要的就是出台了二元户籍管理制度。1958 年 1 月，《中华人民共和国户口登记条例》出台，标志着中国从法律上确认了二元户籍管理制度。根据这一制度，公民户口被人为分成农业户口与非农业户口两种形式，以户口为基础，国家又相继推出了与户籍制度相配套的政策制度，如粮食供应制度、教育制度、就业制度、医疗制度、养老保险制度、住房制度等，这些制度中所规定的社会福利只有城镇居民才能享有，农民无法享受，同时，这种制度严格限制农村人口转为非农人口，除非考上大学等特殊方式，这样就把农民禁锢在了土地上，形成了城乡分治的二元社会结构。

值得肯定的是，二元社会结构确实使我国在较短的时间内取得了很大的成就。整个国民经济获得较高的增长速度，尤其是工业化程度得到显著提高。这使得中国在世界上确定了政治、经济大国的地位。1952—1978 年间，社会总产值增了 6.26 倍，年均增长 8%，其中工业产值增长了近 16 倍，年均递增 11.41%。但整个国民经济在运行过程中积累产生了一系列无法消解的矛盾。第一，二元社会结构直接导致了我国国民经济结构在四个方面的严重失衡，即在三次产业间产值结构与劳动力结构变动的严重失衡，轻重工业结构变动的严重失衡，基础与重加工业结构变动的严重失衡，以及最终所导致的生产与需求结构严重失衡。积累能力很弱的农业部门为积累主源长期支持重工业增长，一方面随着重工业的扩展要求，对农业部门提供积累的需求越来越大；另一方面由于农业部门过度向外部输出剩余产品，极大地限制了农业再生产的扩大，甚至遭到破坏，最终动摇了实施重工业超前战略的基础。这最终导致了农业内部剩余劳动力的不断累积，农业剩余劳动力的转移受到极大限制，农业劳动生产率增长长期停滞，剩余产品率趋于下降。我国农业生产发展进入20世纪70年代以来长期停滞，1975年农业不变价格劳动生产率比1957年还低11.6%。到1980年也不过提高了15.8%。农业生产率的长期停滞，使得在传统战略下发动的每次工业化高潮，都因农业无法支撑而宣告结束。为此，政府曾采取种种措施，试图刺激农业的发展，向农业投资进行农业基本建设，改善农业生产条件；向农业科技事业拨款，支持农业技术进步；低价供应农业生产资料；强制农民进行劳动积累，但这些措施的实施只不过起到杯水车薪的作用。

第二，二元社会结构最终制约了工业化的发展。由于农业长期入不敷出，自我发展能力更加脆弱，适应不了工业化的需要。国家只能通过进口农产品来弥补农产品供求缺口。宝贵的外汇不能用于购买工业化所需的设备、技术，直接阻碍了工业化的进行。但如果停止农产品进口，国内低下的农业生产满足不了工业化的原料、市场需求，同样会阻碍工业化。与此相同的是，长期以来，农业低速发展对工业品所产生的需求是极其有限的，而且这种有限需求还紧紧地依赖于政府对农用工业品的低价供应，工业根本不可能依靠农业发展扩充需求市场。

第三，二元社会结构使得就业结构转换严重落后于产业结构转换。由于农业部门流出的资金大量流入重工业，重工业同轻工业相比，资金密集程度高出很多，它的扩张对劳动力的吸纳能力显然低于资金密集程度较低的轻工业。1953—1978年间，我国的产值结构变换要取决于劳动力结构的变换。1978年以前，农业产值份额下降了20.7个百分点，而农业劳动力份额只下降了12.6个百分点。第二产业（工业和建筑业）产值份额上升27个百分点，劳动力份额仅上升9.4个百分点。同发达国家工业化初期和发展中国家相比，我国劳动力结构转换比产值转换要慢得多。

第四，二元社会结构使得城市化过分滞后于工业化。在工业化过程中，大量的积累集中投向生产性建设方面，这些生产性建设又因国防需要相当一部分分散投向远离城市的边远地区，许多城市基础设施因资金短缺得不到建设，导致城市承受人口、就业压力的弹性异常弱小。为了减轻城市建设的压力，政府只有采取严格户籍管理、食品定量供给、医疗住房补贴分配等制度，实行强制性城乡隔绝政策，限制城市就业，控制农村人口流动到城市。从而最终造成我国工业化阶段和产业化程度与城市化进程完全脱节。这直接导致了农村人口被排挤在城市以外，只能聚集在传统产业部门而享受不到工业化带来的文明成果。同时，非农产业发展的空间小而分散，难以形成规模效益，人为浪费太多，也使得工业化物耗增加，成本上升。

第五，工业化没有带来人均收入水平以及消费需求的迅速提高，整个经济发展缺乏消费需求的推动。一般来说，产业结构与人均国民收入水平是相互对应的有机统一体。不同层次的产业结构，会产生不同层次的人均收入水平；而不同层次的收入水平也有相应的需求结构，并引发一定的产业结构。但我国却由于畸形发展导致产业结构和人均国民收入水平严重失调。从产业结构，特别是工业内部结构看，我国的人均收入水平理应接近中上等收入国家水平。但是，由于我国所采取的工业化方式打断了就业结构的转换，阻止和降低了城市化水平，结果我国从人均收入水平上看，仍处于典型的低收入国家之列。

值得注意的是，选择优先发展重工业的赶超型发展战略并不是中国实行社会主义制度的必然结果，它普遍存在于发展中国家。它是由发展中国家内部存在与发达国家不同的社会经济结构决定的。

三　改善阶段：改革开放至 20 世纪 90 年代初期

党的十一届三中全会后，我国的经济改革拉开了序幕。改革从改变原有的经济发展战略入手，借助调整生产关系和要素配置比例来弱化城乡二元结构，从而优先支持农业和轻工业的发展。这个改革主要分为三个阶段，农村改革阶段、城市改革阶段、三年整顿时期。

1978—1984 年是农村改革阶段。改革的直接目标是恢复农业生产能力，解决全社会的温饱问题。解决的手段，一方面是改革传统农村经济体制，推行联产承包责任制，另一方面是减少对农村的农产品征购量和大幅度提高农产品收购价格。改革内容主要包括几方面：第一是大幅度提高农副产品收购价格，相应减少部分农业税收，以刺激农产品的生产。第二是稳定农副产品特别是粮食的收购量，适当增加粮食的进口数量。第三是显著增加投资，支持农业的基本建设。第四，在农村普遍推行农业联产承包责任制，以调动农民的生产积极性。

农村生产关系的深刻变革，极大地解放了农业发展中的生产潜力，使我国农业出现持续六年的迅猛增长。1978—1984 年间，我国农业总产值按可比价格计算增长了 55.4%，每年平均增长速度为

7.6%，这是新中国成立以来农业增长最快的时期。农村改革的成功和农业生产的迅速发展，使农民的收入水平迅速提高。农民家庭人均纯收入由 133.57 元上升到 355.3 元。扣除物价上涨因素增加了 130.7%，每年平均增长速度高达 15%。农民收入的迅速增加给农村经济带来了两大显著变化。一是农村消费品市场迅速扩张，对轻工业产品形成了强大的需求拉力。二是刺激了农村非农产业的产生与发展。1984 年后，农民开始大规模发展乡镇企业。由此可见，那种由传统战略及其体制造就的由城市搞工业和农村搞农业的二元经济发展格局被打破。在城乡之间形成了一种新的经济发展格局，即城市工业化与农村工业化并重的双重工业化格局。

1984 年掀起的农村的第一次工业化浪潮，打破了农村单一产业结构和就业结构的布局，使农村经济结构发生了深刻的改革。1978—1984 年间，农村劳动力由农业转移到非农产业的人数为 2521 万人，使非农产业的劳动就业人数达到 5670 万人，占农村劳动力总额的比重由 10.3%上升到 15.8%。与此相对应的是农村非农产业的产值占农村社会总产值的比重也由 30.4%上升到 36.5%。

农村改革缓解了我国的二元结构矛盾，因此取得了巨大的成功。六年的农村改革中，国民经济增长的重心沿着农业向轻工业的顺序变化，实际上是对重工业长期优先发展，农业、轻工业过度发展不足的结构缺陷进行纠正。有事实证明，我国二元结构强度，已经从 1978 年的 6.03 缩小到 1984 年的 3.58。

1984—1988 年是城市改革阶段。农村改革的成功，使我国经济体制改革的重心从 1984 年开始从农村转向城市。1979 年 4 月，中共中央工作会议正式提出国民经济实行“调整、改革、整顿、提高”的方针，会议决定要加快轻工业的发展，使轻重工业的比例协调起来，为此适当提高轻纺工业的投资比重，增加轻工业生产和建设所需要的外汇，多发展一些投资少、见效快、国内市场需要的消费品工业。对于重工业，在1981年五届人大四次会议的政府工作报告中也明确提出，重工业更重要的是调整服务方向，更好地为农业和消费品业服务。

在这一时期，国家开始了市场经济的初步尝试，在城市经济运行中开始引入市场机制，同时，给地方政府与企业放权，极大地提高了企业的生产积极性，在改革的同时，国家还加大了对外开放的力度，采取了一系列对外开放措施，积极引进外资和先进技术，弥补了国内资金与技术的不足，这就使得大量的国外投资与先进技术涌入中国，推动了国民经济的高速发展。在就业政策方面，一方面国家强调把发展劳动密集型轻工业化和服务业放在重要位置，另一方面又采取优惠政策鼓励发展城镇集体经济企业，并允许发展个体经济，以便安排更多的劳动力就业。

经过上述一系列的改革和政策调整，我国工业在发展方式上出现了向轻工业倾斜的特征。六年时间里，轻工业占工业总产值的比重由42.7％上升到49.6％。从轻工业的主要产品产量的增长情况看，轻工业的增长势头更猛。与此同时，城市经济同比增长，职工的收入水平迅速提高，并且使职工消费结构水平跃升到一个新的阶段。农村工业化浪潮也得到迅猛发展。乡镇企业产值年增长速度高达44.9％，农村非农产业就业人数增长了4300万人。第一产业就业比重，从1983年的67％下降到1988年的59.3％。

值得注意的是，我国的二元结构强度在这一时期不仅没有继续减弱，反而加强了。到1988年，农业与非农业间的相对收入差距，从

1984年的3.58上升到1988年的3.89。这主要是因为农业产值份额的过快下降和农业剩余劳动力转移速度的下降，以及农村工业化过程中的资金增密现象。农业的停滞最终导致了1988年第四季度被迫实行国民经济紧缩。农业停滞使农村经济收入降低，也降低了农民增加消费的能力。这些都给三年治理整顿中的市场需求疲软埋下了隐患。

1989—1991年是三年整顿时期。由于在前一段时间中，工业超高速增长，导致了严重的通货膨胀问题，经济秩序开始出现混乱。为了尽快改变经济发展中的这一趋势，国家开始了三年的经济整顿。通过整顿，经济发展中许多矛盾趋于缓和，国家重新强调对农业的发展，农业生产得到加强，粮食持续两年获得丰收，打破了持续徘徊的局面，农民来自农业生产的收入增长较快。但我国二元结构强度不仅未有下降，反而继续加大。1991年，我国三次产业间，农业与非农业的相对收入差距从1988年的3.89已上升到4.14，这里主要原因是由于农业劳动力转移出现逆向变化和农村工业以资本替代劳动的资金增密趋势仍在发展，并且强化。

四　固化阶段：20世纪90年代后至今

1993年以后，中国的经济进入全面的转型时期，经济体制开始全面由计划经济向市场经济转型，为适应改革开放的新形势，国家开始对户籍制度进行局部的调整，并对附在户口上的社会福利制度进行了改革。1993年，城市居民的粮本、粮票被取消，城市粮油供应制度寿终正寝。紧接着随着住房制度的改革，福利分房制度被取消，标志着原来附在户口上的住房制度彻底结束，种种改革表明我国的城乡二元社会结构开始有弱化的迹象。但是随着经济体制改革取得的巨大成功，也蕴涵着许多新的尖锐矛盾和冲突，最终导致了经济结构的严重失调，以及紧缩和调整。在转型时期，我国的城乡二元结构实际是进一步强化了。

20世纪90年代后，我国经济持续高速增长，却由于内需不足，物价低迷，农村经济发展出现了停滞状态。农民负担沉重，增收困难，贫困人口增加，城乡差距拉大。从二元对比系数来看，在1996—2001年这六年内，中国的二元对比系数一直处于0.18—0.25之间徘徊，远低于发展中国家的平均水平0.31—0.45，从二元反差指数[①]来看，二元反差指数也处于0.18—0.27之间，并且越来越大。由此可知，中国经济的二元性从20世纪90年代中期以来，一直处于加剧阶段。2003年，城市居民人均收入为6860元，增长8.5%，农村人均收入为2366元，只增长4.2%，两者之间比例为2.9∶1，比农村改革前1978年的2.57∶1还要高出0.33个百分点，比农村改革后的1983年的1.70∶1要高出1.2个百分点。而农村人均2366元的收入，有40%是实物性收入，除去实物性收入，农村人均只有1800多元，而这1800多元中，又有20%要用于第二年的生产性投入，因此农村人均实际收入仅有1400元左右，如果把农村人口没有享受到的医疗、教育、失业保障等非货币因素考虑进去，有专家认为中国的城乡收入差距为6∶1。

近年来，国家开始高度重视“三农”问题，提出五个统筹，把统筹城乡发展放在首位，并提出了“三项补贴”等扶持农村发展政策，

① 二元反差指数为非农增加值比重与从业人员比重之差的绝对值，其值越小，经济的二元性越不明显。

即对种粮农民的直接补贴、良种补贴和农机具购置补贴，随后又取消了农业税，这些措施对于推动农业发展，促进农民增收起到了一定的积极作用。但是，在城市及其非农产业同样快速发展的情况下，城乡差距并未见缩小，城乡二元结构问题仍然非常严重。[①]

第三节　中国城乡二元社会结构的特征、成因分析及危害

一　中国城乡二元社会结构的特征

二元经济结构阐述了发展中国家工农城乡之间的对立及其运用过程中所出现的分化。由这种结构我们可以看到，发展中国家的经济一般由两个不同的经济部门组成：传统部门，劳动生产率较低，剩余劳动力较多，报酬较低；现代部门，劳动生产率较高，人数较少，工资较高。我国是一个典型的城乡分治的二元经济结构国家，这种二元经济结构导致了农村和城市许多方面的差异。不仅如此，中国的二元结构由于其特殊的形成原因，不仅表现为现代工业部门与传统农业之间的二元经济结构，还表现在城市社会与农村社会长期分割的二元社会结构。这使得其无法从其他国家的工业化进程中得到经验。其特征表现在以下几个方面：

① 王积业、王建主编：《我国二元结构矛盾与工业化战略选择》，中国计划出版社 1996 年版，第 34 页。

（一）户籍制度带来的城乡差异

“三农”问题专家李昌平曾撰文指出：户籍制度在建立之初并不一定是一项歧视制度，只是实施紧缺生活品配给的手段之一，是适应当时计划经济体制需要的，在我国工业化初期发挥过一定的历史作用。事实上，当时粮食安全问题始终是摆在中国人面前的首要任务，落后的中国农业不能为日益增多的城市人口提供足够的粮食供应。再加上当时盲流问题逐步升级，不做出这种制度安排，将会严重影响农业生产，进而影响中国以农业为基础的工业化的进程。事实说明，当时中国的城市也无法吸收这些农村剩余劳动力，相反，通过发展农村工业使农民就地变为工人，是唯一可能的选择。另外，为了稳固新生的共和国政权，打击敌对势力的渗透，确保国家安全，实行严格的管理也是必要的。第二次世界大战之后，世界产生东西方对峙的两大阵营，选择了“一边倒”策略的共和国政权不仅需要继续与偏安台湾岛的国民党残余势力进行斗争，还不得不直接与以美国为首的西方阵营进行短兵相接的较量。在中国大陆，还残留着一定数量的土匪、敌特分子。在这种情况下，实行户籍制度有利于打击敌对势力的渗透，确保共和国的安全。这些因素叠加在一起，当代中国的户籍制度建立就成为必然。

户籍制度曾发挥过非常重要的历史作用。公安部一位负责人评价户籍制度的作用时指出：一方面户籍制度通过公民的身份登记，可以证明公民身份并确立其民事权利和行为能力；另一方面户籍制度可以为政府制定国民经济和社会发展规划、劳动力合理配置等提供基础数据和资料；此外，户籍管理是治安管理的基础和重点，在维护治安、打击犯罪方面起到了巨大作用。

随着市场经济体制的逐步建立和完善，划分“农业户口”和“非农业户口”，实行城乡分割的户籍管理二元结构，已经越来越阻碍人力资源的优化配置和地区间的合理流动，越来越不利于城市化建设和农村经济的发展，越来越不适应形势发展的要求。首先，它阻碍劳动力资源的市场化配置，从总体上降低了生产效率，影响了经济增长。户籍制度削弱了经济要素的自由流动，阻碍了经济的可持续发展，不利于形成全国统一的劳动力及人才市场。同时，阻碍了城市化进程，对农业现代化及农村人口的转移形成体制性障碍。中国大量的农村人口需要转移，但事实上进城限制却没有从根本上放松。它同时也遏制了消费市场的进一步发展。大量城市“四海漂族”、务工农民，连基本的生存条件及安全感都没有，身份不明，工作不稳。

其次，它通过对农民经济利益的剥夺，加剧了城乡割裂。户籍制度将农村与城市人为地分割成两个截然不同的社会，城市工业由于获得农业的支持得到了迅猛发展，推动了城市社会经济的发展。城市变得越来越现代化，文明程度越来越高，而农村由于农业发展长期受抑制，农村经济发展滞后。同时，与城市的隔绝，使得农村没有受到城市发展的积极影响，农村城乡户籍、不同城市户籍之间“含金量”的差异，直接造成了公民在就业、人事安排、社会保险（包括保障房）、教育和住房等问题上的不平等待遇，造成了同工不同酬、同命不同价、教育机会不均，甚至“在自己家的房子里暂住”等社会问题。大量的农民涌入城市务工经商，由于没有城市户口，几乎不可能获得城市居民的身份，也就不可能获得与城市居民同等的工作机会、报酬收入及社会地位。

可喜的是，我国正在抓紧研究进一步深化户籍制度改革的意见，拟取消农业、非农业户口的界限，探索建立城乡统一的户口登记管理制度。2007年，河北、辽宁、山东、广西、重庆等12个省（自治区、直辖市）已经取消了农业户口和非农业户口的二元户口性质划分，统一了城乡户口登记制度，统称为居民户口。北京、上海两市也已下发了本市农业人口转为非农业人口实施意见，放宽了条件限制。广东省的佛山、深圳、中山等地将城镇化水平较高的农村地区居民统一转为非农业户口，实行城市化管理，为下一步统一城乡户口登记制度奠定了基础。

（二）投资上的城乡差别

为了能够在经济发展水平极其低下的基础上顺利推进这一发展战略，我国借助计划经济体制构建了农业剩余向工业转移的通道，建立了税收和储蓄转移以及工农产品的价格“剪刀差”等渠道，使这种资金和其他要素的流向固化，从而形成了我国工业和农业二元结构的独特发展路径。

改革开放前，大量农业剩余持续流向工业，农业资金和其他要素的投入严重匮乏。1952—1978年，仅仅通过价格“剪刀差”提取的农业剩余就达4097亿元，占同期国家财政收入的29.1%。如果再加上财政取自农业的税费777亿元，农业对财政的贡献高达34.6%。而1952—1978年，国家财政支农资金合计1570.19亿元，同期财政支出14214.1亿元，支农资金仅占财政支出的11%，占农业对财政的贡献也只有32.2%。①

① 王积业、王建主编：《我国二元结构矛盾与工业化战略选择》，中国计划出版社1996年版，第34页。

改革开放后，在市场化发展过程中，形成了农村资金投资性外流渠道，把原来在农村形成的资本积累吸引到城市，形成农村资本的净外流。加之转轨时期出现的农村地区“乱收费”和政府部门对涉农资金的挤占、挪用等情况，使得改革开放后农村的资金外流不仅没有缓解反而加剧。据测算，1991—1998 年，农村资金通过财政渠道净流出额高达 6829 亿元，从金融渠道净流出的农村资金共计 2841 亿元，平均每年高达 358 亿元。而农村地区的资金流入，主要来自财政支农资金的投入，改革开放以后，国家财政支农支出虽然总量增加比较迅速，从 1978 年的 150.66 亿元增加到 2004 年的 2357.89 亿元，但是，支农支出在财政支出中的比重却不如改革开放之前。据统计资料，“六五”时期为 8.69％，“七五”时期为 9.38％，“八五”时期为 9.75％，“九五”时期为 9.29％，2001—2004 年为 8％。[①]

从信贷服务看，国家四大专业银行中，工行、建行、中行主要围绕着城市开展业务，满足城市产业、企业和居民的需要。唯有实力最弱的农行似乎是专门为农村和农民服务的。但由于农业项目众所周知的风险大、周期长、盈利率低等原因，很难从国家银行系统获得贷款。就连在农村金融领域处于垄断地位的农村信用社也担心农民不能按时还贷，影响资金安全，不愿意向农民发放贷款。1979—2000 年，仅从农村信用社和邮政储蓄两大渠道，农村资金净流出就高达 10334 亿元。2001 年农业和乡镇企业贷款仅占国家金融机构贷款总额的 7.8％，这种非农化的信贷结构显然不利于农业的发展，更加剧了农

① 王积业、王建主编：《我国二元结构矛盾与工业化战略选择》，中国计划出版社 1996 年版，第 34 页。

业资金短缺的局面，影响到农业和农村经济的发展。[①]

（三）社会保障上的差别

从社会保障上来看，城镇职工享有社会保险、社会救助、住房保障等较为全面系统的保障。而农村社会保障非常薄弱。一是由于农村低保制度没有普遍建立，贫困农民的基本生活还难以保障。二是新型农村合作医疗制度有待全面铺开，并逐步规范化运作。许多地方配套资金不到位，管理经办能力跟不上，运转存在许多问题。三是原农村社会养老保险制度缺陷明显，运行上仍处在清理整顿阶段，进退两难。

二　中国城乡二元社会结构的成因分析

笔者认为，我国城乡二元社会结构持续存在主要有以下原因：

第一，“市场主导型的二元经济结构”的形成。农村收入水平低部分原因是农产品的需求收入弹性小，当城镇居民的收入提高后，人们倾向于把增加的收入中的一个较小部分用于购买农产品，而把更多的资金用于购买其他商品。人均收入提高所产生的需求刺激，在农业中比在其他产业中小。于是在需求方面就导致了农村收入水平增长远低于城市。随着经济发展水平的提高，资本拥有量提高，比较优势逐渐转向其他产业。相比而言，大量的现代工业部门集中在城镇，工业部门的行业利润率长期高于农业部门，所以城镇的经济发展相对较快，城镇居民的收入提高也较快。改革开放以后，恩格尔系数不断下

① 王积业、王建主编：《我国二元结构矛盾与工业化战略选择》，中国计划出版社 1996 年版，第 34 页。

降，我国的消费市场由生活必需品阶段向耐用消费品为主的消费结构升级阶段转移，这个阶段，耐用消费品的生产和消费成为人们日常生活的主要内容。城市消费的大部分项目的支出，如住房、汽车、电器、旅游以及其他一些服务业的消费项目与农村或农民没有太大关系，而使城市居民的收入很难回流到农村。即使是原来许多由农村或农民提供的食品，现在也有相当一部分来自国际市场的进口，城镇人口日常生活的大部分依赖于城市而不是农村。这时城市和农村之间的联系出现了一种新形式的断裂，形成了“市场主导型的二元经济结构”。

第二，我国长期实行城乡分割的宏观经济体制。新中国成立以后，我国选择了重工业优先发展的赶超型经济发展战略。从 1953 年起，国家从粮食、油料的计划收购和销售开始，逐步实行了对主要农副产品的统购统销政策。这一政策压低工业部门职工的工资和生活成本，走出了阻断城乡产品流通渠道的第一步。20 世纪 50 年代末，在人民公社制度下，农民必须将生产资源全部投入农业生产，并按照国家要求的品种和数量生产农产品。这一制度迈出了阻断城乡生产要素流动的第二步。从 20 世纪 50 年代中期以后逐步推行并不断强化的城乡分割的户籍制度在全国范围内对城乡人口和劳动力流动做出进一步约束，阻断了农村劳动力向城市的流动。城乡经济在各自封闭的环境中运行，也没有市场机制的调节和激励，矛盾进一步固化。城乡分治制度使得农村中大量的剩余劳动力不能通过正当渠道向城市流动，而城市的先进技术、设备和人才也不能向农村转移，附在户籍制度上的福利制度又造成了城乡社会保障、就业、医疗服务、教育服务等的差别，加剧了农村的相对贫困。

第三，我国人多地少的矛盾也成为二元结构的原因之一。在人地矛盾高度尖锐的条件下必须维持最低水平的社会公平，为工业化提供安定的社会环境。这一要求从根本上决定了农业采取小规模、分散经营的方式，抑制先进机械设备使用和农业技术进步，阻碍劳动生产率的提高，无法实行农业的规模化经营，严重制约农民收入增加。

第四，传统的历史文化也对二元结构的形成产生了较大的影响。中国悠久的文明和历史，既凝聚着民族文化的精华，又包含着封建糟粕。其中阻碍发展的传统文化因素有以下几个：一是农本主义传统根深蒂固，源远流长。以农为本衍生出重农轻商的传统，地理环境的封闭性阻碍商业活动开展和市场的建立，农村商品经济发展落后，自然经济半自然经济成分直到今天在农村中仍然占很大比重，成为中国二元结构形成的重要原因，也是阻碍二元结构转换的重大障碍。二是深厚的家族观念加固了传统社会结构的基础。过于深厚的家族观念阻碍较大范围的社会分工，排斥社会分工合作和大生产。三是强烈的等级意识阻碍与市场经济发展相适应的公平、平等、竞争观念的形成。无条件的等级服从的意识，助长了城市对农村、工业对农业的剥夺，使错误决策难以全面纠正。

三　中国城乡二元社会结构的危害

（一）对经济的危害

首先，城乡二元结构导致投资需求不足，使投资对经济增长的拉动作用不足。这主要表现在四个方面。一是投资量的大小取决于预期投资利润率的高低，而由二元结构引起的收入不均导致的消费需求不足使预期利润率偏低，从而抑制投资。二是投资量的大小还与投资风险的大小相关。城乡二元结构导致来自社会政治不稳定的风险增大，进而抑制投资，尤其是外国投资者对此更为敏感。三是农民因收入低而使农业投资不足。四是二元结构引起的收入不均导致的边际消费倾向偏低，进而使投资系数较小，投资对经济增长的作用减小。

其次，城乡二元结构造成消费需求不足，进而使消费需求对经济增长的拉动作用不足。20 世纪 90 年代后期，中国开始告别“短缺经济”，经济增长由供给约束变为以需求约束为主。而国内消费需求不足成为制约经济快速增长的主要因素。为何会出现消费需求不足？主要原因是中国城乡二元结构导致收入分配客观上存在严重不均，再加上边际消费倾向递减规律的作用，使全社会的居民平均消费倾向和边际消费倾向明显减小。对于高收入阶层，虽然他们获得了全部居民收入中的很大一部分，但由于边际消费倾向递减规律的作用，使其中只有少数用于消费支出，其中的大部分收入沉淀下来，形成储蓄。对于低收入阶层（包括一部分城镇居民和大部分农村居民），由于低收入的硬约束，虽有消费欲望，却无足够的购买力。而且在中国还有一个较普通的现象：即使是低收入阶层，也不得不拿收入中的一部分储蓄起来，用于子女日后的教育和嫁娶等方面。对于中等收入阶层，大量下岗工人和失业者的存在使他们中的许多人有危机感，收入预期不高。这使得中等收入阶层的储蓄倾向偏高，消费支出较少。以上三种形态汇合起来的结果是：全社会居民消费倾向下降，消费需求不足，从而对经济增长的拉动作用不足。

（二）对社会的危害性

首先，城乡二元结构导致农村贫困人口大量存在，给社会稳定制造了很多不安定因素。据统计，2004年年末全国农村绝对贫困人口为2610万人，占农村人口的比重为2.8%，初步解决温饱但还不稳定的农村低收入人口为4977万人，占农村人口的比重为5.3%。农村绝对贫困人口加上低收入人口大概仍有7587万人。[①] 我国农村贫困问题还很沉重。改革、发展需要一个稳定的社会环境，但是如果没有农村的稳定也就不会有整个社会的稳定。农民作为劳动群众，也是我们的政权基础，城乡居民收入分配是否合理，会直接影响我国社会成员的社会心态的平和程度、社会关系的协调程度和社会形势的稳定程度。贫困阶层不断扩大并日益边缘化，必然引发社会成员对社会的不满情绪，继而带来一系列的社会问题，使社会秩序混乱无序，从而造成社会形势的动荡不安。这一问题如果得不到解决，和谐社会将成为一句空话，社会稳定也会受到影响。

其次，城乡二元结构严重地损害了社会公正。农民问题的本质在于农民在二元社会结构中基本权利的缺失和不公平对待。这种权利的缺失使农民这一弱势群体的社会地位更加弱势化。就业制度使农民既不能在党政机关求职，也不能在国有企业工作，大量在非国有企业谋职的进城农民缺少基本的劳动保障权利，社会保障制度因此成为城市市民的特权制度。

再次，城乡二元结构也直接影响了农民的文化素质和劳动技能的提高以及农村文明的进步，进而影响到农民收入水平的提高。城乡二元结构在教育体制上表现为重城轻乡，政府在基础教育上的投入倾向于城市，使农村基础教育无论在师资还是在基础设施等方面都远远不

① 国家统计局：《2004年中国农村贫困状况监测公报》，中国统计出版社2005年版。

如城市。农村缺乏量足质高的基础教育，农民缺乏专业知识和劳动技能，大多数农民只能从事简单体力劳动，待遇差。这种文化素质的结构、文化层次低下和劳动技能的缺乏的现状已成为农村富余劳动力转移的重要障碍。

最后，城乡二元结构导致农民社会地位低下，农民缺乏相应的政治参与权。城乡二元结构使得中国农民的劳动得不到社会的承认。应当说，农业及其创造的财富，是人类生存与发展的基础。在发达国家，务农与其他劳动形式是同等重要的职业，农业人口有着自己独特的地位、权利和义务系统。但在中国，人们看不起农业劳动，更鄙视农民。在农村，一心务农被更多的人看做是没出息，更有相当多的人千方百计想要跳出“农口”。同时，由于城市在经济上一直处于主导地位，社会地位、经济贡献、文化素质的限制，都使得农民这一中国最大的社会群体从古至今始终缺乏相应的政治参与权。

（三）对农村建设和农民的危害

首先，城乡二元结构导致农业生产率低下，农业经济发展缓慢。城乡二元结构导致农业生产收益比较低，非农产业收益较大。在经济利益的驱动下，农民必然将资金从农业部门转移到非农业部门，并想方设法从事非农产业的生产经营活动，一些耕地也被用于非农生产，这样，农业必需的生产要素减少，从而不利于农业生产的发展和农产品供给的稳定增长，也制约着其他产业发展的影响。同时，国家资源配置政策的长期倾斜，使得农村投资比重小，农业基础设施不健全，从而造成长期以来我国农业一直保持着家庭式的、自给自足的发展状况，农业协作程度低、技术落后、生产率低下。

其次，城乡二元结构不利于农业的稳定发展和农业产业结构的顺利转换与能级提升。为促进城乡经济发展，城镇既有必要将一部分产业转移到农村以利于发展更高能级的产业，也利于提升农村产业结构与提高农村居民收入水平。但城乡之间这种产业的顺利转移需要以农村市场的足够广阔与农村居民充足的购买力为前提，而农村居民收入水平过低导致农村消费市场难以启动，既影响了城镇供给水平的顺利实现，也阻碍了农村市场顺利从城市吸纳相应的产业，极大地妨碍了农村经济的发展。

最后，农村大量过剩劳动力无法转移。按照西方经济学的二元经济结构理论，在发展中国家存在二元经济结构的情况下，传统农业部门经济发展水平低，边际生产率低，劳动力过剩，为现代工业部门提供了廉价的劳动力。而现代工业部门随着资本存量的增加、工业规模的扩张和社会经济结构的变革，需要不断地吸纳农村劳动力。这样随着城市规模的扩大，人口会源源不断地流入城市，随着人口和经济活动从传统部门向现代部门的转化，社会整体生产力水平将不断得到提高，二元经济逐步会转向现代经济。但是在中国的二元社会结构背景下，城市的现代经济部门发展缓慢，对劳动力的吸纳能力下降，而农村生产效率不断提高，大量过剩劳动力产生，并且无处转移。

（四）对城市化的危害

农村剩余劳动力的转移无非就是从农村转移到城市，从第一产业转移到第二、三产业。农村剩余劳动力从农村转移到城市的过程中，农民会考虑一个成本收益问题。但是随着城乡二元结构的进一步拉大，转移到城市的成本越来越高，净收益在减少，这就阻碍了农村居民向城市的转移。同时，由于城乡居民收入差距持续拉大，财产方面的差距也越来越大。收入差距的积累形成了资产的巨大差距。通过继承，这种差距也被继承了，从而根本性地影响了城乡居民人力资本的形成，城市居民有较多的收入在这方面进行投入，从而获得了相对较高的人力资本，而农村居民的人力资本则较低。这都阻碍了农村剩余劳动力向城市转移，阻碍了社会经济结构的根本性转变和我国从传统农业社会向现代城市社会发展的城市化进程。

一般来说，工业化伴随着城市化，但是，我国的城市化水平严重滞后于工业化水平。2008 年，我国城市化率为 44.9%，世界平均水平为 48%，发达国家为 78%，可见我国城市化水平远远低于世界平均水平。城市化水平的低下不能实现生产要素在城市的聚集，不能发挥规模经济效益和聚集经济效益，更制约了第三产业的发展。2007 年世界高收入国家服务业增加值占 GDP 的比重超过 70%，而在同期，我国这一比重只有 40.1%，与美、英、德、日等发达国家相差 20—30 个百分点，与韩国、俄罗斯、印度等也相差 10 多个百分点，甚至与最低的泰国还相差 5 个百分点。[①]

① 国家统计局：《2008 年中国统计年鉴》，中国统计出版社 2008 年版。

第四节 良性与恶性的城乡二元结构

一 良性的城乡二元结构

良性的城乡二元结构是指在城乡公平发展的状态下，不断弱化直至消失的城乡二元结构。这种城乡二元结构具备如下特征：农业、轻工业、重工业保持适当比例渐进发展，合理的城市化战略、有力的支农政策以及农村劳动力的不断转化。良性的城乡二元结构正是依靠这些特征逐步缩小了工农与城乡差距，实现了城乡的公平发展，最终推动了整个社会的和谐发展。通过对西方发达国家的城乡二元结构发展历程的观察，我们看到良性城乡二元结构具有以下特征：

第一，现代工业国家的工业化过程是农业、轻工业、重工业的协调渐进发展的过程，在保证重工业发展的同时，注重轻工业与农业的发展。

第二，在工业化过程中，以工业为主导是必然的，但不代表片面发展工业而忽视农业的发展。随着工业化的发展，原本是第一大产业的农业势必会逐步转变为弱势产业，这就要求国家必须对农业进行支持，从而保护农业的发展势头，将农业逐步融入工业化的进程当中，从而逐步缩小城乡差距。

第三，工业化必然带来农业剩余劳动力的快速转移，通过农业劳动力向非农部门的转移，可以快速提高农业的生产率，促进农业产业化发展，形成二元结构的良性发展趋势，从而促进城乡公平发展。

二 恶化与固化的二元结构

与良性的城乡二元结构不断弱化不同，恶性的城乡二元结构是不断恶化与固化的二元结构。恶性的城乡二元结构的特点与良性城乡二元结构相反：农业、轻工业、重工业发展比例失调，片面突出工业发展、忽视农业发展，城市化发展缓慢，农村剩余劳动力转移速度慢。

中国的城乡二元社会结构是典型的恶性城乡二元结构，与发达国家工业化时期的良性二元经济发展道路相反，中国走的基本是一条恶性的城乡二元发展道路。这突出表现在：与发达国家注重农业、轻工业、重工业协调发展不同，中国单纯注重重工业的发展，忽视农业和轻工业的发展，使我国的工业化跨越了以轻工业为重心的发展阶段，为工业化提供资金积累的主源没有从农业向轻工业转移，最终导致在工业产值不断上升的情况下，农业人口与农业劳动力比重长期维持在较高的水平，强化了二元经济结构。同时，我国还在发展工业的同时，忽视了农业的发展，国家从农村中吸取大量的资金，但返给农业的资金却少之又少，工农业投资比例严重失调，使得农业发展缺乏基本的发展动力。城乡分割的户籍管理制度又人为地将城市和农业对立起来，加剧了城乡二元结构强度，拉大了城乡差距。

第三章

教育公平理论及中国城乡二元结构下的基础教育不公现状

教育公平的解读／中国城乡二元结构下基础教育公平的现状／长期教育不公的社会危害

第一节　教育公平的解读

一　教育公平思想的溯源

教育公平是社会公平理念在教育领域的延伸和体现。理论家和思想家们往往在阐述自己社会公平观念的同时，把其理念引申到教育领域。早在2500年前，孔子就在他的教学中提出中国古代朴素的教育公平思想。在几千年的漫长演进历程中，教育公平一直是东西方哲学家、教育学家探讨的热点。

（一）中国传统教育公平思想的理论渊源

周立升、颜炳罡在其著作《儒家文化与当代社会》中写到，每一种教育模式的背后都蕴涵着一种与本民族文化相对应的教育理念，其产生与发展有其历史的具体适用性，同时作为一种观念形态，也有其人类文明的共性和历史的普适性。在适当的历史条件下，传统的教育理念会以一种新的形态重新焕发生机，并在更大的范围内传播，促进社会文明的发展。早在2500年前，孔子就在他的教学中秉持朴素的教育公平思想。他所提出的“有教无类”、“因材施教”、“温故而知新”、“知之为知之，不知为不知”、“各言尔志”、“当仁不让于师”等许多教育思想，至今仍闪烁着时代的光芒。其教育公平思想的基本内容，主要体现在以下几个方面：

1. “有教无类”的教育机会均等论

在孔子出生前，教育一直都是官府所办，能享有受教育权利和机会的只能是贵族和奴隶主的子女。平民无权接受教育，社会地位永远得不到提升，世世代代都要接受悲惨的命运。因此，孔子率先提出“有教无类”的主张。“有教无类”见于《论语·卫灵公》，全章仅此四字，是《论语》一书最短的两章之一，但这四字却是孔子教育思想体系的总纲。他认为，不受种族、出身等限制，人人都有接受教育的权利和机会。因此，他公开宣称：“自行束以上，君未尝无诲焉”（《论语·述而》），首创私学，提倡“有教无类”，冲破了“礼不下庶人”（《礼记·曲礼》）的等级制度，招收了大量的平民子弟上学，如“居陋巷”的颜渊、“衣蔽褴袍”的子路，“犁牛之子”的仲弓，使他们也可以获得接受教育的机会，为他们改变命运提供了条件。

孔子打破了历史上“学在官府”的局面，推动了“学移民间”，使更多的人可以接受教育，推动了整个社会公平机制的构建，开创了公平教育理念的先河。他的思想对后世学者产生了重大而深远的影响，墨子、颜元、王守仁，乃至于近代的蔡元培、陶行知都在不同层次上推行了“有教无类”的思想，使之成为中国传统教育理念中一脉相传的理论瑰宝。

2. “因材施教”的开创个性化教育

宋代二程和朱熹从孔子的教育实践概括出孔子的教学方法：“夫子教人，各因其材”，指的就是孔子善于根据每个学生的不同情况，如资质、性格、能力、心理特点、兴趣、思维状况等进行有针对性的教育。孔子经常分析每个学生的不同特点，他认为“由也果”（认为子路果断），“赐也达”（子贡为人豁达大度），“求也艺”（冉求多才多艺）[①]，

① 《论语·雍也》，中华书局2006年版。

"柴也愚"（高柴较迟钝），"参也鲁"（曾参较迟钝），"师也辟"（子张较偏激）[1]，由于孔子对施教的"材"有清楚的了解，就同一问题，他就对不同学生采取不同回答。樊迟、司马牛、仲弓和颜渊均曾向孔子问仁，孔子分别作了四种不同的解释。司马牛问仁，孔子说："克己复礼为仁。"仲弓问仁，孔子说："出门如见大宾，使民如承大祭。己所不欲，勿施于人，在邦无怨，在家无怨。"樊迟问仁，孔子说："爱人。"颜渊问仁，子曰："克己复礼，一日克己复礼，天下归仁焉……非礼勿听，非礼勿视，非礼勿言，非礼勿动。"[2] 孔子之所以就同一个问题对不同的学生采取不同的回答，是因为考虑到不同学生的实际情况。农家子弟樊迟由于资质较鲁钝，孔子对他就只讲"仁"的最基本概念——爱人。贵族子弟司马牛因"多言而躁"，孔子就告诫他，做一个仁人要说话谨慎，不要急于表达。"犁牛之子"的仲弓因对人不够谦恭，不能体谅别人，孔子就教他平常出门要像去见贵宾一样庄重，役使百姓要像承当大祭典一般严肃，自己所不喜欢的，不要强加给别人。在诸侯国中没有人对自己怨恨，在卿大夫的封地没有人对自己怨恨。即要他学会将心比心推己及人。颜回是孔子第一大弟子，已有很高的德行，所以孔子就用仁的最高标准来要求他——视、听、言、行，一举一动都要合乎礼的规范，不合礼的东西不看，不合礼的话不听，不合礼的话不说，不合礼的事不做。

孔子所实践的"因材施教"的教育原则使教育公正和公平进一步深化，体现了一种接受教育过程的公平。他的"因材施教"思想为后世思想家所发展。墨子提出"学必量力"，注重在施教时考虑学生的

① 《论语·先进》，中华书局2006年版。
② 《论语·雍也》，中华书局2006年版。

力之所及。韩愈把有才能的人比作千里马，指出饲养千里马不能用饲养普通马的方法。宋代的胡媛更进一步创立了一种“主副分科的崭新的教学制度——分斋教学”，而“分斋教学”的思想理论基础正是“因材施教”。之后的张载、朱熹、颜元、魏源，乃至近代的康有为、梁启超等都从不同的角度阐释和实践了孔子的“因材施教”原则，强调了对学生的差等教育。

3.“各言尔志”的教育民主平等观

孔子的教育思想重视师生之间的对话，就是让学生敞开心扉来与老师对话。如颜渊、季路侍。子曰：“盍各言尔志?”子路、颜渊各言己志后，子路曰：“愿闻子之志。”子曰：“老者安之，朋友信之，少者怀之。”[①] 孔子与学生的对话不仅是平等的，而且有朴素的民主色彩，如子贡曰：“《诗》云：‘如切如磋，如琢如磨’，其斯之谓与?”子曰：“赐也！始可与言《诗》已矣，告诸往而知来者”，从而实现“教学相长”，和“学学半”的目的。[②]“子之武城，闻弦歌之声。夫子莞尔而笑，曰：‘割鸡焉用牛刀?’子游对曰：‘昔者偃也闻诸夫子曰：“君子学道则爱人，小人学道则易使也。”’子曰：‘二三子！偃之言是也前言戏之耳。’”[③]，孔子并不以子游“当仁不让于师”而难堪或怨恨，而是当即肯定了他的意见，承认了自己的错误。

由此可见，孔子的教学开创了师生关系平等又民主的先河。没有专制和高压的气息，教学氛围轻松和谐，可以更好地让学生在对话中得到精神的交流和知识的分享，无疑是一种教与学之间相互渗透、相

---

① 《论语·公冶长》，中华书局2006年版。

② 《论语·学而》，中华书局2006年版。

③ 《论语·阳货》，中华书局2006年版。

互促进的良好教学模式。学生经过学习，教师经过教学实践，师生双方都认识到自己学识不足，这样更督促自己去努力学习，积极钻研，扩大知识面，提高能力和水平。这种教育思想同样为后世思想家树立了良好的榜样。韩愈提出的“弟子不必不如师，师不必贤于弟子”(《师说》)，近代鲁迅的“师弟之道”、梁漱溟的“亲师取友”、陶行知的“相学相师”等思想都是由此继承而来。

综上，孔子的教学思想无疑表现出其朴素的教育公平理念。“有教无类”表现出社会成员对教育资源实际享有公平状态，即每个人受教育权利的平等和受教育机会的均等。“因材施教”的教育在尊重学生个性专长的前提下，注重道德修养和各方面素质的培养。每个学生在最擅长的领域尽情展现自己的个性可以说是最大的教育公平。“各言尔志”的民主平等思想同样也是教育公平在教学方法上的具体表现。

（二）西方教育公平思想理论渊源及发展脉络

在西方教育史上，教育公平思想理论更加系统完善。古希腊的公民教育理念中隐含了民主教育的思想。亚里士多德首先提出通过法律保障公民接受教育的权利，并提出要“平等地对待平等的，不平等的对待不平等的”。柏拉图在他的思想中提出初等义务教育的理念。在《理想国》中，他首次具体描述了教育公平的含义：第一，公平的教育应使每个人特有的能力得到发展，为了使每个人都能通过教育获得发展，必须提供相同的教育机会。这种机会不应受种族、地域、家庭背景、经济状况等外部因素的影响。第二，个人的能力应该以有益于整个国家的方式发展，也就是说个人的发展不能以妨碍他人或社会的发展为代价。

随着18世纪法国思想启蒙运动的兴起，启蒙思想家针对森严的等级制度提出了天赋人权、自由、平等、博爱的口号。他们把社会需求的平等推广到教育方面，以寻求教育的公平，并希望反过来达到社会的公平。进步教育思想家卢梭在其教育著作《爱弥儿》一书中发展了这种思想，认为“教育是实现社会公平的伟大工具”。同时，他提出了“自然教育”的思想，认为教育要按照儿童个性的发展来实施，要考虑儿童的年龄特征和心理特征，而不应依据等级、财产和职业的不同来进行教育。

由于教育公平在社会公平中扮演的重要地位，众多哲学家都把教育公平看做人类的基本权利，将实现教育公平称为实现社会公平的工具。托马斯·莫尔在其《乌托邦》中描绘了在乌托邦岛国里，教育受到极大重视，实施的教育制度也焕然一新。例如在公有制基础上实现公共普及教育，提倡教育和生产劳动相结合，等等。马丁·路德提出了强迫义务教育的理论。他认为，应当使每一个儿童（不分性别和等级）都受到教育。这个理论对德国、瑞士、美国等国近代初等教育的发展和国民教育体制的确立产生了深刻的影响。德沃金的“钝于禀赋，敏于志向”的理论认为应该在确保公共教育的基础上，尊重人们的教育选择，即在平等顾及和保障所有人基本受教育权利和教育机会后，再尊重人的自由选择。这就实现了自由和平等之间的和谐缓冲。

在杜威等自由主义者看来，教育具有三大功能：整合、平等与发展。即教育被看成是“延续社会生命的工具”；教育被看成具有使贫富两大极端平等的功能；教育被视为促进个人心灵发展与道德发展的主要工具。这三种功能不但相容而且是相互支持的。以杜威为代表的进步主义教育思想，在20世纪初乃至更长的时期内都产生着广泛的影响。

被称为美国“公立学校之父”的贺拉斯·曼认为，教育是实现人类平等的伟大工具，它的作用比任何其他人类的发明都伟大得多。他分别从经济意义和政治意义上强调了普及教育的重要性。他认为普及教育之所以可能，是因为每一个人都能够学习他所需要的那些知识。在他看来，所有人生来是平等的，都能够容易地提高到一个共同的水平。

罗尔斯和诺齐克同样对教育公平问题进行过探讨。罗尔斯强调了教育机会的公平，倾向于教育平均主义。他认为每个人都应该获得政治上平等受教育权利和平等受教育机会；诺齐克注重于过程的公平，倾向于教育的精英主义。他认为除了承认受教育权利作为一种不容侵犯的基本人权之外，还不能牺牲个人在教育资源中享有的权利。

美国社会学家詹克斯在《不平等：对美国家庭和学校教育的影响再评估》一书中，对教育机会的不平等进行了深刻的反思，他从社会学角度研究了学校教育在美国的影响，认为学校在纠正由于阶级差别而造成的社会和经济不平等方面并不是强有力的部门，教育机会的不均等突出地表现在三个方面：第一，教育资源的不平等；第二，学生就学机会的不平等；第三，学生选择课程机会的不平等。

索里·特尔福德认为，所谓教育机会均等，并非是指全国人民都接受同等的教育，都从小学、中学升入大学，而是国家以最公平的方式，使人民凭其天赋及能力受到一种适合其才能与需要的教育。人类的天赋才智天生就有高低，因此教育上的平等，是指教育机会平等，而不是指教育内容和成就的平等。换言之，教育机会均等，就是要使受教育者站在平等的立足点上，不受社会地位、经济条件、性别、宗教信仰、种族地域等的限制，均有机会接受一种适当的教育，使个人的天赋才能都能够获得最大限度的发展。

进入20世纪60年代以后，以科尔曼为代表的学者们开始关注教育机会公平的后期影响。科尔曼在《关于教育机会平等性的报告》（被后人称为著名的科尔曼报告）中把教育的平等放到社会经济平等的背景中。他认为，教育的平等受制于社会经济平等，反过来也影响社会经济平等。在科尔曼报告发表25年之后，科尔曼对教育平等重新进行了思考。他认为，无论机会平等还是结果的平等，只有在极端的情况（如极端政策手段）下才有可能实现。

当代瑞典学者托尔斯顿·胡森对教育公平的内涵进行过深入的研究。他认为平等是起点、连续不断的阶段和最后的目标。教育平等，就个体而言，可以有以下三个含义：①起点平等，指每个人都有不受任何歧视地开始学习生涯的机会；②过程平等，指以各种不同但都以平等为基础的教育方式来对待每一个人——不论其人种和社会出身情况；③结果平等，即学业成就上的平等。也可以认为是上述两方面综合的平等。

虽然国外的教育公平理论是在他们本国的国情和历史背景下提出来的，有一定的局限性，也存在一定的争议，但其思想中的积极性仍然值得我们学习借鉴。

二　教育公平的内涵和时代特性

教育公平是指全体社会成员可以自由、平等地选择和分享各层次的公共教育资源。不同的学科研究教育公平的视角有所侧重，法学视角的教育公平主要是注重公民受教育权利的平等；经济学视角的教育公平更多地是侧重教育资源配置的平等；教育学视角的教育公平则强调个人受教育过程的平等。

（一）从公平理论看教育公平的内涵

根据公平理论的三个阶段，教育公平主要包括：教育起点均等、教育过程均等和教育结果均等。

1. 教育起点均等。教育起点均等就是要尊重和保护每一个人的基本人权与自由发展。教育起点的公平，主要体现在价值层面和制度层面。现代社会中的教育起点公平，必须从基本法律和教育制度上保障国民拥有平等接受教育的权利，要对在现代教育中处于不利地位的群体的教育权利给予关切和补偿，力求人人享有平等的教育机会和教育资源。

2. 教育过程均等。教育过程均等是指每个受教育个体在教育过程中得到平等的对待，即在教育经费、教育内容、教师质量、学生受关注程度、公正评价等方面，不受主观因素的影响，得到平等的待遇。对此，瑞典学者胡森特别指出，教育公平不是仅仅给每个人都有上学的机会。上什么样的学、在学校中被如何对待、周围环境的影响，以及由同样教育经历所带来的教育结果的差异，等等，这些都是需要关注的。教育过程均等，在主观方面体现在教育者在教育活动过程中公平对待每个教育对象。在客观方面表现在教育活动的有形投入上。它具体表现为教育经费投入公平分配；保障同类学校在教育资源投入、硬件设施建设、师资力量配备等方面符合基本的教学要求，满足教育教学活动的正常开展，为每个受教育者提供与其他个体相对公平的物质条件和学习环境；努力消除地区之间、城乡之间、校际之间教育资源分配的不公平分配；在课程设置和教学内容的安排上要尊重每个受教育者接受相同知识广度和深度的权利，使同样的知识信息和教育内容平等地供给每个学生；从教学实践上教师在对待学生的态度和期望上体现平等，一视同仁，等等。

3. 教育结果均等。教育结果均等是指每个学生在接受义务教育之后都能达到一个最基本的标准，获得与其智力水平相符合的学识水平、能力发展水平、道德修养程度，使其个性与潜能获得充分发展，从而为其未来发展创造条件，最终体现为学业成就和教育质量的平等。这是较高层次的均等，这种均等的实现不仅需要经济的强力支持，而且需要社会文化、公民素质达到相当高的水平。

（二）从教育的要素看教育公平的内涵

按照教育的要素，教育公平主要包括：受教育权利的公平、教育资源分配的公平、对待和评价教育对象的公平。

1. 受教育权利的公平。受教育权利的公平包括两个方面：一是主体人格和尊严平等，即教育实践主体的人格尊严应受到同等的保护，也就是“本体论上的平等”。二是教育权利平等，即宪法和法律确认并保护每一个人的受教育权利。罗尔斯在其著作《正义论》里，将一般的正义观中隐含的“合乎每个人的利益”改为“合乎最少受惠者的最大利益”，并认为这一从公平的原初状态中产生的原则，将使得权利的生产成果分配趋于公平，形成一种“公平的正义”。这就是说，每个人在受教育的权利上完全是平等的，不能因为任何借口而受到伤害。而且，受教育者的受教育权利所包括的内容，是随着时代的发展而逐渐丰富和扩大的，对于每项受教育权利的要求程度也是逐渐提高的。在社会主义国家，受教育是每个公民的权利，我国的教育法明确提出，每个公民都享有同等的受教育的权利。受教育已经从一种自然权利发展为法律权利；从一种不平等的特权发展为普遍的平等权；从一种义务性规范发展成为以权利为本位的、权利与义务统一的法律规范；从一种个人权利发展成为民族的、国家的乃至全人类的共同权利。

2. 教育资源分配的公平。教育资源分配的公平包含学生获取教育资源的公平和居民负担教育经费的公平，主要有以下五项原则：①资源分配均等原则（principle of distribution equality）。这是一项起始性、横向性公平的原则，主要是保证同一学区、税务区域内对所有学校和学生实施基础教育财政公平。②财政中立原则（fiscal neutrality）。它的基本定义是“每个学生的公共教育经费开支上的差异不能与本学区的富裕程度相关”，这项原则保证上一级政府能够通过对下级政府、学校不均等的财政拨款，克服辖区学区间、城乡间的教育经费差异，保证学生获得均等机会。③调整特殊需要原则（adjustments for specialneeds）。对少数民族（种族）学生、非母语学生、偏远地区及居住地分散的学生、贫困学生、身心发展有障碍的学生和女童，给予更多的关注和财政拨款。④成本分担和成本补偿原则（cost sharing cost recovery）。遵循成本应该由所有获益者分担的原则，要求在非义务教育阶段，对学生收取一定的教育费用，并对部分学生采取“推迟付费”的办法，是一种纵向性公平。⑤公共资源从富裕流向贫困原则（transmitting the public resource from the rich to the poor）。这五项原则是目前各国学者公认的判断教育资源分配是否公平的标准，是教育财政公平的最高目标，也是实现教育机会均等的最根本的财政要求。[①]

值得注意的是，教育资源的配置存在差异原则和补偿原则。平等分配教育资源时，教育资源相对于受教育者而言是外在的，不涉及受教育者个人的素质本身。但受教育者的先天禀赋或缺陷以及他们的需求是客观存在的。因此，配置教育资源时，并不是平均或平等分配教育资源的份额，而应该根据受教育者个人的具体情况区别对待，这就是教育资源配置时的差异原则。与差异原则关注受教育者个人的差异不同，补偿原则关注受教育者的社会经济地位的差距，并对社会经济地位处境不利的受教育者在教育资源配置上予以补偿。对此罗尔斯认为，只允许那种能给最少受惠者带来补偿利益的不平等分配，任何不平等的利益分配都要符合最少受惠者的最大利益。我国的农村义务教育中的“两免一补”政策就是补偿原则的具体体现。

3. 对待和评价教育对象的公平。对待和评价教育对象的公平包括人人享有受同等条件的教育和可选择性教育两个阶段。同等条件的教育是指要使每个学生学习的学校条件趋于相同，以免使得学校条件的差异性导致教育的不公平。在同等条件教育充分实现后，人们又发现，因为人的个性、才智不同，学校用统一标准要求学生又是不公平的。因此，应实行可选择教育，以适应不同学生的发展，并对不同的学习效果做出合理评价。

（三）教育公平的时代特性

目前，我国正处于社会主义市场经济所推动的社会转型期。在社

① 转引自翁文艳《教育公平的多元分析》，《教育发展研究》2001年第3期。

会转型中，教育作为个体生存和发展的手段的作用更为突出，受教育机会和权利方面的竞争实质上就是生存权和发展权的竞争。我们应当依据社会转型期的现代社会平等、自由、社会合作诸项基本理念，现代化、市场化等现实因素以及教育目标、受教育者个体间的差异等情况，来把握教育公平的时代特性。

1. 教育公平是现实性和理想性的辩证统一。教育公平是人们对教育发展的希冀，也是促进教育发展的动力。教育公平包括教育的实然层面和教育应然层面。它是对社会现实的反映，也是对社会现实的超越，是社会现实和理想的统一。它一方面是对社会现实的反映，另一方面又是对未来社会的向往，是一种在对现实否定以后的理想追求。

2. 教育公平理念是历史性和发展性的辩证统一。教育公平是一定历史时期的产物，受一定社会的经济结构与经济社会发展水平的制约。因此，在不同的社会发展阶段和不同的历史时期，教育公平的内涵不同，绝不能不顾社会发展以及条件的特殊性，把它贯彻到社会的一切领域。同时，教育公平是一个在不同时空中流动和发展的命题。从教育公平理论内涵发展的过程看，后一历史时期的理论内涵总是对前一历史时期的理论内涵的发展。

3. 教育公平理念是绝对性和相对性的辩证统一。任何社会总是有适合它的基本规则，就目前而言，教育权属于每个公民以及机会面前人人平等的原则是绝对的，不能因为社会成员的特殊身份而区别对待。但是，教育公平又具有一定的相对性。受客观现实条件以及受教育者天赋与能力差异等主观条件的制约，加上不同的地区因为经济、政治、文化、民族等各方面条件，教育公平的实现范围和实现程度肯定会有一定的差别。另外，观念指导下的教育公平原则是对当时的实际情况的反映，它虽然具有超前性，但主要是指导当时的社会实践，其实用性和合理性都是相对的。

4. 教育公平理念是主观性和客观性的辩证统一。公平是根据一定的评判标准对特定事物进行的主观价值的判断，是主观和客观的统一体。教育公平是公平价值在教育领域的延伸和发展，当然同样具有这一特点。教育公平就其所反映的内容而言，具有客观实在性。但是，教育公平也属于一种主观价值判断。教育是一种生产活动，与一般生产活动不同的是，它的加工对象是具有个性特点、有思想的个体。教育公平是教育活动中对待每个教育对象的公平和对教育对象评价的公平。因此，它必然具有主观性，必然存在具体的主观评价标准。

5. 教育公平理念是公平和差别的辩证统一。教育公平要体现平等原则、补偿原则和差异原则。不仅要对受教育权利和受教育机会等基本教育资源的分配保证平等，更要立足于教育的整体利益，对教育起点和过程中的不利群体进行教育利益的倾斜和补偿，使他们获得享受教育资源的机会。因此，真正实现对教育资源的公平分配要以承认差别为前提，即在教育公平之中包含差别，在差别之中体现公平。

三　西方社会哲学理论流派有关教育公平的思想

在西方社会科学体系中，教育公平理论是社会哲学在教育领域的具体表现。因此现代西方没有占据统治地位的教育公平理论，不同的教育公平观反映了不同的哲学观。研究西方国家关于教育公平的相关理论，对构建我国教育公平体系有着积极的意义。

（一）功能主义理论

19世纪英国社会理论家斯宾塞提出了他的学说。他认为，生物体的各个系统发挥着不同的生存功能，它们的器官共同满足相同的生存需要。社会就像一个生物有机体，其组成的每一个“器官”都对社会的生存和维持发挥着正面的作用。社会和社会中的机构，如教育，是由相互依存的不同部分所构成，它们对整个社会的运作都有其必要的功能。教育系统如心脏和大脑是人生存的必需器官一样是社会存在的必需品。在斯宾塞学说的基础上，功能主义理论产生了。

社会学的学科奠基人之一法国社会学家涂尔干认为，社会事实可以通过它们在社会中所满足的功能加以解释。教育系统不能从社会中割裂开来，因为它和社会中的其他系统相互依存和促进。在涂尔干看来，教育的主要功能不是发展个人的能力和潜能，而是发展社会所需的能力。教育的一般功能是激发儿童具有一些他所隶属的社会团体认为所有成员都应该具有的肉体或心灵状态，使个体社会化和人性化。因此，他坚持教育不能被某种利益集团掌握，必须由国家控制，虽然大多数政府都会受到利益集团的影响。这些理论使他成为功能主义最有影响的奠基人之一。

20世纪60年代中期，美国社会理论家帕森斯对涂尔干及其他功能主义思想家的思想和研究进行综合，从功能主义的角度完整地表述过他关于教育与平等的思想。帕森斯认为，资本主义社会已经发生了一场教育革命，这场教育革命极大地扩大了教育机会的均等。但教育机会均等不可避免地带来教育成就上的差别，进而导致新的社会不平。教育通过将这种不公平合法化，来帮助消除社会分裂和冲突的紧张趋势，实现平衡和协调。学生在入学之初都受到公平对待，随后他们以分数为标准被逐渐区分为高成就者和低成就者，而在社会的每一个范畴内，他们又被根据学术和社会成就进一步加以区分。这种分化的过程实质上就是一种社会化的过程。教育平等在社会平等中的作用在于为现代社会提供一种文化认知层面的公共性，使得现代社会在日益分化和多元化的基础上同时伴随一种相应的整合过程和模式。因此，帕森斯极力主张通过扩大教育机会均等来促进社会平等。

一直到20世纪60年代，功能主义理论都是社会学的主导性理论。近来，由于受到冲突理论的冲击，功能主义理论受到了广泛的反思和批判。但是不可否认，它在当代教育领域仍然有着相当大的影响。

（二）冲突理论

20世纪60年代中后期，西方社会动乱多变，社会冲突现象普遍增长，社会不公平、种族斗争等社会问题激化。这时的教育不仅没有促进社会的整合，反而成了严重的社会问题。在这种情况下，一些社会学家开始对功能主义理论的正确性产生怀疑，他们吸收了古典社会学家的相关思想，在批评和修正功能主义的基础上建立了新的社会学流派——冲突理论学派。冲突理论学派有两个分支学派，即探讨教育阶层化的新韦伯主义和侧重分析批判资本主义教育制度的新马克思主义。

新韦伯主义的奠基人马克斯·韦伯提出了“身份集团”（status group）的概念，他认为学校的主要活动是传授特定的“身份文化”（status cultures），并且指出学校教育是由社会支配集团的利益决定的。他认为权力可以划分为三个领域：经济、社会和政治。在这三个领域占据优势地位或统治地位的阶级和群体通过对知识、文凭与学历的控制强调了教育在控制知识、维持身份和阶级地位中的作用，从而竭力排除和阻碍其他阶级和群体进入他们的领域。即教育不只是与生产关系有关，而是通过文凭维护了阶级关系。

德尔·柯林斯发展了马克斯·韦伯的思想，把社会不平等作为导致社会冲突的根本原因之一。他认为，在社会结构中，人们由于经济、权力和声望的差异而具有不平等的地位。与社会不平等一样，教育不平等也表现为不同的人或群体由于经济地位、身份背景等方面的差异而在教育体系结构中具有不同的地位。社会教育体制鼓励人们追求文凭，是因为教育中包含的文凭和文化资本不仅意味着能获得更高收入和更大权力的工作机会，也是地位群体身份的标志，因此，教育也是阶级地位获得的重要机制。学校的主要作用在于传授社会支配集团的身份文化，学校教育发展的动力来自不同身份集团之间的冲突。

塞缪尔·鲍尔斯和赫伯特·金蒂斯把新马克思主义冲突论引入教育社会学的研究之中，在欧美学术界引起了极大的影响。他们通过大量的统计分析发现，在美国当时的教育制度中，能力和智商并不是决定个人社会地位的主要因素，个人的社会地位虽然被学历所决定，但学历条件是与家庭的经济社会背景相对应的，即所谓的智商、能力和学历的划分在很大程度上是以学生的阶级属性为依据的，学校教育成为阶级再生产的工具。比如，美国的义务教育向任何人开放，但它提供的教育以及培养人的目标却是为资本主义经济服务的，它在不断复制着原有的不平等经济结构和不平等的社会分工，因此，学校教育在本质上就是一个不断复制的过程。[①] 因此他们认为，社会生产关系是

① 钱扑：《冲突论及其教育目的功能观——对一种教育社会学理论流派的剖析》，《外国教育资料》1999 年第 4 期。

资本主义制度得以运作的必需品，而学校是再生产社会生产关系的代理机构。学校教育和家庭就像经济生产一样，一部分学生获得了更多的导致成功的文化资本，而另一部分学生没有获得，这样就再生产了社会的阶级结构。要真正实现教育公平，只能实行彻底的教育改革，通过彻底的民主化改变经济结构和社会分配制度才能实现。

西方的冲突理论使我们认识到了资本主义教育的本质，认识到教育与社会需求之间的有机性。事实上，它对西方教育学也有重要影响，直接促使了西方多元文化教育的兴起。但是，由于它是建立在对功能主义理论的批判的基础上，缺乏一定的“建设性”，因此仍然有一定的局限性。

（三）再生产理论

20世纪60年代后期，以皮埃尔·布迪厄为首的再生产理论社会学家们开始反思传统的教育公平理论。他们认为绝对意义上的教育机会扩充，不能消除根植于社会不平等的相对意义上的教育机会不均等，教育消除社会不平等是不可能实现的。社会不平等通过教育从上一代复制和加剧到下一代，是一个再生产的过程。

布迪厄认为，文化资本是资本的一种表现形态。它通过父母一代代地向子女传递，即文化再生产机制。在社会中，经济资本是区分贫富家庭的标准，而文化资本则是不同阶层的象征。文化资本和经济资本一样有继承性和再生产功能，阶层之间的文化屏障则通过文化资本来表达和再生产。同时，他认为，学校传递的文化反映着统治阶级的文化，有利于统治阶级子女学业成功。出身于有教养家庭的人和早年通过努力获得文化资本很多的人，会更快更容易地积累新的文化资本。通过文化资本，外在的财富转化成为一个人的内在素养，即惯习(habitus)。

同时，他认为，学校教育制度有“文化专断”（cultural arbitrary）的特性。教育统治阶级由教育权威对学生灌输文化专断，根据其通向高等教育的途径证明自身的优越性，并使其优越性合法化。而从属阶级的成员不仅受到物质方面的约束，同时在高等教育方面也处于劣势，社会不平等体制的种种事实也因此得以合法化。

布迪厄的再生产理论推进了社会分层制度对教育公平的影响。虽然后来的学者从也有下层阶级的子女成为教育的受益者而获得成功方面对他的思想进行质疑，但毋庸置疑的是，他的理论揭示了资本主义制度不合理的教育制度，使人们开始从社会制度的根源上思考教育公平问题。

（四）文化相对主义和文化多元主义

文化相对主义（cultural relativism）最早来源于人类学研究。1949年，梅尔维尔·赫斯科维茨对文化相对论进行了理论上的系统阐述。他认为，每一种文化都是一个不可重复的独立自在的体系，每一个民族都具有表现于特殊价值体系中的特殊文化传统；一切文化的价值都是相对的，不存在绝对的价值标准，各民族的文化价值都是相等的，各文化之间不可相互比较，更不能区分优劣。

文化多元主义（cultural pluralism）理论继承了文化相对主义的思想，希望通过推进差异文化政治，推行种种社会政策和改革措施为少数群体争取平等和解决社会不公平问题。文化多元主义的代表人物英国著名社会学家和教育家迈克尔·F.D. 杨认为，学校课程的选择与设置，实际上是教育知识分层化的过程，而这种教育知识的选择符合当时的统治阶级的价值和信仰。课程作为一种主要的社会资源，通过对知识的筛选，促进形成各种社会利益，并影响着它们之间的社会平衡。社会中的不平等权利分布导致了文化知识的不平等分布。

四　马克思、恩格斯关于教育公平的思想

马克思、恩格斯在创立历史唯物主义的过程中，详细论述了教育劳动的认识、劳动价值学说和教育公平观等思想。这些关于教育公平的重要思想，为我们研究教育公平问题奠定了世界观和方法论基础。

马克思认为，教育是一种劳务性或服务性的劳动，这种性质的劳动可以为社会提供特殊的使用价值，是具有一定的生产性的。

> 有一些服务是训练、保持劳动能力，使劳动能力改变形态等等的，总之，是使劳动能力具有专门性，或者仅仅使劳动能力保持下去的，例如学校教师的服务（只要他是“产业上必要的”或有用的）、医生的服务（只要他能保护健康，保持一切价值的源泉即劳动能力本身）——购买这些服务，也就是购买提供“可以出卖的商品等等”。即提供劳动能力本身来代替自己的服务，这些服务应加入劳动能力的生产费用或再生产费用。①

这种劳动和其他劳动一样有间接性，把脑力劳动和体力劳动结合在一

① 《马克思恩格斯全集》第 26 卷，人民出版社 1972 年版，第 159—160 页。

起，直到它们分离开来处于敌对的对立状态。产品从个体生产者的直接产品转化为社会产品，转化为总体工人即结合劳动人员的共同产品。总体工人的各个成员较直接或者间接地作用于劳动对象。但是，教育劳动对物质生产过程中劳动者的劳动能力的生产和科学知识形态生产力的发展，具有直接生产性质。因此，教育劳动的生产性，主要反映在教育能直接生产劳动者的劳动能力和直接生产科学技术的社会生产力。

他特别指出，劳动者的教育或训练费用是劳动力价值的组成部分。由教育所形成的工人的知识和技术、科学水平及其在工艺上的应用是提高劳动生产率的重要因素。“要改变一般的人的本性，使他获得一定劳动部门的技能和技巧，成为发达的和专门的劳动力，就要有一定的教育或训练，而这就得花费或多或少的商品等价物。劳动力的教育费用随着劳动力性质的复杂程度而不同。”①

马克思在自己的著作中深刻揭示了资本主义教育的阶级不公平的性质。他指出，资本家为了追逐利润，把工人的教育水平降到最低限度，规定为只限于生产所必需的，力图最大限度地减少工人的教育费用。但资本家及其子女却能进入高等学府，享受最好的教育。他根据工厂检查员提供的材料指出，在学校里，通常都缩短了法律规定的教育期限。学校被安置在破烂不堪的小房子里，最重要的一个现象是学校教师不识字或很少识字，因此他们能够教给学生的东西是很少的。

他同时还指出了，在资本主义社会，教师是无权无地位的。在资本主义条件下，可以直接剥削学校教师和科学机构中的学者们（如果

① 《马克思恩格斯全集》第23卷，人民出版社1974年版，第195页。

是私立学校或私立科学研究机构的话），或者是通过国立学校和国立科研机构进行剥削。官员们根据一些专门法律，可以随意地驱逐学校教师。马克思评价这个法律是“取缔学校教师法。使身为农民阶级的教育者、保护人、思想家和顾问的学校教师处于受地方行政官任意摆布的地位，把身为学者阶级中的无产者的学校教师像追逐野兽一样从一个村庄赶到另一个村庄”①。

马克思、恩格斯认为，教育公平问题主要表现为“教育的平等性”问题，教育是每个公民都应该拥有的一项平等权利，这种平等表现为每个人智力和能力发展的平等，即“人的自由发展和全面发展”。产生教育不公平的根本原因在于生产资料私有制。资产阶级把沉重的劳动负担强加到无产阶级肩上，使无产阶级从事科学活动的时间越来越少，无产阶级只能得到一点职业教育，而资产阶级由于摆脱了沉重的劳动，就有越来越多的时间从事智力活动。改变这种不合理的现状，只有实行生产资料社会公有制。

马克思断言，在资本主义社会，一切阶级都享有平等的教育是不可能的。他讽刺了《哥达纲领》作者关于必须普及教育和实施免费教育的要求的局限性：“前者甚至存在于德国，后者就国民小学来说存在于瑞士和美国。”“关于学校的一段里，和国民小学一起至少还应该提出技术学校（理论的和实践的）。”② 他坚决捍卫了工人阶级的一项最重要的民主要求，即实行普及的和免费的国民教育。作为德国共产党的原则之一，马克思提出“实行普通的免费的国民教育”③。这是马

① 《马克思恩格斯全集》第7卷，人民出版社1959年版，第99页。

② 《马克思恩格斯全集》第19卷，人民出版社1963年版，第33页。

③ 《马克思恩格斯全集》第5卷，人民出版社1958年版，第5页。

克思、恩格斯提出的教育公平具体措施。

虽然马克思、恩格斯是在批判中阐释了其教育公平观，关于教育公平问题并没有进行专门、系统的论述，但是其思想对推进我国的教育公平实践仍然有高度的理论指导意义。

第二节　中国城乡二元结构下基础教育公平的现状

一　新中国成立以来我国城乡基础教育的演变历程

（一）改革开放前城乡基础教育差距现状及原因

新中国成立以后，受高度集中的计划经济体制制约，我国基础教育投资体制长期实行集中统一为主的管理模式，其主要特点是教育投资实行国家集中计划，中央部门和地方政府分别办学并直接管理。1951年我国确立了第一个学制，按照《共同纲领》确定的“民族的、科学的、大众的”新民主主义文化方向，全国掀起了大规模扫除文盲的教育热潮，推广“快速识字法”，遍树“扫盲模范”。国家专门为参加革命三年以上的工农干部建立了一种学制三年的工农速成中学，使之成为新中国成立初期工农干部进入大学的主要途径。此外，还兴办了各种工农速成学校、夜校、政治学校和干部培训学校等，这些措施突出了从初等到中等教育的工农和业余教育系统，使在旧社会得不到教育的农民及其子女获得受教育的机会。在这种情况下，农村有条件的地方均成立了各类学校，民办教育、半农半读、农业中学、简易小学、扫盲班以及速成教育应运而生，农村教育发展繁荣。

好景不长，1958 年《中共中央、国务院关于教育工作的指示》提出了全国在三五年内基本扫除文盲、普及小学教育、农村社社有中学、大多数儿童能入托儿所和幼儿园的高目标。这个政策与当时全国的“大跃进”相配合，直接反映了毛泽东同志盲目乐观预测“文盲可以在较短的时期内加以解决”的想法。从 1956 年起，教育发展进入“跃进”状态。中学从 1956 年的 6715 所，增至 1958 年的 28931 所。小学生总数从 1957 年的 6428.3 万人，增加到 1960 年的 9379.1 万人。[①] 由于当时的资源极度紧张，要集中有限的教育资源多出和快出工业化建设所必需的人才，教育政策的价值取向必然倒向城市。同时户籍制度又成为阻挡农村人口进入城市的天然屏障，因此当时城市教育和农村教育在办学条件和教育质量上反差都很大。

1964 年 1 月 5 日中共中央、国务院转发的《教育部关于中小学和职业教育七年（1964—1970）规划要点（初步草案）》反映了这一情况：“建国以来，我国的中小学教育事业，经过一系列改革，有了很大发展。”“中小学教育，在城市发展较快，在农村发展较慢，一方面大中城市校舍不足，二部制日益增加，另一方面，农村中的学龄儿童入学率增长不快，有不少贫下中农的子女不能适时入学，已经入学的，流动也很大，文盲半文盲仍然不断增加。农村中小学教育还不能完全适应农村的实际情况和需要。”“1963 年全国 7—12 周岁学龄儿童为 10967 万人，小学在校学生数约为 7300 万人，其中 7—12 周岁学

① 何东昌主编：《中华人民共和国重要教育文献》，海南出版社 1998 年版。

龄儿童为6465万人，学龄儿童入学率为59％，尚有4502万学龄儿童未入学。在未入学的儿童中绝大部分是农村儿童（4126万），其中贫下中农子女（尤其是女孩子）又占大多数。”[①] 1965年，农村普通中学初中在校学生数为270.3万人，仅占总数的33.7％；城市和县镇分别为338.1万人和194.5万人，各占总数的42.1％和24.2％；农村普通高中在校学生数为11.9万人，只占总数的9.0％；城市和县镇各为56.4万人和62.5万人，分别占43.1％和47.9％。[②]

当时还有一个因素造成了农村基础教育的落后，就是全面学习苏联，按照苏联模式建立计划经济体制和新的教育体系的思潮。大中小学突出和加强了对学校教学质量的监控与管理，同时取消了工农速成中学，一些工农子弟因为学习跟不上而被迫离开校园。

“文化大革命”十年，知识青年上山下乡“接受贫下中农的再教育”，极大地补充了农村师资的不足。这种实用型的教育在很人程度上满足了农村学生基本的学习需求，使20世纪70年代我国农村中小学教育得到了迅猛的发展。农村学龄儿童的入学率和升学率陡然攀升，升学率从42.6％上升至94.2％。[③]

“文化大革命”结束后，教育投资实行国家集中计划，中央部门和地方政府分别办学并直接管理。国家集举办者、办学者、管理者为一身，办学主体的产权不明晰，管理者的权限不规范，办学模式单一，学校规模效益差。同时学校片面追求升学率，使农村学生的受教育机会降低。1985年与1977年相比，农村小学毕业生的初中升学率从90.8％

---

① 何东昌主编：《中华人民共和国重要教育文献》，海南出版社1998年版。

② 《中国教育年鉴》（1949—1981），中国大百科全书出版社1984年版。

③ 同上。

降为65.0%，而同期城市学生的初中升学率仅下降了3个百分点。[①]

（二）改革开放后到“分税制”改革前城乡基础教育差距现状及原因

十一届三中全会后，教育事业得到全面的恢复、调整和提高，同时实行了各种教育改革措施，如教育管理体制的改革、教学改革、农村教育综合改革和城市教育、企业教育综合改革等，使中国的教育得到稳步发展。但这一时期城乡差距却迅速拉大，主要表现在：

第一，国家对基础教育的财政投入，明显体现着城市优先的政策取向。逐渐下放权限的教育事业经费管理体制，使条件较差的农村教育经费难以保证。1980年3月，国务院发布了《关于实行“划分收支，分级包干”的财政管理体制的通知》和《关于实行“划分收支，分级包干”财政管理体制的暂行规定》。要求各省、市、自治区的教育事业所需的教育经费由省、市、自治区人民政府安排，教育事业费从此由中央、省级预算下划到各县预算，各县预算内安排由各县自定。1985年5月27日《中共中央关于教育体制改革的决定》指出，要“把发展基础教育的责任交给地方”，

> 基础教育管理权属于地方。除大政方针和宏观规划由中央决定外，具体政策、制度、计划的制定和实施，以及对学校的领导、管理和检查，责任和权力都交给地方。……为了保证地方发展教育事业，除了国家拨款以外，地方机动财力中应有适当比例用于教育，乡财政收入应主要用于教育[②]。

① 《中国教育年鉴》（1949—1981），中国大百科全书出版社1984年版。

② 何东昌主编：《中华人民共和国重要教育文献》，海南出版社1998年版，第2287页。

这就意味着实行地方政府负责管理和多渠道筹措资金的义务教育投资和管理体制。即中央政府在整个义务教育经费的筹措与分配中仅占较低的比重和份额；地方政府，尤其是地方的基层政府是实施义务教育的主体，承担着实施义务教育以上的经费；而作为个人的家庭和学生直接负担一部分义务教育费用。这产生了两个直接后果，一是各地的经济贫富不均导致各地教育投入的差异，二是城市学校的经费投入状况明显优于农村。

第二，大力提倡农村技术教育，实行城乡目标差异的教育模式。1988 年 5 月 4 日国家教委向国务院提出《关于组织实施“燎原计划”的请示》，提倡“现在我们把方向转过来，着重为本地培养人才，从长远讲也是发展教育的根本措施”。“优秀者不一定都去上大学，三十六行，行行出状元”，提出“在做好普及义务教育工作的基础上，充分发挥农村各级各类学校智力、技术的相对优势，积极开展与当地经济密切结合的实用技术和管理知识的教育，培养大批新型的农村建设者；并积极配合农业与科技等部门，开展以推广当地适用技术为主的试验示范、技术培训、信息服务等多种形式的活动”的任务。[①] 这些直接促使了农村教育目标和城市教育的差异，导致了城乡差别教育，使得无论是普通教育还是职业技术教育，城市的教育在层次和质量上都要高于农村。

第三，由于教育改革的基本指导思想要与农村经济相适应，使学生掌握服务于农村的技能，因此在教学内容上城乡也存在着很大的差异。城市注重普通教育，农村则较早地进行普通教育和职业教育的分

---

① 何东昌主编：《中华人民共和国重要教育文献》，海南出版社 1998 年版，第 2567 页。

流。同样作为职业教育本身，城市职业教育也比农村更系统。在课程设置上，由于农村师资缺乏，只能保证语文、数学等主课的教学，对外语、计算机、音乐、美术等副课教学难以保证。1983 年教育部《关于进一步提高普通中学教育质量的几点意见》指出："农村的部分初中，由于目前缺乏师资，经县教育局批准，可主要开设好语文、数学、政治、农业基础知识等课程，其他课程可适当降低要求、删减合并或举办讲座。"①

总的来说，改革开放后，教育政策上鲜明倡导效率优先，城市优先。这个政策体现在教育改革目标、教育经费投入、教材建设和学校基本建设等各个方面，城乡教育的不公平因此拉大。同时，由于户籍制度，这种城乡不公平的教育得以循环固化。

（三）"分税制"改革后城乡教育差距基础现状及原因

1994 年中央实行"分税制"改革。中央政府与地方政府财政收入的比例由分税制前的 22∶78，改变为 1998 年（税费改革前）的 52∶48，地方政府尤其是县乡政府财政收入日渐困难，但义务教育投资的责任并未减轻。1994—1998 年农村义务教育投资的基本格局大体上是以国家和地方财政拨款为主，以农村教育费附加、农村教育集资和杂费为辅的多渠道投资体制。地区财政拨款得不到保证，资金来源只有靠农村教育费附加和群众的集资与借债，质量自然得不到保证。

在 21 世纪即将到来之际，"三农"问题日益引起重视，加大农村义务教育投入的呼声渐高。为减轻农民过重的负担，国家于 1999 年

① 何东昌主编：《中华人民共和国重要教育文献》，海南出版社 1998 年版，第 2113—2114 页。

进行税费改革，其中包括取消农村教育费附加和农村教育集资。农村税费改革对农村基础教育投资和管理体制产生了重大影响，特别是对农村义务教育经费的投入产生了巨大冲击。如，1995—1999 年全国农村义务教育总投入为 3921 亿元，每年平均 784 亿元。其中，财政拨款 215 亿元，每年平均 430 亿元；农村教育费附加为 751 亿元，每年平均 150 亿元；农村教育集资为 382 亿元，每年平均 76 亿元。取消农村教育费附加后，1999 年农村教育费附加一项就要减少 162 亿元。[1] 农村税费改革改变“人民教育农民办”为“人民教育政府办”的办学格局，使得农村义务投资由过去过多依靠征收教育费附加和农民集资的多渠道筹措经费的体制，转变到由政府财政拨款为主体的体制上来。

2001 年，国务院召开全国基础教育工作会议，决定调整改革农村义务教育管理体制。《国务院关于基础教育改革与发展的决定》明确提出要“完善农村义务教育管理体制推进农村义务教育持续健康发展”，规定农村义务教育“实行在国务院领导下，由地方政府负责，分级管理，以县为主”的体制。2002 年 5 月，国务院办公厅又专门发布了《关于完善农村义务教育管理体制的通知》，进一步强调了县级政府对农村义务教育负有主要责任，并较具体地规定和划分了中央和地方各级政府的投资责任，这些政策对缩小城乡教育差距都起到了积极的作用。但城乡二元结构这个根本问题并未解决，我国城乡教育差距仍然较大。

---

① 中央教育科学研究所：《2001 中国基础教育发展研究报告》，教育科学出版社 2002 年版，第 151—152 页。

二　当前城乡基础教育不公现状

下面几个表可以看出，这组数据是我国城乡二元结构反映在基础教育上的突出表现。即城市义务教育由国家财政负担，而农村义务教育则由农民支撑。由于农村居民生活水平很低，教育成本相对来说就很高，加上农村教育质量不高，难以保证孩子的学习效果，所以很多农村家长会选择让孩子辍学。

表 3.1　2000—2005 **年我国小学阶段生均预算内城乡教育经费支出一览**　（单位：元）

年度 项目	2000		2001		2002		2003		2004		2005	
	城镇	农村	城镇	农村	城镇	农村	城镇	农村	城镇	农村	城镇	农村
生均经费	422.69	350.53	499.78	417.44	658.48	558.36	834.26	723.36	952.56	823.22	1159.33	1035.27
生均事业费	414.78	345.77	491.58	412.97	645.28	550.96	813.13	708.39	931.54	810.07	1129.11	1013.8
生均公用经费	35.72	24.01	37.18	24.11	45.18	28.12	60.21	42.73	83.49	60.91	116.51	95.13
生均基建经费	7.91	4.76	8.2	4.47	13.21	7.4	21.13	14.97	21.02	13.15	30.22	21.48

表 3.2　2000—2005 **年我国初中阶段生均预算内城乡教育经费支出一览**　（单位：元）

年度 项目	2000		2001		2002		2003		2004		2005	
	城镇	农村	城镇	农村	城镇	农村	城镇	农村	城镇	农村	城镇	农村
生均经费	655.39	515.22	698.28	539.87	839.42	666.7	998.42	815.95	1097.25	889.69	1296.36	1101.32

续表

年度 项目	2000		2001		2002		2003		2004		2005	
	城镇	农村	城镇	农村	城镇	农村	城镇	农村	城镇	农村	城镇	农村
生均事业费	639.63	508.58	679.81	553.54	817.02	656.18	960.51	795.84	1052.00	871.79	1246.04	1073.68
生均公用经费	76.97	44.15	74.08	3.67	83.4	44.95	104.21	66.58	127.31	85.01	164.55	125.52
生均基建经费	15.76	6.65	18.47	6.33	22.4	10.52	37.91	20.11	45.25	17.9	50.29	27.64

资料来源：教育部财务司、国家统计局人口和社会科统计司《中国教育经费统计年鉴》(2000、2001、2002、2003、2004、2005)，中国统计出版社 2001—2006 年版。

根据《中国教育统计年鉴 2009》①，表 3.3 反映了 2009 年城乡初中升学率的差距。

表 3.3　　2009 年城乡初中升学率的差距

项目 级别	初中毕业生数（人）	同年高中招生数（人）	初中升学率（%）	普通中学（人）	职业中学（人）	小计（人）
全国	18798695	238184	45	6767049	1873637	8640686
城市	3159163	7036	100	2345345	829573	3174918
县镇	6862333	79556	65	3645291	834112	4479403
农村	8777199	150692	11	776413	209952	986365

除此之外，农村的基础教育广泛存在师资质量低，教育经费紧缺，教育条件匮乏，教育管理水平不高，学生家庭贫困等问题。同

① 教育部财务司、国家统计局人口和社会科统计司：《中国教育经费统计年鉴》(2009)，中国统计出版社 2010 年版。

时，交通不便、学历不合格的教师主要集中在农村，被拖欠工资的教师也主要集中在农村，这些因素汇集在一起，使农村的基础教育质量难以同城市相比。

据20世纪90年代中期的数据统计，全国只有40%左右的小学和50%左右的初中达到原国家教委规定的实验仪器和图书配备的标准。今天，这种情况依然如此，根据笔者对云南和贵州两省的农村教育状况进行的实地调查，学校中除县城中的学校的教学楼状况比较好外，山区的学校中的教学环境之差几乎是难以想象的。在湄潭县湖腰畈西华子小学，整个小学就是一排四间的瓦房，房前平整的土坡就是操场。教室里还堆放着成袋的水泥，课桌破烂不堪，黑板已经成了白板，孩子们就在这种环境里上课。双柏县天沟乡中学是一所九年义务教育的农村初级中学，该校教学用房严重不足，教辅用房非常紧张，学生活动基本无场地，从而导致该校大班额突出，甚至100多名学生挤在一个不足70平方米的破烂教室里面学习。有些学校的教学楼形同危房，房子结构仍为土屋，屋顶是竹桩垒成的，几根柱子支撑着，几块大石头遮挡着，下雨漏雨，刮风灌风，严重威胁着学生们的安全。孩子们用的是木质书桌，桌阁早已脱落，孩子们为了放书包就用毛线将书桌的两条木头拴起来才勉强可以将书包放上。

另外，缺乏教师也是农村学校普遍面临的巨大问题。就像全国政协委员、贵州省教育厅副厅长蔡志君所说的一样：

> 当前城乡基础教育的不均衡发展，除了教育投入不均衡外，另一个重要原因就是教师资源配置不均衡。从年龄上看，农村地区教师的年龄结构、文化结构不合理，导致教学水平不高，教学质量不高。而发达城市基础教育教师普遍达到本科水平，有的重

点学校教师学历已在向硕士、博士演进。[①]

由于农村教学条件艰苦，乡村教师千方百计想往城里调动。有志愿者来支教，大部分会忍受不了辛苦而纷纷离去。留守在这里的教师们因为师资的严重不足，每天要上大量的课时。在合格教师无法补充的情况下，各地的乡、村想方设法从当地找有一定知识水平，如高中毕业或者初中毕业的学生，聘请他们作为农村学校的代课教师。代课教师只是学校临时聘任的教师，他们的薪酬得不到保证。

师资的质量得不到保证，教学质量也难以提高。甚至在一些贫困地区，由于升学率和高考的压力以及个别教师素质不高，体罚学生几乎是一种公开的秘密，尤其是在一些山区的学校。一位在这里支教的志愿者告诉笔者，这里的老师对学生的体罚方式简直无法形容，几个老师打一个学生、将学生的头往墙上撞、让学生跪着上课……而学生对这样的教育方式也习以为常，一些学生甚至已经习惯压迫式的教育。而他们的家长由于文化水平低，也不会对老师的教育方式提出质疑。

第三节 长期教育不公的社会危害

一 对个体的危害

个体在义务教育阶段遭受不公平待遇，实质上意味着社会为其发

① 车辉：《两会观察：基础教育不能成教育不公“重灾区”》，《工人日报》2008年3月6日。

展所提供的外界条件在起点上的不一致，意味着个体发展机会的丧失。从根本上说，这是国家对这部分儿童未尽到责任和义务，是一种失职。

如贵州省社会主义学院院长陈汉彬委员所说的，虽然教育只是个体生存和发展的一个重要方面，但基于不公平入学条件毕业的学生，社会很难区分其真实水准，从而导致就业竞争的不公平。[①] 由于传统观念、嫌贫爱富的教育投入、管理制度以及重选拔、淘汰的升学考试制度把制度过失、社会失职的责任转嫁到农村学生身上，让人误认为他们之所以求学失败乃是因为他们不聪明或不努力，从而使他们受到排斥和歧视，伤害他们的自尊、自信，影响其人格的健全发展。

更重要的是，教育的不公平将导致我国很大一部分儿童、青少年缺乏上学的机会。他们从此无缘分享丰富的文化资源，处于人类智慧和文化积累的进程之外。这些个体在应该接受教育的年龄得不到应该有的教育，缺乏从事社会脑力劳动应有的知识和文凭，被抛到近似弱肉强食的社会后，根本无法和得到良好教育的城市同龄人在工作岗位上竞争，很大一部分人只能从事体力劳动以赚取微薄的生活费。他们中的绝大多数人除了要终身承受低劣的物质生活条件以及无法平等分享文化资源外，还要承受另一种不公平：各项公民权利对他们而言形同虚设。他们的后代可能又将面临同样的问题，要生存、发展就得付出比别人更多的艰辛和努力，有的终其一生甚至几代都处在社会边缘或社会底层，挣扎在生存线上。

① 《寻找教育公平的良方——直击义务教育之教育公平》，《工人日报》2006年3月14日。

二　对社会的危害

有专家形象地把教育不公平现象称为"社会之癌"。城乡教育不公平潜藏着巨大的社会危机，是造成社会不安定的重要因素，处理不好会直接引起社会动荡。可以看到，城乡教育不公平对社会的危害主要表现在以下几个方面。

第一，加大社会分层，扩大了阶层之间的鸿沟，影响社会稳定。中国社会科学院研究员陆学艺就此指出：户籍、就业、人事这三项制度，以及社会保障和教育制度的不合理，使社会流动不畅，阻碍着现代化社会阶层结构的形成。另据一些观察家分析指出，中国经过十多年改革，户籍制度、社会保障制度、就业制度、人事制度等都在逐步走向公平、公正，但与之相比，中国教育的公平性却在恶化。[①] 这其中深层次的原因是由于在教育的起点和教育过程中出现的不公平，导致贫困农民子女向上层社会流动的障碍增大。这最终导致了：一方面，广大农民在社会竞争中处于劣势，他们很可能长期处于社会的底端，没有上升空间和改变命运的机会，有可能对社会彻底失望，从而形成对社会的仇视。另一方面，社会竞争机会与个人才能、主观努力、把握机会的能力等相背离，导致对主流价值观逆反、怀疑，影响了个体价值观念的衍生、变异，进而影响社会群体心理以及主导价值体系的构建。因此，我国的城乡教育不公平问题和整个社会所倡导的教育价值观（如教育平等、全面发展等）相背离、相矛盾，在一定程

① 转引自杨锴《当代中国教育公平研究》，华中师范大学，博士学位论文，2007年。

度上动摇了民众对于教育使命的信赖感和支持度，使原已存在的社会鸿沟或不稳定因素得以强化，从而最终影响到社会的稳定和繁荣。

法国学者皮埃尔·勒鲁曾说过，人类对于平等的信仰一旦取消，任何国家都有可能成为霍布斯所说的那样到处发生丧失理智的激情和敌对利益的冲突。现阶段城乡教育不公平的现象使得面临不利处境的人们的生存质量受到一定的威胁，这部分人就成为社会的不安定因素。虽然社会各阶层成员对于差距、社会不公正等现象均有一定的承受力，但是，一旦这种差异分化和不公平现象扩大下去，必将引发严重的社会动乱。

第二，教育不公平成为教育腐败滋生的土壤。教育领域的不公平，必然产生大量的可操作空间，导致更多的人希望通过不正当的手段去实现自己的利益，这就产生了教育腐败问题。教育腐败是在教育领域部分被引入市场经济机制、扩大学校自主权的过程中，由于缺乏相应的制约和规范，导致一些教育部门行为扭曲、不择手段地追求经济利益的违法乱纪和腐败行为。它集中表现为招生腐败现象；学校在学生读书期间的乱收费和乱办学现象；学校相关部门和人员在教材采购、基建工程等方面收受回扣的行为，等等。

第三，直接影响我国社会的均衡发展，导致我国贫富差距过大。一般来说，收入的多少与受教育的程度是正相关的。有调查资料显示，亚洲的高薪阶层中有91%受过大学教育，这个比例在韩国高达99%；在泰国等国家，教育可以使一个家庭由贫困户变成富裕户。[①]个人要想摆脱贫困，没有教育基础，没有知识前提都是不可想象的。

① 朱光烈：《人文主义：未来教育基础》，《首都师范大学学报》2001年3月。

教育不公平必然加重不同地区以及城乡之间发展的失调，导致我国贫富差距拉大。

第四，最终阻碍整体经济的发展。在现代化大生产的条件下，教育已经成为提高劳动生产率的一个不可缺少的因素。一个国家人口和劳动者的科学技术知识水平与生产能力越高，劳动力的质量就越高。我国农村与城市教育相比差距悬殊，低质量的农村教育导致的一个直接后果就是农村劳动力素质低下。低素质的劳动者会更加无法满足国民经济发展的需要，从而最终阻碍我国经济的长远发展。

三　对教育本身的影响

教育的不公平除了给受教育者个人、给社会带来不良后果外，给教育本身的发展也带来了阻碍。

第一，教育的不公平造成了教育发展秩序的混乱。教育不公平引发了很多社会问题，如学生因贫困而失学甚至自杀、教育乱收费、教育行政领导的腐败等诸多乱象，都最终导致了教育发展秩序的混乱。教育乱收费屡禁不止，教育成为暴利行业，教育成为反腐败的重点等都是教育秩序的混乱的具体表现。这些现象使得教育不可侵犯的神圣在巨大的利益面前轰然倒塌，露出龌龊和局促。

第二，导致了教育办学目的的偏离。教育是为人的生存、发展打基础的手段，是终身教育、终身学习的基础。它应该赋予学生们不同的发展方式和人生道路，通过以人类经验智慧为基础的教育的诠释和理解，使他们获得丰富、圆满、整体的个性，令其各种能力得到高度与和谐的发展。但在教育不公的环境下，这种教育目的得不到实现。

教育成了一种剥削、歧视的手段，这是与教育的初衷相违背的。

第三，教育的不公平在很大程度上制约着教育整体质量的提高。城乡教育资源配置不公平和城乡经济差距使得乡村教育师资不断流失，导致乡村教育质量越来越差的恶性循环，最终阻碍了我国教育整体质量的提高。

第四章

中国城乡基础教育不公的根源：城乡二元结构下的教育体制性障碍

城乡二元结构下的教育体制性障碍／二元教育体制下的衍生问题分析／城乡体制性教育不公平的深层次原因——对现行政府教育体制的理性分析

第一节　城乡二元结构下的教育体制性障碍

一　总论

从经济学理论上说，教育既不是私人物品，也不是单纯的公共物品，而是一种准公共物品。教育具有“溢出效应”，可以使受教育者本人及其家庭受益，社会也同时从教育中受益。义务教育作为一项基础性教育，它的受惠对象是全体国民，应该由国家予以提供。这就意味着中央政府应当担负起相应的教育责任。

我国存在着五级行政机构。公共政策实行的方式不仅取决于政府财力强弱，还取决于各级政府财力的强弱对比。我国的九年制义务教育体制至今经历了三种形式。1986—2002 年间，以 1986 年 7 月 1 日起施行的《义务教育法》为依据，义务教育主要由乡镇政府财政支持，县、乡、村三级办学，县、乡两级管理。实际上就是确立了县办高中、乡办初中、村办小学的模式。该阶段一般称为“以乡为主”的义务体制。2002—2006 年间，以 2002 年 4 月国务院办公厅颁布的《关于完善农村义务教育管理体制的通知》为依据，为适应税费改革的形势需要，义务教育实行“地方政府负责，分级管理，以县为主的体制”，义务教育的财政投入重心上升到县，形成了“以县为主”的义务教育体制。因此，乡和县先后成为义务教育发展的投资主体，中央和地方高层政府的公共投资负担很小。与“以乡为主”的体制相比，“以县为主”也只是将农村中小学教师工资的管理上收到县，原乡（镇）财政收入中用于农村中小学教职工工资发放的部分相应划拨上交到县级财政，并无多大优势。2006年9月1日，新《义务教育法》施行，免除学生学费和杂费，确立了管理上以县为主、投入上国务院和地方各级人民政府共同负担的新的体制，管理和投入实现了部分分离，但真正具体实施却不尽如人意。

目前，我国现行的义务教育投资体制，主要还是由地方政府负责筹集和提供；上级政府（主要是省级政府）除了在业务上对义务教育的实施进行统一管理和指导外，只对中小学教育提供少量专项补助。这有利于打破过去那种统收统支、高度集中、管理僵化的分配格局，从而调动地方政府和社会大力兴办教育的积极性，增强初等教育管理与发展的灵活性。但是，把义务教育的投资支出全部下划到地方财政——城市是市财政、农村是县乡财政，由地方政府全部负责和安排对义务教育的投资，等于把实施义务教育的责任和义务全部交给了地方政府，从而使义务教育的普及与发展只能取决于各地区的经济发展和地方政府的财政收支状况。

教育是政府的公共服务产品，完全受政府的管理和调节，因此当前政府主体在教育制度中所起的作用是影响教育公平的主要因素。下面论述的几方面的问题是全国范围内的普遍问题，是由于一种客观的、个人行为不能抗拒的制度力量形成的，并在实际社会生活中持续存在的，非进行重新合理的制度设计所不能解决的，因此我们称其为体制性障碍。

二　政府间的利益结构变动导致农村教育经费投入不足

教育收益的长期性决定着其只有可持续发展，才能为国家、为社会培养合格的建设人才。教育的发展依赖着资金的投入，义务教育更是需要长期稳定的社会环境和源源不断的经费投入。因此我们看到，政府间利益关系的变动不居是城乡教育出现高度分化和失衡的体制性根源。

我国学者胡伟在其著作《政府过程》中曾论述，中央政府和地方政府之间存在着张力，这种张力宏观层面上体现为政府体制在中央集权和地方分权两极间反复运动，微观层面上表现为对于具体公共政策的讨价还价。著名经济学家熊彼特也说过，政府的所有功能都需要财政支撑，而同时政府的所有行为都会反映到财政上来。由此可以看出，中央和地方权力的消长导致了双方财政收入关系的变化，从而影响了相对稳定的教育体制。中央想尽量集中财源，办它认为对国计民生至关重要的事情；地方则希望尽量缩小对中央财政的贡献以发展地方利益。这是中央与地方围绕财源分配展开博弈的根本原因。

1994 年实行分税制后，国家财权划分格局发生了很大变化。县级财政在原包干体制下的收支基数划分不合理的问题并没有得到解决。县级政府实现的财政收入除“两税”要按比例上缴中央财政外，省、地市政府还将来源比较稳定、数额大的收入种类作为共享收入甚至固定收入。同时一些省份对县级实行的“两税”增量收入也按比例分成，最终造成财力越来越向上一级政权集中，县级财力越来越薄弱。事实上，地方政府对非税收入的依存度，要比中央政府大得多。

越是下一级次的政府，尤其是基层政府，由于其收入的主要来源是非规范收入，规范化的税收收入所占的比重很小，因此其对费用的依赖性就越强。可以看到，随着分税制的实行，中央财力逐年增强，1993—2002年，中央财政收入比例从22%上升到了57.2%。同时，省级政府的集中程度也在不断加大，年均提高2%。而与之相对应的是，市县基层财政困难却日益加剧。而伴随着2002年推向全国的税费改革，2006年起全国范围内农业税的停止征收，县乡政府的财政困难日益加剧。

与此同时，在各级政府将财权上移的同时，又不断将事权下移。各级政府的事权划分，基本上还是维持着原包干财政体制下的事权格局。公共事业特别是占县级财政支出大头的义务教育仍然由县级政府承担。收入来源和财力弱化，甚至收入的总量也在下降，但担负的事权并没有减弱，甚至还在加强，县级政府在这两难境地下，自然是采取拆东墙补西墙的方式，上面重视哪一块就优先包哪一块，不可能形成制度性的、规范的支出保障机制。本来县级财政收入构成中，非税收比重就过多，财政收入受政策因素的影响大，收入来源就不稳定。随着农村经济的发展，农村地区对教育、文化、卫生等公共产品或服务的需要也随之扩大，交通、电力、供水、环卫等基础设施都需要加大投入。公共卫生与防疫力度的加大，小城镇建设的步伐加快，社会保障覆盖面的拓宽和保障水平的提高，农村党员远程教育，社会主义新农村的建设等新举措、新方案的实施也需要大量资金去完成，更是加重了县级基层财政的支出。县级财政收入增长的不确定性与义务教育支出的刚性特征不相适应，致使农村义务教育经费投入短缺问题日益突出。这种状况，正是县级财权与其承担的义务教育事权不相称所引发的问题。

财力的减少、事权的增多最终导致了县乡政府不堪重负。这些年来，由于农村义务教育规模不断扩大，加之一些地方经济发展水平不高，乡镇政府财力薄弱，难以支撑农村义务教育的发展，农村义务教育的经费只能依靠收取学杂费和教育附加费来维持。在这种情况下，必然导致农村教育经费投入严重不足。2006 年，全国普通小学生均预算内事业费支出为 1633.51 元，而农村普通小学生均预算内事业费支出只有 1505.51 元；全国普通初中生均预算内事业费支出为 1896.56 元，而农村普通初中生均预算内事业费支出只有 1717.22 元；全国普通小学生均预算内公用经费支出为 270.94 元，而农村普通小学生均预算内公用经费支出只有 248.53 元；全国普通初中生均预算内公用经费支出为 378.42 元，农村普通初中生均预算内公用经费支出只有 346.04 元。[①] 农村中小学教师工资不能按时发放、农村中小学的基本办学条件得不到保障、农村中小学建校债务负担沉重等问题随之而来。教育部曾经测算过 2003 年当年全国农村义务教育经费的缺口，其中解决教职工工资新欠和陈欠需要 144 亿元，维持学校正常运转每年 323 亿元（取消附加、集资和非规费收入的减少，以及贫困地区实行“一费制”后形成的收费收入缺口），危房改造每年 161 亿元，家庭经济困难学生补助经费缺口每年 68 亿元，发展经费（尚未“普九”的 431 个县实现“普九”目标，以及中小学信息化建设）缺口 124 亿。这个数据足以说明问题。[②]

因此笔者认为，随着改革开放的发展，政府间的利益结构发生着

① 《中国教育统计年鉴 2008》，人民教育出版社 2009 年版。
② 孙兵、孟庆肴：《教育的公正与利益》，华东师范大学出版社 2005 年版，第 90 页。

剧烈的变动，然而相应的公共管理体制改革却没有及时跟进，造成了体制上的不协调，事权和财权的剥离，基层公共服务的质量下降，最终导致了农村和城市的教育差距。当前，我国社会主义市场经济体制已基本建立，但政府间关系却没有形成一个法定的、固定的权力边界和互动框架。如何科学界定政府间权责关系以适应现代公共管理和社会服务的要求，从根本上减少教育不公平现象，有待进一步解决。

三　各级政府对教育投入的责任与其财政能力不相称

公共产品理论认为，公共经济和政府介入应限制在市场失效的范围内，而提供公共产品正是政府最主要的活动范围之一。义务教育在理论上应被视为纯公共物品，在实践上由各级政府共同承担提供的责任，再由中央或较高级别的政府承担最终的转移支付责任。与之相对应的是，各级政府应当承担义务教育所需的经费，财政性教育经费应该成为义务教育经费的绝对主要来源。

而事实上，与上述原则不符的是，在我国，国家财政性教育经费在农村地区仅仅在35%左右。据国务院发展研究中心的调查，目前全国农村义务教育财政经费中，乡镇财政负担达78%，县财政负担约9%，省地财政负担约11%，而中央政府仅负担2%。[①] 1994年实行分税制后，中央和省级财政集中了大部分财力，县乡两级财政财力十分薄弱。这就从根本上造成我国农村义务教育经费不足，城乡教育不公。

---

① 《县级政府难扛义务教育大旗》，《中国经济时报》2003年1月9日。

1994年分税制改革只是明确了中央政府与省级政府的财力和财权划分，并没有对省级以下各级政府之间的体制调整指明方向。各地省级政府纷纷仿效中央的做法，加强本级政府的财力，从而造成省以下地方财力的上收，直接造成了县级财政的薄弱。在我国五级政府机构中，县乡镇政府处在最底层，量大面广，本来就是国家政权与公民最直接也是最大面积的结合部。我国规范的转移支付制度建设相对滞后，更是造成县级政府财政资金的拮据。有些地方省市级财政集中较多，转移支付的力度又很小，造成纵向间财力差距过大，基层财政发放工资困难。据2008年中国国家发改委最新发布的一份报告显示，中国平均每个县的赤字约1亿元，全国赤字县占全国县域的比重达3/4，县级财政基本上是“吃饭财政”，县乡政府的债务风险仍未得到根本性控制。[①] 另据报道，山西省在实施县级财政平衡奖、消化赤字奖和控制财政供养人员奖政策后，财政赤字额才由2002年的16.09亿元下降到2010年的5.99亿元，赤字县由2002年的64个下降到2010年的15个。[②]

在这种情况下，县一级及乡镇难以支撑庞大的义务教育经费，其教育投入和教育质量可想而知。教育要维持、要“普九”就要举债。据国家审计署公布的对17个省（区、市）50个县的基础教育经费审计调查结果显示：50个县2001年年底基础教育负债为23.84亿元，2002年年底上升为31亿元，增长30%；到2003年6月底，仅半年时间又增长了25.7%，达38.98亿元。负债增长速度大大高于同期教

① 《中国每县赤字约一亿　县级财政等于吃饭财政》，《星岛环球网》2008年4月4日。
② 《全省县级财政赤字实现“双下降”》，山西新闻网，2011年4月8日。

育经费投入增长速度，负债总额相当于这些地方一年财政收入的80%。①

就笔者所在的湖北省黄石市阳新县来说，县财政赤字严重，“普九”负债沉重，教育专项经费得不到落实。2006年，阳新县“普九”债务为1970万元，一些学校欠债30万—40万元，高的近百万元。特别是实行新机制后，这些学校没有偿还债务的资金来源，部分高息借款根本无力偿还，经常发生债主锁校门现象，学校背上了沉重的包袱。按政策规定应列入财政专项的教师培训经费、职业教育经费、成人教育经费、教育教研经费、教育督导经费等教育专项经费却一直没有落实到位。这绝不是个别现象，根据我国学者李静波、张婕的《“以县为主”变革中求进——对全国254位地(市)县教育局长的调查》，有74.8%的地(市)县教育局局长认为当地农村中小学公用经费严重不足，21.54%认为基本够用，2.85%认为比较充足，认为十分充足的只占0.81%。很多欠发达地区和贫困地区的局长反映，农村义务教育公用经费的财政性投入几乎为零，地方教育投入上的“三个增长”是通过“财政空转”来实现的“数字增长”，实际上并没有达到逐年增长。②

由此可见，虽然国务院办公厅出台了《关于进一步完善农村义务教育管理体制的通知》，义务教育支出占县级财政支出的比例不断提高，其他项支出空间不断压缩。但是，如果县级财力总量不够，即使义务教育支出占财政支出比例再有更大的提高，也不能满足教育发展

① 《50个县基础教育经费审计调查结果》，《国家审计署2004年第1号(总第02号)》，2004年6月18日。

② 《“以县为主”变革中求进——对全国254位地(市)县教育局长的调查》，《中国教育报》2004年11月22日。

的进一步需求，甚至连基本的运转也难以维持。

近些年，虽然确立了“管理上以县为主，经费投入上中央和地方政府按职责共同分担的新体制”。但因为涉及旧的利益关系的打破和新的利益关系的形成，在行政层级决定行政权威的情况下，新的教育体制的真正有效实施还有待时日。

四　义务教育制度的城乡推行差异

作为对教育资源分配起调节作用的教育制度，理应照顾到社会各个阶层的利益。而事实上，在我国城乡二元结构体制下，国家在教育方面的公共政策优先满足甚至只体现了城市居民的利益。教育制度的有效性并未消除城乡教育差距，相反，却表现出了相当大的不均衡。

教育法第 14 条规定，中等及中等以下教育在国务院领导下，由地方人民政府管理。第 57 条规定，农村乡统筹中的教育费附加，由乡人民政府组织收取，由县人民政府行政部门代为管理或者由乡人民政府管理，用于本乡范围内乡、村两级的教育事业。农村教育费附加在乡统筹中所占具体比例和具体管理办法，由省、自治区、直辖市人民政府规定。第 59 条规定，经县级人民政府批准，乡、民族乡、镇的人民政府根据自愿、量力的原则，可以在本行政区域内集资办学。显然，这些法律的制定没有明确中央政府在缩小义务教育发展的城乡差距上的责任，严重忽视了我国地区间、城乡间公共服务供给存在巨大差距的特殊背景，直接导致了政府基层教育投入责任的层层往下推卸及政府教育投入的严重不足。

《义务教育法实施细则》第 30 条规定：实施义务教育各类学校的

新建、改建、扩建应当列入城乡建设总体规划，并与居住人口和义务教育实施规划相协调。实施义务教育的学校新建、改建、扩建所需的资金，在城镇由当地人民政府负责列入基本建设投资计划，或者通过其他渠道筹措；在农村由乡、村负责筹措，县级人民政府对有困难的乡、村可酌情予以补助。由此可以看到，实施义务教育的学校新建、改建、扩建，在城市及县级的城镇由国家财政投资，也即用公众纳税人的钱，而在农村实施义务教育的学校则由乡、村负责新建、改建、扩建，县级财政只是酌情予以补助。乡级财政在相当薄弱的财政条件下，只能继续往下推卸责任，那就是由村来新建、改建、扩建实施义务教育的学校。但是，村级又是没有财政能力的村民自治组织，那就只能把建校的责任落实到农民的头上了。这项立法看似可广泛调动社会各界投资义务教育积极性，实则为政府责任转嫁提供了制度基础。

现代经济学理论认为，政府是一个利益集体，存在着首先满足自身利益的倾向。农村义务教育阶段的学校是政府的附属机构，政府必然会倾向于首先满足自身利益的最大化，然后才会考虑学校的利益。同时，政府又会从自身利益最大化的角度考虑义务教育的成本。由于义务教育是一个预期收益，义务教育阶段的学生无法给地方政府带来直接的收益。甚至义务教育搞得好，更多的学生毕业后考上大学会离开家乡，地方政府的投资成本将无法回收，地方利益损失会更大。因此，为了维护自身利益，对义务教育这类公共产品，地方政府希望上级政府或中央政府承担更多的责任。然而上级政府又往往以行政手段甚至立法手段要求下级政府承担更多的农村义务教育责任，下级政府在无奈中并非出于本意地承担了更多的农村义务教育责任，这样一级压一级，直到乡级政府成为教育财政主要承担者为止。而乡级财政也在尽量寻找替罪羊，唯一的对象只能是农民。农民不得不最终成为农村义务教育投资的主体。

农民自己出资办义务教育，增加了他们的负担，使本不富裕的日子越发紧张。根据《中国教育经费统计年鉴》所提供的数据，仅1993—2003年的七年间，从农民那里征收的教育集资即超过611.8亿元人民币。事实上，农民所要缴纳的各种教育资金不止于此，除此之外还要缴纳高额的学杂费。近年来，一些地方象征性地实施义务教育，免除了学生几元钱的学费，便加码向学生收取各种名目的杂费、课本费，一些贫困地区的小学生每学期也要交100多元的各种费用，初中达到200多元甚至数百元。根据原中共湖北省监利县棋盘乡党委书记李昌平的报告，在当地，一个小学生在20世纪90年代末每年要缴纳的各种费用平均达到600元，初中生平均1200元。在农民人均收入只有2000多元的情况下，"义务教育"对于许多农民和农家子女来说，成了难以享受的"奢侈品"。对于贫困地区的家庭来说，根本就是难以承受的负担。这最终导致了近年来农村学生的辍学、流失率偏高，初中生辍学率上升。

最新出台的《义务教育法》依然延续了这种思维，虽然确定了均衡发展的原则，但在经费投入上，城乡政策依然不同。例如第44条规定，义务教育经费投入实行国务院、各级人民政府根据职责共同负担，省、自治区、直辖市人民政府负责统筹体制。农村义务教育所需经费，由各级人民政府根据国务院的规定分项目分担。

"重城轻乡"的教育制度客观上加剧了义务教育的城乡分化和失衡。城乡二元教育格局——城市的教育国家办，农村的教育则靠教育费附加和各种名目的教育集资转移到农民身上成为城乡教育不公平的根源。这项制度长期实行的后果之一，就是人们对此现实逐渐习以为常，形成了教育公共政策中“城市中心主义”的价值理念和“城市优先”的思维定式。国家对教育的投入主要用于城市地区，教育部门在办学条件、教育经费、师资等资源配置上，主要用于或优先用于城市学校，而最需要扶持的广大农村地区得到的资源远远少于城市，从而最终加剧了历史形成的城乡差距。

第二节　二元教育体制下的衍生问题分析

一　城乡义务教育财政体制的差异

从教育财政体制上来说，我国城乡二元教育格局显著体现在城市居民除了负担子女的学费和其他学校收费外，不再直接负担义务教育经费。农村居民除了负担孩子的学费和其他学校收费，还要以农村教育费附加、教育集资等方式负担大部分义务教育基建费和部分事业性收费。

1984 年《国务院关于筹措农村学校办学经费的通知》明确规定，收取农村教育费附加。《义务教育法》随后将其确立为法律规定，其第 12 条明确指出，地方各级人民政府按照国务院的规定，在城乡征收教育事业费附加，主要用于实施义务教育。农村教育费附加的征收对象是农村居民，由乡镇政府组织征收，征收比例由各省、直辖市、自治区或以下各级政府根据当地义务教育经费状况确定。农村教育费附加与城市教育费附加不同，后者的性质属于流转税，不直接由个人负担；而前者是要农民直接负担的。义务教育基建经费在城镇主要由当地人民政府列入基本建设投资计划，由政府负担；在农村则由乡、村负责筹措，县级人民政府对有困难的乡、村可酌情予以补贴，但主要还是由农民负担。

由此可见，义务教育财政体制在公平性方面存在的最大问题就是政府责任的转移，这点可以从城乡在校学生人均教育经费差异看出来。无论是生均预算内教育事业费支出还是公用经费支出，其绝对数值的全国水平与农村水平的差别都是很显著的。由表 4.1 给出的 1993—2005 年城镇普通小学与农村普通小学生均预算内教育事业费差距比以及城镇普通初中与农村普通初中生均预算内教育事业费差距比可以看出，小学生、初中生生均预算内教育事业费城乡差距的变化大致经历了先扩大后缩小的过程。以小学生为例，1993—1995 年生均教育经费城乡差距逐渐扩大，1996—2005 年，城乡生均教育经费差距逐渐缩小。1993 年较低为 1.45 倍，1995 年最高为 1.72 倍，之后逐年缩小，直到 2005 年，下降到 1.28 倍。然而，生均预算内公用经费的城乡差距比较大，基本都维持在 2 倍左右，直到 2003 年，公用经费的城乡差距比才缩小至 2 倍以下，2005 年缩小到 1.47 倍。以初中生为例，1993—1998 年，生均预算内教育事业费城乡差距在逐渐扩大，1998 年之后，城乡差距比在逐渐缩小。其中 2005 年最小为 1.25 倍，1998 年最高为 1.65 倍。生均预算内人员经费城乡差距变化趋势类似。公用经费的城乡差距较大，2000 年达到 3.06 倍，2005 年下降到 1.38 倍。

表 4.1　　1993—2005 年义务教育生均经费城乡差距比　　(单位：倍)

项目/年度	小学			初中		
	生均预算内事业费城乡比	生均预算内人员经费城乡比	生均预算内公用经费城乡比	生均预算内事业费城乡比	生均预算内人员经费城乡比	生均预算内公用经费城乡比
1993	1.45	1.34	2.60	1.47	1.35	2.27
1994	1.65	1.57	31.3	1.54	1.44	2.72
1995	1.72	1.62	3.26	1.59	1.48	2.63
1996	1.71	1.62	2.92	1.6	1.48	2.63
1997	1.67	1.58	2.70	1.61	1.50	2.37
1998	1.66	1.59	2.52	1.65	1.54	2.64
1999	1.60	1.54	2.48	1.60	1.49	2.73
2000	1.55	1.49	2.56	1.62	1.50	3.06
2001	1.55	1.47	2.93	1.48	1.39	2.66
2002	1.45	1.40	2.24	1.39	1.33	2.07
2003	1.44	1.39	2.08	1.40	1.34	1.95
2004	1.33	1.30	1.65	1.31	1.28	1.61
2005	1.28	1.26	1.47	1.25	1.23	1.38

资料来源：教育部财务司、国家统计局人口和社会科统计司《中国教育统计年鉴》(1993—2005)，中国统计出版社 1994—2006 年版。

总体来看，义务教育作为农村公共产品，其得到的财政投入与城市存在比较大的差距。2000 年之后，城乡义务教育财政投入差距逐渐缩小，可能是一系列因素的综合效应：国家倡导地区平衡发展战略，地区发展政策逐渐向比较平衡的方式转变，等等。但我们看到，非财政主体（农民教育集资、农村教育费附加等）始终对农村基础教育起着巨大作用。正是由于这些非财政主体的积极参与，才在一定程度上淡化了财政用于城乡基础教育支出对比悬殊的局面。

二　二元体制下城乡教育资源的差异

办学条件对教育的发展始终存在着重要的影响。特别是实行现代化教育的今天，办学条件对新课改的推进速度和效果起到直接决定的作用。在我国城乡二元结构之下，城区学校所拥有的办学资源远远高于农村学校。虽然近些年来，我国政府相关部门加大了对农村教育的投入力度，加大了农村的基础教育建设，但差距依然存在。城市学校一般都具有很好的硬件条件：校园广播网、多媒体教室、多功能室、体育器械，以及教室内拥有的饮水机、空调；城市学校的图书馆相对较大，且拥有丰富的藏书；学校食堂、卫生间等卫生状况良好。而农村学校配套措施跟城市学校存在明显的差距，计算机室的计算机非常落后，只能教给学生们打字等基本知识，部分计算机甚至不能使用；图书馆虽然建设得较大，但是其中的藏书数量很少，有的农村学校的图书馆藏书的数量仅以百计；食堂、卫生间大多较为简易，卫生水平差，学生的饮食存在安全隐患。

表 4.2 为 2008 年我国农村、县镇、城市的初中办学条件的统计数据。

表 4.2　　**我国初中学校办学条件统计数据**　　（单位：平方米）

地区 项目	普通初中			职业初中		
	城市	县镇	农村	城市	县镇	农村
学校占地面积	720927518	562378003	172146196	2984764	1592109	165922
校舍建筑面积	164392572	163992571	73948654	448379	317411	42045

续表

项目\地区	普通初中			职业初中		
	城市	县镇	农村	城市	县镇	农村
教学及辅助用房	70987358	68634530	35236916	179246	130811	18474
行政办公用房	51732286	48643081	21806185	136571	94628	13392
生活用房	8742041	8783434	4933474	20791	14680	3290
其他用房	2948321	2922455	1869762	8689	5773	740
教师办公室	3102062	2672116	1435721	8198	5557	843
危房面积	954495	1062879	626721	2402	2204	209
新增面积	16029765	14399863	9301785	35860	31674	4903
普通教师	11660572	9681248	5693656	201012	135345	3810
实验室	65575030	68043860	17670253	32261	19581	17849
图书室	11800419	12914318	11739700	34794	10004	819
计算机室	7486219	4702503	952357	9736	1304	580
语音室	3784792	4756019	1703620	3559	2257	360

资料来源：教育部财务司、国家统计局人口和社会科统计司《中国教育统计年鉴(2008)》，中国统计出版社2009年版。

由表4.2中的数据可知，虽然农村的校舍情况得到了很大的改善，危旧房的面积在大幅度减少，同时教学配套措施在逐渐递增，但和城市还是有着明显的差距。

在影响教育发展的诸多要素中，教师处于核心地位。教师的专业素质直接影响着学生的知识结构；教师的言行态度直接影响着学生的行为；教师的价值观直接影响着学生的人生观。在城乡二元体制下，城乡教师资源也存在很大的差异，这集中表现在教师数量的差异、教师质量的差异和教师待遇的差异上。

由表4.3我们可以清晰看出，无论是小学还是中学，与城市比，农村教师负担的学生数量都要多于城市教师。平均来说，每个农村小学教师要比城市教师多负担两个学生，而每个农村中学教师要比城市教师多负担约三个学生。一般情况下，师生比越高，每个学生接受教师辅导、与教师交流的时间与机会就越少。同时，每个教师负担的学生越多，教师的负担也会越重，相应教学质量也随之下降。

表 4.3　　每位教师平均负担的学生数量　　（单位：名）

年度＼项目	小学			中学*		
	全国	城市	农村	全国	城市	农村
1996	23.7	21.4	24.9	16.6	15.3	18.0
1997	24.2	21.9	25.4	16.8	15.3	18.4
1998	24.0	21.8	22.9	17.0	15.6	18.7
1999	23.1	21.2	24.2	17.6	16.2	19.4
2000	22.2	20.7	23.1	18.4	17.0	20.1
2001	21.6	19.7	22.7	18.7	17.9	19.9
2002	21.0	19.0	20.8	18.9	16.8	20.0
2003	20.5	19.3	21.1	18.9	16.9	19.9

*由于统计口径原因，这里的中学包括初级中学和高级中学。

资料来源：国家统计局《中国统计年鉴（1996—2004）》，中国统计出版社 1996—2004 年版。

在朴素的农民心里，他们只管一条硬道理，没有好教师就不可能教育好他们的后代，如果后代没有希望，他们的后半辈子就没有希望。可事实上，从师资的质量对比情况来看，城市教师质量明显高于农村教师质量。这显著表现在城乡教师学历特别是高学历差距很大，农村中小学教师严重“学历不足”。表 4.4 给出了 2008 年普通初中专任教师学历构成。

表 4.4　　2008 年普通初中专任教师学历构成　　（单位：人）

	总计	研究生	本科	专科	高中阶段	高中以下
全国	3468957	13557	1832605	1546219	74771	1805
城市	682367	8725	509393	159044	5036	169
县镇	1442639	3131	756050	654201	28642	615
农村	1343951	1701	567162	732974	41093	1021

表 4.5　　2008 年普通初中专任教师职称构成　　（单位：人）

	总计	中学高级	中学一级	中学二级	中学三级	未评职称
全国	3477957	348124	1432602	1302747	161170	233314
城市	682367	135106	294651	200221	12022	40367
县镇	1451693	125089	621593	549285	62838	92834
农村	1343951	87929	516358	553241	86310	100113

资料来源：教育部财务司、国家统计局人口和社会科统计司《中国教育统计年鉴（2008)》，中国统计出版社 2009 年版。

通过对表 4.5 中的专任教师占总教师的比重计算可以知道：全国范围内，教师中研究生学历、本科、专科、高中阶段和高中阶段以下所占的比重分别为 0.35％、52.8％、44.6％、2.2％和 0.05％；在城市，教师中研究生学历、本科、专科、高中阶段和高中阶段以下所占的比重分别为 1.28％、74.65％、23.31％、0.74％和 0.02％；在县镇，教师中研究生学历、本科、专科、高中阶段和高中阶段以下所占的比重分别为 0.22％、52.41％、45.35％、1.98％和 0.04％；在农村，教师中研究生学历、本科、专科、高中阶段和高中阶段以下所占的比重分别为 0.13％、42.20％、54.54％、3.06％和 0.07％。城市中初中专任教师的学历主要集中在本科（74.65%），县镇主要集中在专科（52.41%），而农村主要集中在高中阶段（54.54%）。

同时从专任教师职称构成情况看，农村初中教师职称构成重心在中学二级，比重为41.27%，县镇初中教师职称构成重心在中学一级，比重为42.82%，城市初中教师职称构成重心在中学一级，比重为43.18%。农村、县镇、城市具备的高级职称的教师比重分别为6.54%、8.62%、19.80%，农村的初中教师职称构成重心低于县镇和城市，尤其是具备高级职称的教师。

究其原因，在于现行的教师编制不利于地广人稀的农村中小学。根据笔者的实地调研，农村工作条件差，合格的公办教师不愿意前去任教，来了也待不长。农村中小学只好录用一些学历不够、没有教师资格证书的代课教师充数。这些代课教师一个月才两三百元的工资，甚至不如酒店洗碗碟的服务员，其队伍质量可想而知。一些偏僻的山区小学代课老师甚至还多过公办老师。

即使是这样的师资质量，也还存在“拔高”使用的情况，高中缺教师，从初中选拔，初中缺教师，从小学选拔。据《中国教育报》报道，农村学校“拔高”使用教师的现象十分严重，高中缺老师，只好从初中挑选优秀骨干教师补充。这样一来，势必造成初中教师紧缺，初中又从小学选拔。层层拔高的结果，就是教师队伍的整体素质下降。一大批学历不合格的小学教师补充到了初中教学岗位，一大批初中未毕业的代课教师走上小学的讲台，严重影响基础教育的教学质量。

农村师资质量低下还反映在年龄结构上。2004年，“全国中小学教师基础调研”课题组采用分层整体抽样方法，在广西、福建、湖北、江苏、吉林、甘肃6省（区），对农村中小学教师的工作与生活情况进行了抽样调查（以下简称6省区调查）。结果显示，目前农村中小学教师队伍的年轻教师增量不足的现象已经开始显现。从整体构成来看，26—35岁年龄段（1970年代出生）的教师所占比重最大，达到40.68%；36—45岁年龄段（1960年代出生）的教师所占比重其次，达到24.41%；46岁（1960年以前出生）以上的教师所占比重达到20.3%；而25岁（1980年代出生）以下的青年教师所占比重仅为9.85%，甚至低于50岁以上教师所占比重（11.16%）。[①]

在我国，农村教师工资由国家财政部分和地方性补贴两大部分组成。从国家财政部分上来说，由于农村教师工资受县乡财政状况制约无法兑现，经常被记入档案，称为“档案工资”。从地方性补贴部分来说，大多数农村教师甚至从未领取过地方性补贴。实际上，农村教师工资收入与同年龄、同学历、同职称的城市教师相比，平均少1/3左右；与城市重点学校教师相比是其工资的1/5左右。在其他福利待遇方面，农村教师与城镇教师差距也很大。

北京师范大学教育学院“中国教育发展报告·变革中的教师与教师教育”课题组调查总结显示，无论是中小学教职工的月平均工资，还是专任教师的月平均工资，都随着所在地区级次的下降而降低，乡镇及农村层次的教师工资水平最低。如北京市市区小学教职工的月均工资为2134元，到了农村地区，则只有1100元。而根据东北师范大学农村教育研究所对6省（区）10个市、县的525名中小学教师（其中小学教师288人，初中教师237人）生存状况进行的问卷调查和实地访谈，超过50%的教师认为住房问题是他们面临的最主要问题；

① 《聚焦农村中小学教师　关注农村基础教育的可持续发展》，《教育发展研究》2006年1月。

70%以上的教师认为自己的福利待遇比较差。[①] 教育部2008年《国家教育督导报告》显示，教师工资收入水平城乡差距依然较大。全国农村小学、初中教职工人均年工资收入分别仅相当于城市教职工的68.8%和69.2%。[②]

在这种情况下，许多农村教师自然无法安心工作，想方设法调往城市或县城工作。根据北京师范大学课题组对教师稳定性的调查，自从教以来一直在同一所学校任教的教师，省城和地区分别占54.86%和57.83%，县、乡镇分别为35.85%和43.89%，而农村仅有33.33%。实际上，有29.34%的农村教师在四所以上的学校工作过。这充分说明农村教师工作稳定性较差，变动频繁。[③]

三　农村义务教育可及性的相关社会问题

农村义务教育可及性是指在农村地区九年制义务教育得以全面地、完整地、健康地实行。而事实上，在我国城乡二元结构下，农村地区本来就落后贫困，农民还要自己负担子女的大部分教育费用，义务教育的全面实施面临着一系列困难。这些困难逐渐演化为具体的社会问题。

（一）农村儿童入学率得不到完全的保障，仍然存在一定比例的文盲

根据国家统计局对扶贫开发工作重点县的监测报告显示，2002—

① 顾明远：《中国教育发展报告——变革中的教师与教师教育》，北京师范大学出版社2008年版。

② 《农村大学生下降一半背后的城乡不公》，新浪网，2009年1月24日。

③ 顾明远：《中国教育发展报告——变革中的教师与教师教育》，北京师范大学出版社2008年版。

2004年间，国家扶贫开发工作重点县的适龄儿童入小学率只在95%左右。以2004年为例，国家重点扶贫工作县7—12岁儿童的失学率为4.2%，重点村的失学率为5.7%；13—15岁儿童的失学率为9.3%，重点村则达到了10.8%。初中普及率仅68%。有500万学龄儿童因贫困不能入学，在校生中每年流失小学生400多万，每年产生200万的新文盲。[①]

农村儿童入学率得不到完全的保障，文盲自然随之而来。据第五次全国人口普查结果，2000年我国15岁及以上的人口中仍有文盲8699.2万人，其中，城市常住人口占12.8%，县镇人口占9.7%，而乡村人口则占77.5%，也就是说，有超过3/4的文盲分布在我国农村。虽然2011年第六次全国人口普查结果文盲率（15岁及以上不识字的人口占总人口的比重）为4.08%，比2000年人口普查的6.72%下降了2.64个百分点，但文盲人口还是大部分集中在农村。巨大的文盲人口已经成为我国农村地区摆脱贫困、提高劳动生产率和改善生活水平的重大障碍。[②]

（二）农村初中学生流失问题

近年来，初中辍学率持续升高趋势已引起广泛关注。针对这个问题，笔者专门在湖北省S市农村的几所初中综合运用访谈法、问卷调查法进行调查。调查借鉴了海内外学者的观点，创立了三个维度的体系：学校初中毕业生去向；农户、务工农民、学生对教育的需求；农

① 教育部财务司、国家统计局人口和社会科统计司：《中国教育统计年鉴》，中国统计出版社1998—2005年版。

② 中华人民共和国国家统计局网站：《第五次全国人口普查公报（第1号）》，人民网，2001年5月15日，《2010年第六次全国人口普查主要数据公报（第1号）》，人民网，2011年4月28日。

村学生不想上学的原因调查。问卷调查采用整群分层抽样法选取样本，在S市农村四所初中随机抽取一个教学班对家长和学生进行问卷调查，共收到有效答卷983份，占问卷的94.3%。填写问卷的学生有男性327人、女性309人，未填性别43人；家长有男性129人、女性131人，未填性别25人，家长年龄从30岁到50岁不等，大部分为农户或务工农民。

1. 农村初中学生总体辍学情况：调查结果显示，尽管每所学校每年辍学绝对人数有增有减，但每年辍学人数占当年在校生总人数的比例是呈一个上升的趋势，有的学校的辍学率竟然超过了10%。这说明至少在部分农村，初中学生辍学现象有增无减，农村义务教育并没有因为国家对教育投入的增加而得到完全实施。

2. 农村初中学生毕业后去向：调查结果显示，近三年来的农村初中毕业生不能继续升学的人数始终占毕业生总数的一半以上。2005—2007年升入普通高中和职高以及中专的总人数分别占毕业生的比例为40%、43%、45%。虽然升学率逐年提高，但都未超过半数，而初中毕业生务农或外出打工的比例三年来分别为40%、41%、41%，再加上从事其他职业的人数，显然，农村初中毕业生中直接从业的人数比升入普通高中的人数要多得多，绝大多数完成了九年义务教育阶段的初中毕业生，将会通过进入中专中职培训成为技术人员或直接成为社会务工务农人员。

表 4.6　　四所农村初中学校近三年辍学情况

年度 类别	2007		2008		2009		备注
	辍学总人数（人）	占在校人数比例（%）	辍学总人数（人）	占在校人数比例（%）	辍学总人数（人）	占在校人数比例（%）	
A 初中	42	7.1	37	8.3	40	8.8	不包括没有参加中考但基本完成初中学习的学生
B 初中	46	8.9	49	9.1	52	10.1	
C 初中	57	9.8	60	11.2	53	9.7	
D 初中	34	6.3	39	6.7	41	8.4	

表 4.7　　四所农村初中毕业生的去向情况

年度 项目	2007			2008		
	人数（人）	占总人数比例（%）	人数（人）	占总人数比例（%）	人数（人）	占总人数比例（%）
毕业总人数	613	100	627	100	601	100
升入普通高中	156	25	189	30	173	29
升入职高中专	92	15	84	13	95	16
务农务工	243	40	259	41	248	41
无业或其他职业	122	20	95	15	85	14

3. 农户、务工农民及农村初中学生对教育的需求：调查结果显示，尽管上大学是人们的普遍愿望，但农村家庭的学生和家长同时认识到，上大学不是一件容易的事。他们还认为，就算上了大学也未必能找到好工作。因此，近一半以上的家长和学生从实际出发，读完初中之后选择作为技术工人或农民就业。

表 4.8　　农户、务工农民、学生对教育的需求　　(单位:%)

需求 类别	读书的目的和就业理想			
	升大学	升中专、技校	成为技术经营型农民	其他或不明确
农户	46	39	11	4
务工农民	59	31	0	10
学生	51	30	2	17

4. 农村初中学生不想上学的原因：调查结果显示，农村初中学生不想上学的原因是："老师教学方法简单"，"学校教学设备不足"，"学习内容枯燥"，"学校生活太单调"。在参加调查的学生中，有 59.3%的学生曾经有过"不想上学的想法"，只有 38.2%的学生"从没有过不想上学的想法"。在回答"你认为学校可以在哪方面进行改进"时，有近 78%的学生提到"改善学校伙食"、"改善学校住宿条件"。可见，农村中小学经费短缺，教育水平低，学习条件差，使得农村的小学生毕业后大多难以适应以后的系统学习，逐渐对学习失去了兴趣。

表 4.9　　农村初中学生不想上学的原因　　(单位:%)

选项 题目	是	不知道	不是
家里经济困难	11.3	10.7	78
学习内容枯燥	57.8	11.4	30.8
跟不上学习进度	42.1	9.2	48.7
老师教学水平欠佳	49.8	13.5	36.7
学校教学设备不足	60.7	12.1	27.2
老师教学方法简单	62.3	9.5	28.2
学校生活太艰苦	53.2	14.6	32.2

续表

题目＼选项	是	不知道	不是
学校生活太单调	59	11.3	29.7
学校管理太严格	25.9	18.4	55.7
想早点赚钱养家	30.7	32.9	36.4

对学生周围的流失状况进行调查时，我们发现有87%的学生周围有中途流失的同学，只有6%的学生周围没有中途流失的同学。而参加调查的学生中就有59.3%的学生“有过不想上学的想法”，只有38.2%的学生“从没有过不想上学的想法”。值得注意的是，调查还显示，近一半的辍学学生说没有人对他们采取过任何补救措施，即使有“措施”也不过是班主任例行公事地进行一次家访而已。在农村教育“城市化”模式下，有些学校为了争取升学率甚至动员后进学生“回家”，成为辍学的助力，然后又不惜采取造假的办法来完成“普九任务”。

教育作为当代社会实现社会流动的主要动力机制，是农民改变底层地位，通向较高社会阶层的阶梯，这也是农村学生寄予教育最大的期望。但是，在城乡二元结构的教育体制下，农村家长和学生渐渐对教育产生了信任危机，由这种信任危机带来的危害，无论是对学生本身还是社会，都是巨大的。

（三）农村留守儿童义务教育问题

农村“留守儿童”是指农村地区因父母双方或一方长期（六个月以上）外出务工、经商或者学习而被滞留在户籍所在地并因此不能和父母双方共同生活，暂由父母双方中的一方、亲戚、朋友、老师等监护、代养的18周岁以下的未成年子女。农村留守儿童是我国经济社会转型时期，伴随着我国工业化、城镇化的进程和大批农村劳动力的转移而出现的一个特殊社会群体。自20世纪90年代以来，大量农村劳动力进城或到沿海发达地区务工，由此出现了“民工潮”。由于大多数的农民工无力将孩子带到城市读书，或者因为城市并未给他们提供适于其子女健康成长的教育环境和生活保障条件，导致他们不得不和孩子较长期地分居异地生活。可以肯定的是，在我国工业化和城市化进程加速推进的过程中，农村大量的剩余劳动力转移和大规模的人口流动仍将继续下去。在这种转移和流动的背后，存在着大量的留守儿童，并且数量在不断增加。

针对这个问题，笔者曾在湖北省S市农村的几所中学进行了调查，共收到有效答卷539份，占问卷的91%。填写问卷的留守学生有男性304人、女性235人。调查数据表明，留守儿童中，学习成绩“优”的占31%，“良”的占39%，“一般”的占20.8%，“差”的占9.2%。一些孩子因长时间见不到父母而产生强烈的思亲情绪，导致上课注意力不集中、听课效率低下、学业成绩下滑。在心理健康方面，“认为生活很美好、对生活充满希望”的仅占24.8%，而对此问题持不确定看法的占22.3%，持不同意或非常不同意看法的占52.9%；“经常感到孤独、压抑、苦闷”的占43.8%，而对此问题持不确定看法的占32.7%，持不同意或非常不同意看法的占23.5%。访谈中，相当一部分留守儿童表示，在学习上遇到困难或取得成就时，希望父母能在身边安慰、鼓励自己。实际上，他们非常渴望父母能经常关注他们的学习。这从一个侧面说明，在实际的学习过程中，留守儿童常处于无人监管、无人过问的状况。一部分自律性差的孩子因此缺乏学习动力，厌学、逃学甚至辍学。

由此次调查可以看到，农村留守儿童的教育问题主要表现在四方面：一是农村留守儿童的学习动力减退。具体表现为留守儿童在父母离开后的一段时期内学习上变得消沉，课堂听讲不能集中注意力，作业完成情况不太好。

二是农村留守儿童家庭教育的缺失。留守儿童的监护方式主要以隔代监护和亲属监护为主。监护人通常只是在物质生活上给予留守儿童基本的照顾与满足，很少进行精神和道德上的管束与引导，对于孩子的品行习惯的养成及心理上的需求很少关注。这些孩子在生理上与心理上的需要得不到满足，很容易导致情绪消极和情绪过激。而家庭道德教育丧失或家庭道德教育不力更是严重影响着农村留守儿童身心健康成长和完美人格的塑造。

三是父母榜样作用缺失。心理学的研究表明，人类最普遍的学习方式是观察学习，即学习者通过观察、模仿和反思榜样的行为及其后果，从而明白何者可为，何者不可为。在儿童的早期成长过程中，父母是其最重要的模仿榜样。父母不仅用各种直接的形式向儿童传授价值观、人生观和世界观，其日常生活中的为人处世也给儿童以潜移默化的影响。对留守儿童而言，父母长期不在身边，失去了可直接学习和模仿的榜样，而与留守儿童存在严重“代沟”、观念陈旧和知识缺乏的祖辈代养者、不易亲近的上辈代养者及与自己同样幼稚的同辈代养者又很难发挥榜样作用。在榜样缺失的情况下，留守儿童在社会化过程中无法形成正确的道德判断和行为选择，从而缺乏必要的自律性和自觉性，对社会上各种各样的价值观念的辨别能力低，很容易受社会消极文化影响，染上不良习气。

四是学校管理与教育的失误。由于现行农村中小学寄宿条件缺乏和管理制度的缺陷，很难建成寄宿制学校，不能有效解决农村留守儿童的住校问题，学校对留守儿童的生活和学习问题监管无力，教育力度也不够。

第三节　城乡体制性教育不公平的深层次原因
——对现行政府教育体制的理性分析

一　管理主义政府模式的弊病

从世界范围来看，

教育行政是现代国家行政职能扩大化的产物，是19世纪以来，特别是20世纪的特色之一。在此之前，传统的国家行政主要是指警察行政、外交行政、财务税收行政、军事行政等。教育在很长时期内主要表现为教师、学生、家长或监护人等私人之间的事情，调整相互之间的关系靠的是私人自由交往所形成的“自律性”①。

① 劳凯声：《教育体制改革的公益性诉求》，《理论视野》2008年7月。

改革开放以来，随着教育体制改革的推进，旧的教育管理模式有了较大的转变。但政府在教育管理中的角色定位依然不明晰，中央与地方、政府与学校、政府与市场之间的关系也没有得到真正厘清，政府教育管理模式的弊病依然存在。

首先，各级政府管理权责划分不明。从20世纪80年代开始，我国教育管理实行“分级办学、地方为主”。2001年，我国建立了“以县为主”的农村义务教育管理体制。2006年开始实施农村义务教育经费保障新机制，以“分项目、按比例”的方式划分农村义务教育阶段中央与地方各自承担的教育财政责任。但是，这一体制的具体运行过程中出现了很多困难和矛盾。其一，中央教育行政机构及相关职能部门直接干预教育的状况依然存在，教育管理权、资源分配权仍集中于高层教育管理机构。中央掌握重大教育方针政策的决策权，一刀切的政策设计往往难以适应各地教育发展的实际状况。而地方自主管理由于权力有限，难以发挥积极性和主动性。可以说，中央和地方统筹教育管理没有形成分工明确、责任明晰的权限配置。其二，中央与地方事权与财权不对等，各级政府财政教育负担比例没有合理确定，教育管理的权、责、利没有实现一致。2006年，中央教育经费占政府教育经费总额的比例仅为10.9%，省级政府教育经费所占比例也只有13.8%。近几年，中央和省级政府负担的教育经费基本在此比例徘徊。同时，由于我国尚未建立完善的财政转移支付制度，县、乡政府的教育管理责任与财政负担能力不匹配的状况也非常严重。

其次，“政府本位”的管理模式并未得到根本改变。一直以来，我国传统教育管理模式都是力求最大限度地贯彻政府意志。政府实行自上而下的科层式管理，集中统一管理教育事务，推行整齐划一的办学模式，教育过程的每一个具体环节都打上了政府本位的烙印。而学校主要扮演着执行者的角色，处于被动从属的地位。虽然近年来，我国政府逐步推行简政放权，一些学校已开始尝试自主办学。但办学与管理的角色分化尚不明晰，责权等关系也没有切实规范，传统的政府直接监管方式仍占主导地位。教育行政部门仍然习惯于用直接的、微观的行政手段对学校进行过多的干预和管理。这无疑使学校难以根据市场需求真正实现自主办学。我们看到，在当代西方教育体制改革中，校本管理日益受到重视。校本管理关键在于“放权”，即扩大学校教育管理自主权，多方成员共同参与教育决策。应当承认，校本管理符合市场经济的发展要求，对于克服僵化的教育管理模式大有裨益。虽然由于国情不同，不可能完全照搬西方教育管理模式，但我们应积极借鉴校本管理的理念，努力探索符合我国国情的教育管理模式。

二　政府的保障和监管职能弱化

我国学者魏志春在深入研究我国教育管理职能与机制的转变后得出结论：政府教育管理职能的改革方向，应从无所不包的全面管理转向有选择的管理，从直接管理为主转向间接管理，从过程管理为主转向目标管理，从行政方法为主转向法律、行政并行，从短期管理为主转向中长期管理，从微观管理转向宏观管理，主要是统筹规划、信息引导、组织协调，以及提供服务和检查监督。[①] 应该说，这一结论较为准确地把握了我国政府教育职能转变的一般趋势。转变政府教育职

① 《政府教育管理职能要适应新变化》，《中国教育报》2009 年 4 月 28 日。

能的关键就是要把政府的主要职责放在保障与监管上。而当前，我国政府教育管理中存在的一些问题，导致保障和监管职能弱化，主要表现在以下几个方面。

第一，政府教育投入总量不足。教育作为一种准公共产品，应由政府和市场共同提供。市场在教育投入中固然有其积极作用，但个人在市场中容易盲目追求私人利益而漠视社会利益。因此，即便是极为推崇市场机制的国家也将教育行政部门视为市场失灵部门，教育领域应主要由代表公共利益的政府来投入。但从我国的教育投入来看，政府的投入力度非常有限。教育投入总量不足、教育经费严重短缺成为当前制约教育事业发展的瓶颈。根据世界银行 2001 年的统计，在澳大利亚、加拿大、法国、日本、英国和美国等高收入国家公共教育支出占 GDP 的均值为 4.8%，哥伦比亚、古巴、约旦、秘鲁等中低收入国家公共教育支出占 GDP 的均值为 5.6%。而根据教育部财务司、《中国统计年鉴（2009）》及国家统计局公布的数据计算，从 2000—2009 年这十年间，以 4%的比例为目标，我国国家财政性教育经费支出十年累计“欠账”已达 16843 亿元。2002—2003 年间，经费投入甚至还出现了 0.06%的倒退。截至 2009 年，国家财政性教育支出 12231.09 亿元，占国民生产总值的 3.59%。①

我国政府教育经费投入不足与教育体制变迁密切相关。随着经济体制的转轨，我国的教育体制发生了很大变化。非义务教育采取成本分摊方式，推行奖、助学金制度，鼓励高校自主筹集经费，加大社会办学力度。这样，教育经费由政府全额负担转变为政府与社会共同承

① 《我国教育经费占 GDP 的 4%目标 18 年未兑现》，科学网，2010 年 3 月 8 日。

担。在此过程中，政府的教育投入一直比较有限，民众成为现实生活中教育投入的主体。十余年来，我国普通高校的收费大约提高了25—50倍，城乡家庭用于子女教育的花费占总开支比例逐年攀升。培养一名大学生大约花费一个普通农民超过13年的纯收入，即便是对生活达到小康水平的城市居民来说也是一笔不小的开支。教育花费过大已严重影响城乡居民生活水平的提高，政府在教育投入方面应发挥更为积极的作用。

第二，教育收费政府监管的缺失。教育收费涉及千家万户，关系人民群众的切身利益。收费是否合理、监管是否有力对实现教育事业健康和谐发展意义重大。虽然现在国家已日益重视教育乱收费问题，但教育违规收费的现象并没有明显好转，政府对教育乱收费的监管仍然严重缺失。教育乱收费仍然浪潮汹涌，近乎发展为一种行业腐败。这种状况已严重影响正常的教育秩序，极大地损害了教育事业的声誉。2007年，国家发改委公布了价格违法案件的查处情况，教育乱收费以27637件的违法数量位居首位。

第三，政府教育行政问责不力。履行教育行政职责能否落到实处，关键要靠教育行政问责。教育行政问责，是指对教育行政部门及其工作人员履行职责的情况进行合理质询与责任追究。在我国教育行政的实践中，一直存在“重考核、轻问责”的弊端，教育行政部门的政绩考核难免流于形式。由于教育投入周期长、见效慢，难以显示政绩，一些地方政府对发展教育事业热情不高。一些地方虽然也推行教育问责制，但重形式、轻内容，仅仅关注教育增长的显性指标，对教育行政部门的失职渎职行为难以实现责任追究。目前，我国尚未制定专门的教育问责法规，对教育问责的主体、对象、范围、程序、监督等内容都没有明确规定。由于教育问责的法律依据不足，我国依然停留在“权力问责”阶段。

三　教育资源配置体制的分化

教育资源是稀缺的，而社会对教育资源的需求是巨大的，这就存在教育资源的配置问题。教育资源配置合理与否直接关系到教育能否实现均衡发展，关系到教育机会能否公平提供。目前，我国教育资源配置在地区之间、城乡之间和层次之间差异很大，资源配置不合理的现象非常突出。

在地区配置方面，我国各地区的教育事业一直呈非均衡发展态势，地区之间的教育水平差距很大。这固然有地域、历史、经济等因素的影响，但教育资源配置差异无疑是一个重要原因。在2006年国家财政性教育经费的地区分配中，东部地区所占比重为53%，约2763亿元；中部地区占24%，约1219亿元；西部地区占23%，只有1180亿元。

在城乡配置方面，我国突出表现为在教育经费投入和师资力量配备等方面实行城乡不同待遇。据《2006年全国教育经费执行情况统计公告》提供的数据显示：2006年全国普通初中、小学生均预算内教育事业经费支出分别为1896.56元和1633.51元，而农村初中、小学生均预算内教育事业经费支出却分别只有1717.22元和1505.51元，比全国平均水平少179.34元和128元。①

① 《2006年全国教育经费执行情况统计公告》，新华网，2007年12月29日。

在教育层次配置方面，由于教育的公益性程度在初等、中等、高等教育三个层次间是递减的，因此，国家财政性教育经费的分配比例也应相应减少。然而，我国的教育经费却有较大比重投向了高等教育，初等、中等层次教育经费相对不足。我国高等、中等、初等教育阶段每名学生政府投入的比例大约是10∶2∶1，高等教育的资源投入是中等教育的5倍，是初等教育的10倍。在美国，这个比例大约是1.2∶1.25∶1，政府对中等教育投入最多。韩国的比例约为1∶2∶2.5，教育投入主要集中于初等、中等教育。显然，我国的教育经费投入表现为“倒挂”状态，呈“倒金字塔”形状。这种教育经费错置、基础教育薄弱的状况无益于教育事业的健康发展，更不利于国民素质的整体提升。

第五章

中国城乡基础教育不公的衍生：城乡二元结构下的教育政策性弊端

城乡基础教育政策定位偏差的内在分析／城乡基础教育政策落实偏差带来的具体社会问题／城乡政策性教育不公平的深层次原因——对现行政府教育决策机制的理性分析

第一节　城乡基础教育政策定位偏差的内在分析

一　农村与城市的发展定位不清

教育政策定位是政府制定教育政策时的起点，是规划设计各种教育层次和教育类型的依据，决定着所有教育政策的价值取向、达成目标以及社会效应，也是国家教育战略核心要素。如果教育政策的定位出现失误，制定出来的教育政策就会产生一系列的问题。

在当前的教育政策制定中，由于受城乡二元结构和赶超型现代化发展路径的影响，在经济本位教育价值观和效率优先等观念的支配下，我国教育以城市为中心，优势教育资源不断向城市集中。再加上政策的制定者出自城市，城市在教育政策制定与教育资源分配上掌握了绝对话语权，无论是教材、教法，还是培养出来的教师，都是依照城市发展模式来定位的。但实际上，城市的发展模式定位不能完全适应农村的情况。

首先，农村四年级的儿童就开始协助料理农务，小学毕业有可能从事生产活动。但教育政策的制定中并未结合农村的实际，出现一些适合农村主题、农村文明与生产的内容。其次，农村教师队伍质量、教育条件和城市相差很大，但城乡却使用相同的义务教育课程标准，因此农村完成义务教育的任务非常艰巨。最后，现行的考试评价体系中，也完全忽略了农村学生所处的环境。这种考评制度将农村中最优秀人才选拔至城市，无形中将农村的基础教育改变成应试教育，这与培养高素质劳动者的教育目标大相径庭。

实际上，当今农村正面临着两个巨大转变：一是城市化，即随着经济的发展，大批农村人口向城市聚集；二是农业的现代化，即传统农业要被现代农业所取代，粗放型的农村发展模式要逐步转向现代化、大规模、机械化发展模式。因此，农村的教育政策应该根据这两个转变进行定位，农村的教育也要相应注重两方面发展。一方面要培养出适应现代城市要求的公民，另一方面要培养出适应现代农业要求的公民。而我们看到，现在的教育政策制定大多只能让农村的学生更了解城市发展现状，成为城市建设的向往者。当农村最优秀的人才都离开农村时，显然进一步拉开了城乡之间的发展动力与速度。

因此，教育政策的制定理应将城乡定位为双主体，而不是一边倒。在城市教育定位上，应当培养出一批符合现代社会所需的、具有较高文化素质的、对农村发展具有一定了解的城市公民；在农村教育的定位上，要以实现农村现代化为目标，建立一个符合党的社会主义新农村建设的教育体系，保障农村发展所需的各种人才资源，同时也为城市的发展准备素质优秀的后备军。

二　扶贫与赶超的政策定位冲突

当前，我国针对农村和贫困落后地区的教育政策定位是扶贫，针对城市和发达地区的教育政策定位是赶超。这两种教育政策定位都存在一定的缺陷。

一般来说，扶贫有“供血”和“造血”两种方法。“供血”的主要方法是给钱。对此，国家曾多次拨款用于贫困地区的教育发展，如“贫困地区义务教育工程”、“农村寄宿制初中建设工程”、“农村危房改造工程”以及“西部两基攻坚计划”等一系列工程。但是这些政策都有一个明显的缺陷，就是一次性专项拨款，而不是制度安排。一次性拨款只能解决眼前的问题，资金一旦用完就无法解决后续问题。例如，贫困地区的校舍在十年前用专款修葺之后，十年之后又可能成为危房。一次性拨款还在贫困地区形成了“等靠要”的思想，达不到原有的目的。

扶贫的另一个办法是“造血”，即为贫困地区输入技术、资金、人才，让贫困地区能进入良性循环。这一点具体实施起来也存在很大的难度。由于条件限制，教育政策很难长期维持一个高位的持续投入，而这种输入技术、人才也不是长久的方法。教育的特殊性决定了它无法像发展经济一样，由挖掘地方资源得到发展，一个本身已经相当落后的地区是很难从中挖掘教育资源的。因此“造血”的教育政策很难制定并维持。

教育政策的目的，是通过提高一个地区的教育水平来改变这个地区落后的经济与社会状况，改善当地群众的生活质量，并且能在某种程度上提高整体国民素质，保证当地的经济进入良性循环，保证他们的下一代有更为系统、全面、先进的认知能力，并在提升自身素质的基础上来整体改变贫困地区的落后面貌。因此，笔者认为，我国扶贫教育政策根本的问题在于，为提高贫困地区的教育水平所采取的手段违背了目的的初衷。作为扶贫的教育政策，绝不能哪边贫困投入哪边，应当建立一个全面系统的扶贫规划政策，对贫困地区广泛地进行深入调研，了解其存在的客观问题，制定一个更为适合该地区发展的教育政策与方案，使该地区的教育能形成一个良性循环。

城市等发达地区“赶超”的教育政策定位也存在一定的缺陷。所谓赶超，往往以国外教育为标准，甚至直接把国外的指标照搬过来当做赶超的目标，比如生均费用、生均住宿面积、生均教学设备、生均运动场地、课外活动形式，等等。因此，只要舍得投入，都可以“赶超”国外。而事实上，我国在社会环境和教育理念上和外国不完全相同，这种“赶超”根本毫无意义。

笔者认为，无论是扶贫还是赶超，最重要的是要培养先进的教育理念，用先进教育理论去培养出高素质的师资队伍。当前，整个教育政策的定位始终围绕着教育外在的条件去进行，没有进入到最深刻观念层面去定位教育政策。扶贫和赶超都只能作为手段，教育政策定位的根本应该是提高整体公民素质，培养有文化知识涵养，能够继续进行自我学习、自我积累经验，富有责任感和使命感的学生。

第二节 城乡基础教育政策落实偏差带来的具体社会问题

一 “择校”问题

我国于1986年颁布的《义务教育法》第9条明确规定：地方各级人民政府应当合理设置小学、初级中等学校，使儿童、少年就近入学。为了切实贯彻就近入学原则，2006年新修订的《义务教育法》

第12条第1款规定：适龄儿童、少年免试入学。地方各级人民政府应当保障儿童、少年在户籍所在地学校就近入学。为了贯彻这一政策，各地教育行政部门采取“学区制”，以特定的某一学校为中心，以一定地理范围为标准，学生不得跨“学区”选择学校，学校也不能选择学生，一切适龄儿童、少年均需就近入学。

事实上，这一政策并未得到真正落实。很多家长和学生为了在未来的就业竞争中占据优势地位，放弃了优惠政策，而主动选择教学设施和师资队伍相对良好的学校就读，“就近入学”政策没有得到很好的实施。虽然政府出台了种种限制和禁止“择校”的政策，但收效甚微。

有些学者认为，由于我国各地教育发展的不均衡，地区之间、城乡之间、校际之间存在着巨大的差异。我国实行按户口就近入学的政策，使得有的儿童可以接受优质教育，有的儿童接受相对质量差的教育，同样拥有教育权的儿童被迫接受有区别的教育。因此，“择校”本身是维护自身平等受教育权利的一种自觉行为，是一种城市化进程中必然出现的社会现象，也是目前流动人口子女就学的保障。这种看法有一定的道理，但不可否认，“择校”现象已经由教育问题上升到社会问题，为腐败滋生了土壤。笔者认为，它的危害主要表现在以下几个方面。

首先，破坏了教育资源的平等分布，不利于教育均衡发展，违背了我国的教育目标。在“择校”过程中，由于高工资、高待遇的吸引，大量素质较高的教师聚集到少数大城市的重点中小学。农村好的教师被城市挖走，城市普通中小学的好教师被重点中小学挖走，导致乡村中小学和城市普通中小学的师资力量越来越薄弱。其结果是重点学校人满为患，一般学校和薄弱学校则生源不足，甚至人去楼空。这样的“马太效应”形成后，教育中的城乡差距、校际差距就不断扩大，加剧了学校教育资源的两极分化，进一步造成了一系列的教育不均衡现象。

其次，扰乱了正常的教育招生秩序，增加了家长的经济负担。由于“择校”，在招生过程中出现了一些违反社会道德甚至是法律的现象，其中一个突出的表现便是重点中小学高收费、乱收费问题。社会上那句顺口溜“6月份考孩子，7月份考老子，8月份考票子”贴切地说明了这个现象。一些重点学校以勤工俭学、学校建设为名进行强制性收费，甚至对以“一校两制”为名的“校中校”、“校内班”的“择校生”进行高收费。因此，“择校”实际上已经成为有钱有权阶层的特权，一般工薪阶层实际上难以支付越来越高的择校费用。

再次，“择校费”的不合理收取和使用，缺乏相应的法律和政策监督，容易滋生教育腐败问题。由于“择校费”数额多少在法律和政策文本上没有明确规定，因此在具体操作时很容易出现不正规收费、乱收费现象。同样，在使用这些巨额“择校费”的过程中也存在着大量的不规范行为，教育腐败由此滋生。除此之外，一些政府和重点学校领导动用手中的公共权力将自己的子女或者亲属的子女送进重点中小学。这些所谓“关系生”、“条子生”也成为社会诟病的弊端之一。

最后，扩大了阶层差距，容易引发社会矛盾。在“择校”的过程中，由于存在着广泛的以权“择校”和以钱“择校”的现象，因此，少数重点中小学越来越成为家长们社会关系和金钱的“角斗场”。少数有钱有权的阶层具有优先享用的便利，而重点中小学也变成了面向少数社会优势阶层的教育。这种教育资源占有的不公平导致教育结果的差距加大，进一步拉大了社会阶层的差距，最终导致社会的不均衡发展，社会矛盾因此激发。

二　重点学校问题

我国的重点学校政策是“择校”的根源。重点学校政策有其一定的历史原因。在新中国成立初期，由于我国“人口多，底子薄”，教育发展面临着严重困难，而当时社会主义经济建设的快速发展要求我国教育能在短时期内培养出大量的各方面优秀人才。为了解决人才需求的问题，1953 年 5 月 17 日，中共中央讨论教育工作时，由毛泽东同志提出并通过“要办重点中学”的决议。直到 1982 年 1 月 21 日，教育部《关于当前中小学教育几个问题的通知》还特别指出，办重点中小学“适应社会主义现代化建设培养人才的需要”，重点中小学在我国社会教育建设事业中“起了积极作用，应当继续办好”[①]。

应当肯定，在新中国成立初期经济发展水平低下，教育资源相对不足的历史条件下实行重点学校政策，在很大程度上提高了教学质量，向高等学校输送了优秀生源，在短时间内为各行业培养出一批高素质人才，对国家建设起到了积极的作用。但随着时代的发展，重点学校政策的弊端日益显现，带来诸如片面追求升学率、学校间差距拉大等一系列问题。

在我国，即使是同一地区中校际差距也是非常明显的，据调查显示，目前在大部分城市中薄弱学校在 20％—30％之间，有的甚至达到

① 《中国教育年鉴》(1949—1981)，中国大百科全书出版社 1984 年版，第 167 页。

40%。[①] 重点学校在高额的政府经费投入下，拥有先进的办学设施、优良的师资队伍和优质的生源，所以在竞争中能够长期处于优势地位，条件差的学校根本无法与之竞争。这也相应带来一系列问题。

首先，加剧了校际竞争，滋生了教育腐败。重点学校的高升学率是人们向往的最大理由。而大量优秀学生的就读不仅可以提高学校的升学率，还可以扩大学校的社会影响力，进而吸引更多的优秀生源，形成良性循环。同时，重点学校凭借其众多的优势挖掘名师，而名师的加入又为重点学校升学率的提高立下了汗马功劳。因此，学校间的竞争，主要就是生源、升学率和师资的竞争。在竞争过程中，学校之间为了争夺生源和师资不惜采取各种手段，甚至相互拆台，导致了恶性竞争。同时，学校为了在竞争中取得胜利，必须获得地方政府在财政和政策上的支持，自然要与地方政府搞好关系，而这种关系的维系很容易陷入腐败的陷阱。

其次，影响了义务教育整体质量的提高。义务教育的本质在于接受教育的对象的普及性。因此，它应对所有适龄的儿童和少年一视同仁，不应区分重点与非重点。义务教育不是精英教育，不应具有选拔和淘汰的功能。但实际上，重点学校政策却是为培养出更多的高分生，这样义务教育就扭曲为单纯的升学预备教育。为了追求高升学率，重点学校只把注意力集中在那些少数升学有望的学生身上，给“尖子”学生“开小灶”，而对一部分学生不管不问，使他们沦落为“陪读生”，致使这些学生缺乏学习的动力和兴趣，身心也受到极大的伤害。因此，重点学校政策使义务教育转变为一种“精英教育”，违

① 《我国择校问题的背景分析》，《教育研究与实验》1983 年 3 月。

背了义务教育的普及性原则，影响了义务教育整体质量的提高。

再次，剥夺了广大贫困地区和贫困家庭的学生享受高质量教育的机会。重点学校较高的学杂费和教育附加费，增加了低收入家庭的经济负担，教育负担过重成为贫困家庭普遍存在的问题。北京理工大学教授杨东平在对十座城市四十余所高中的调查中发现，约有 1/5 的学生通过交“赞助费”和“择校费”进入高中，城市重点学校的“择校生”比例最高为 25.2%；此外，还有 6.5%的学生动用了社会关系。城市重点高中来自高阶层家庭的学生是低阶层的 1.6 倍，低阶层的学生在非重点中学的比例最高；中上层家庭的孩子约 62%进入重点中学，而低阶层家庭的孩子约 60%在非重点学校。[①] 教育作为社会调节器，它的功能就是使社会的每个成员有公平晋升的机会。但现在的重点学校政策实际上剥夺了贫困家庭学生接受高质量教育的机会，使社会底层群众往社会上层流动机制弱化。

最后，阻碍了学生的全面发展。重点中小学在招生过程中，由于报考学生人数较多，不能完全吸纳本片区的学生，就选择用考试选拔的方式限制入学人数。家长和学校为了使学生能够进入重点中小学，就用加重学生课业负担的方法来提高其学习成绩，强调学生对书本知识的把握。所以，重点学校政策下的义务教育实际上是一种“知识主导型”或“考试导向型”教育，而忽视了学生的人格培养、身心健康和能力发展。违背了义务教育的宗旨，同时，也严重影响了素质教育的开展和实施。另一方面，由于重点学校过多地强调对学生的筛选和选拔功能，容易造成学生知识结构单一，专业知识过硬而综合素质不

① 《教育不公追问政策调整》，《瞭望新闻周刊》2005 年。

足。而知识经济时代对人才的要求必定是复合型的创新型人才。这种新型人才首先是综合素质很高的通才，然后才是通才基础上的专才。因此，重点学校政策违背了时代对人才的要求标准，阻碍了学生的全面发展。

三　农民工子女教育问题

改革开放以来，尤其是随着社会主义市场经济的发展，农村富余劳动力迅速向城镇转移。进入20世纪90年代以后，流动人口在规模不断扩大的同时，呈现出“举家迁徙”的趋势。据2000年第五次人口普查资料显示，我国流动人口已超过1亿，其中0—14岁流动儿童达1410万人，占全部流动人口的13.28%，跨省流动儿童339万人；6—14岁儿童880万人。到了2003年，农村外出务工的劳动力已达1.14亿人，外出务工的劳动力占农村劳动力的23%，其中举家在外务工的劳动力2430万人，随父母进入城市的6—14岁义务教育阶段适龄儿童约有643万人。①

由于绝大多数流动人口的户口在农村，而在做工地的城市没有户口，因此他们的子女不能按照“就近入学”原则入学。为了保障自己子女的受教育权，一部分家长不得不缴纳一定数量的“借读费”、“赞助费”或“补偿金”，以“择校”方式保证自己的孩子入学。还有一部分交不起“择校费”的家长只好眼看着自己的孩子失学辍学。2000年进行的全国第五次人口普查数据表明，全国适龄流动儿童的在学率

① 《转型期中国重大教育政策案例课题组·缩小差距——中国教育政策的重大命题》，人民教育出版社2005年版。

为96.1%，其中，“未上过学”者所占比例为4.0%，上过学后又辍学的比例为0.8%，两者相加，全国适龄流动儿童中未按要求接受义务教育的比例为4.8%，高于全国儿童包括农村地区的儿童的相应比例（3.3%）。[①]

为了解决流动人口子女的教育问题，保障他们接受义务教育的权利，1996年国家教委制定了《城镇流动人口中适龄儿童少年就学办法（试行）》，要求流入地政府要为流动人口中适龄儿童、少年创造条件，提供接受义务教育的机会。并在京、津、沪、浙等6省市各选一区试行。1998年原国家教委、公安部联合制定颁发了《流动儿童少年就学暂行办法》，其中规定：“常住户籍所在地没有监护条件的，可在流入地接受义务教育”；“流动儿童和少年就学，以在流入地全日制公办中小学借读为主”。这在一定程度上打破了儿童、少年必须“以户籍所在地政府为主”接受义务教育的壁垒。但是仍然对农民工子女采取限制措施，强调“流动儿童和少年常住户籍所在地人民政府应严格控制义务教育阶段适龄儿童和少年外流”。

2001年，《国务院关于基础教育改革与发展的决定》强调，要重视解决流动儿童和少年接受义务教育问题，以流入地区政府管理为主，以全日制公办中小学为主，采取多种形式，依法保障流动儿童、少年接受义务教育的权利。

2002年，教育部召开题为“以‘三个代表’重要思想为指导，坚持‘两个为主’做好进城务工就业农民子女接受义务教育工作”的会议，进一步强调了流入地区政府的职责，要求安排一部分城市教育

① 《转型期中国重大教育政策案例课题组·缩小差距——中国教育政策的重大命题》，人民教育出版社2005年版。

费附加用于解决进城务工就业农民子女接受义务教育。

2003年，国务院办公厅转发教育部等部门出台的《关于进一步做好进城务工就业农民子女义务教育工作的意见》，除了重申“两个为主”、“城市教育费附加中要安排一部分经费，用于进城务工就业农民子女义务教育”外，还强调“地方各级政府特别是教育行政部门和全日制公办中小学要建立完善保障进城务工就业农民子女接受义务教育的工作制度和机制”；进城农民工子女“九年义务教育普及程度达到当地水平”、“教育行政部门要将进城务工就业农民子女义务教育工作纳入当地普及九年义务教育工作范畴和重要工作内容”；“在评优奖励、入队入团、课外活动等方面，城市公立学校要做到进城务工就业农民子女与城市学生一视同仁”；流入地政府要“做到收费与当地学生一视同仁”；流出地政府“禁止在办理转学手续时向学生收取费用”，“外出务工就业农民子女返原籍就学，当地教育行政部门要指导并督促学校及时办理入学等有关手续，禁止收取任何费用”。

2006年6月29日，修订通过的《中华人民共和国义务教育法》第二章第12条明确规定：“父母或者其他法定监护人在非户籍所在地工作或者居住的适龄儿童、少年，在其父母或者其他法定监护人工作或者居住地接受义务教育的，当地人民政府应当为其提供平等接受义务教育的条件。”①

由此可以看出，随着一系列政策的出台，农民工子女接受义务教育有了法律和政策依据。但在实际生活中，农民工子女入学机会均等的权利实际上并未真正实现，农民工子女基础教育情况也不容乐观。

① 《转型期中国重大教育政策案例课题组·缩小差距——中国教育政策的重大命题》，人民教育出版社2005年版。

这主要表现在以下几个方面。

首先，农民工子女义务教育经费政府投入难以落实。虽然有法律保障，但无论在公办学校就读的农民工子女还是在民工子弟学校就读的农民工子女，都没有享受到政府的经费投入。这说明农民工子女和当地学生享受教育经费的机会不均等，流入地政府为农民工子女义务教育埋单难落到实处。

其次，教育费用高昂，农民工无法负担。由于流动人口工作的流动性与住所的不稳定性等因素的影响，大多数学校不愿意接收转学和插班的学生，即使勉强进班也要缴纳一定的借读费。而这类费用出现在免费的义务教育阶段本身就意味着一种不公平，甚至一些政策法规还使得这种不公平合法化。如 1998 年原国家教委、公安部联合颁发的《流动儿童少年就学暂行办法》中的一些规定。实际上，农民工大部分都从事建筑业、摆卖水果蔬菜、针线缝纫、做工等技术含量比较低的体力劳动或知识成分较低的商业活动，收入普遍较低，根本难以负担子女所需的基本教育费用。

再次，农民工子弟学校质量普遍较差，教学质量难以保证。农民工子弟学校兴起，在一定程度上缓解了流入地政府解决农民工子女就学问题的压力，也为农民工子女提供接受教育机会。但和公立学校的教学设备师资相比，大部分的农民工子弟学校仍有较大差距。一些民办学校还处在“非法”办学的状态，学校主办者大多租借廉价的民房、闲置的厂房、破旧的仓库等作为教室，其中很多属于违章建筑，安全隐患严重。即使是新建的校舍，教学设施也非常匮乏，甚至只有黑板、粉笔和桌椅。多数学校没有运动场、厨房和厕所等辅助用房。即使有这些辅助设施，面积也不足。师资方面也不容乐观，教师队伍不稳定，经常处于流动状态，且教学经验不足，甚至有一些教师任教前从未担任过教学职务。所以有些学校只能保证开设语文、数学两门课程，而美术、音乐、体育等课程由于缺乏专职教师，只能由班主任老师兼任。

最后，农民工子女普遍存在家庭、学校和社会教育缺失。农民工子女的父母大多忙于工作，没有时间与精力过问孩子的学习，孩子的家庭教育基本处于空白状态。加上农民工本身文化水平也不高，无法指导孩子学习。学校和社会教育方面，农民工子弟学校大多在城乡接合部，人员复杂，管理较难，常年生活在这样的社会环境中，孩子们很容易受到社会不良风气的影响。而在城市公办学校里，来自贫困偏僻乡村的农民工子女在有文化心理优势的城市学生中间，也容易产生心理障碍、性格缺陷和扭曲的价值观。

第三节　城乡政策性教育不公平的深层次原因
——对现行政府教育决策机制的理性分析

一　政府教育决策中的公共职责缺失

教育的公益性质决定了政府在教育改革与发展中的重要职责。从政府的权力获取渠道来看，作为一种公共权力，它是公民将各自的一部分自然权力让渡给组织机构，由这个组织机构来保证全体社会的秩序，由这个组织机构保障社会不断地向前发展。与公共权力相伴生的是公共职责，权力与责任是统一的，任何具有权力的部门都应承担相应的责任。而且同权力相比，责任更为根本、更为本质。权力是履行职责的一个手段，而不能成为攫取资源和逃避责任的方式。教育是人类社会得以传承和发展的重要途径，政府作为一种全民的公权力，应当担负起这种职责。教育的公益性质体现在政府在教育决策与形成过程中，无论是制定法律法规、方针政策，还是教育管理结构、教育投入来源与方式，以及教育内容与方法等，都应该秉持公平、公正和平衡的原则。

然而，我们看到这种公共职责正在缺失。一些教育行政部门本末倒置，过分强调手中的权力，强调个人或部门权威，往往从部门利益出发，在决策中为本部门获取利益，而忽视教育的主体——学生和教师的权利。在教育决策制定和执行过程中，一旦遇到困难或问题则逃避或推诿。比如，在国家危旧学校改造过程中，对于学生校舍维修改造敷衍了事，而把自己部门的办公设施打造得豪华化；一旦遇到改善教师待遇问题和教师分流问题，就想办法推给学校解决；在教育投入上，推卸作为公共权力部门的责任，想方设法地让学校自筹经费，等等。

政府教育决策中的公共职责缺失，还集中表现在教育管理体制与投入体制上存在的不一致性。自改革开放以来，教育方面的改革也受到了经济改革的影响，一些经济上的竞争观念、产业化观念渗透到了教育领域当中，教育失去了其应有的公益性。政府越来越偏向于将教育作为一个可以集聚资源的产业。某些地方在教育改革推进的过程中不但未能担负起公共职责，反而大行敛财之道。我们看到，乱收费、乱摊派、乱办班等现象屡禁不止；一些政府部门利用手中的权力，强行摊派学校征订指定的教辅材料和报刊资料；教育部门仍然以升学率等标准来考核学校，迫使一些学校仍然以应试教育为主，素质教育流于形式。

二　教育政策的民主性亟待加强

温家宝总理在十届全国人大二次会议上所作的《政府工作报告》中，曾阐述过“坚持科学民主决策。要进一步完善公众参与、专家论证和政府决策相结合的决策机制，保证决策的科学性和正确性。加快建立和完善重大问题集体决策制度、专家咨询制度、社会公示和社会听证制度、决策责任制度。所有重大决策，都要在深入调查研究、广泛听取意见、进行充分论证的基础上，由集体讨论决定。这些要作为政府的一项基本工作制度，长期坚持下去”。因此我们看到，在现今的决策体制结构中，决策过程的参与者和主体并不能仅仅是政府，而应试图在公众、专家和政府之间形成一种决策权的分配结构和权力行使的制约机制。需强调“公众参与、专家论证、政府决策”的结合。可是，可以看到在现实社会中，决策过程尽管可以看到公众和专家的身影，但他们对决策的参与更多是点缀性的、符号化的，并不能形成对政府行使决策权的理性化制约。教育的公共属性，决定着其公共决策过程中要体现出公共的精神，体现公众参与的行动与效能。因此，在我国基础教育政策的决策需要加强民主化建设。

（一）公众参与教育政策决策有待加强

2000 年出台的《中华人民共和国立法法》中就行政立法作出了

一些原则性的规定，具体的行政立法程序则由国务院制定的《行政法规制定程序条例》以及《规章制定程序条例》作出了相应的规定。《行政法规制定程序条例》第19条第2款规定：重要的行政法规送审稿应报国务院同意，向社会公布，征求意见。《规章制定程序条例》第15条规定：起草的规章直接涉及公民、法人或者其他组织切身利益，有关机关、组织或者公民对其有重大意见分歧的，应当向社会公布，征求社会各界的意见；起草单位也可以举行听证会。

可以看出，这些条文显得过于原则，不够明确，给行政机关留下了很大的自由裁量的空间。如何"公布"，没有相应的程序规定；公民如何提交评论、行政机关如何受理、评论期是多长，也没有相应的规定。显然，"公布"、"征求意见"显得可操作性不强。从立法层面看，立法者并没有真正地把公民参与立法、参与公共政策的决策看成是公民的应有权利，没有从公民权利保障的角度去设计公民参与公共政策决策。我国学者王锡锌在其专著《公众参与和行政过程：一个理念与制度分析的框架》中就曾质疑，这两个程序条例在多大程序上准备容纳公民参与。[①] 可以肯定的是，公共政策的制订需要公民的参与才能更加科学化、合理化。因此，如何增加公众参与教育决策的途径，是值得探索的重要问题。

（二）专家参与教育政策决策有待加强

专家通常指拥有专业化、技术化的知识，掌握政策分析和咨询方法及工具的个体或者集团。一般来说，专家对事实性、技术性问题具

---

① 王锡锌：《公众参与和行政过程：一个理念与制度分析的框架》，中国民主法制出版社2007年版。

有精确的分析，在知识的认知和提供方法上，通常以可检验甚至是可计算的方法而进行，因此对公众基于利益诉求和情感而提供的知识（特别是事实判断）可以提供一种校正机制。而且，由于专家是以“中立”的咨询者身份出现，他们所提供的知识也通常被假定为是客观的，价值无涉的。因此，专家广泛深入地参与公共决策过程，是公共行政的“现代性”的一个典型特征。

在我国，如湖北、成都等地都出台了相关建立教育政策专家咨询库的文件。以笔者家乡湖北为例：拟建的专家库类别主要有两类构成：一是教育学专家。包括基础教育研究、职业教育研究、高等教育研究、教育经济和教育管理研究、教育政策研究等。二是法学专家。包括宪法与行政法、教育法、民法、经济法、行政诉讼法、民事诉讼法、知识产权法等。可是，具体下来，专家如何参与到教育政策的决策过程却很少有比较明确的规定。《成都市新都区教育局重大行政决策事项专家咨询论证制度（试行）》规定：“市教育局成立市教育决策咨询专家小组。其主要任务是：根据市政府与市教育局决策的需要，围绕我市教育改革与发展中的全局性、长期性、综合性问题进行战略研究、对策研讨等，提供决策方案和建议。”“地方性教育法规草案、重大教育政策调整、教育发展规划及其他急需事项等重大决策事项，在提交市教育局局长办公会议讨论或向上级机关报送之前，一般应当经专家咨询论证。”[①] 由此看出，专家论证在教育政策决策过程中，仅是教育行政部门在形成意见过程中的一种补充途径，没有独立的法律地位。

---

① 《成都市新都区教育局重大行政决策事项专家咨询论证制度（试行）》，成都市政府门户网站，2008 年 4 月 18 日。

（三）听证会制度有待完善

听证会制度的兴起已经成为我国公共决策体制改革领域的一个重要举措。立法听证会、价格调整听证会、城市规划听证、环境影响评估听证等，已被人们视为公共决策民主化、科学化的重要制度创新。

听证会制度来自英美，英国普通法上古老的“自然正义原则”和美国宪法上的“正当程序”都有类似条款。它主要为了体现程序正义和公平，通过程序上的制约防止政府权力任意行使。可事实上，在听证会制度具体实施过程中，往往出现这样的现象：最终方案既没有采纳参与者和一般公众的意见，也没有对他们的意见及理由做出回应，这往往导致参与者心理上的挫败感，使他们对自己所参与的听证深感失望和厌烦。而从决策机关而言，由于听证既不会对现行决策体制结构及其决策权产生实质性的影响，又可以为最终决策提供各种“资源”，而决策方案经过了各方代表的讨论、论证，万一后来的事实证明决策失败，听证会也可以为决策机关分担决策失败的责任。因此他们往往会认为这是一种“成功的制度和实践”。这种滑稽的现象充分说明了听证会制度没有损害决策机关独享和行使决策权这一根本的体制性结构，甚至在某种程度上还强化了这种权力。可见，在中国彻底推行能真正发挥听证会作用的制度，还需要长期探索。

三　国家教育法制有待健全

我国《宪法》第46条明确规定：“中华人民共和国公民有受教育的权利和义务。”因此，有关教育法律法规的制订都应该从保障公民的这一基本权利出发，并以此为核心构建成一个系统完备的法律体系。从幼儿教育到终身教育，从教育理念的形成到教育机构的设立，从教育战略的制定到教育纲要和规划的实施都应该有相应的法律法规来加以保障。但是，我们看到，国家关于教育的法律法规还很不完善，很多措辞模糊，这就为教育决策部门出现侵权和越权行为埋下了隐患。

首先，现行有效的教育法规从数量上看已初具规模，但从内部结构上看，分布不均衡，远没有形成上下有序、内容全面、结构合理、统一完备的教育法律体系。从立法技术角度来看，我国教育法律法规的用语空泛，原则性表述多，可操作性差。只给出了权力范围，没有明确地方政府职责，也没有明确规定相应决策的规范流程。这就使得一些部门在利益面前，发挥了“超乎寻常”的想象空间去推卸责任、获取资源。如《教育法》规定：国务院和地方各级人民政府根据分级管理、分工负责的原则，领导和管理教育工作。中等及中等以下教育在国务院领导下，由地方人民政府管理。这个条款事实上非常宽泛，到了地方实施起来自然会变形。

其次，有关教育的执法力度不强。人们对待教育法规本来就没有其他法规那么重视，一些政府部门执法意识薄弱，对依法治教的行为没有形成自觉的认识，再加上各个地方的经济、文化发展水平不同，往往对中央制定的教育政策法规采取不同的应对策略。某些教育法律法规在具体执行中涉及多个部门时，因法律条文规定不明确、不具体，造成执法主体之间互相推诿、互不负责的现象。一些水平与素质不高的教育执法人员，甚至在工作中用经验主义去代替国家的法律法规。如在校纪校规的处理上，人为的因素比较明显，有时以个人主观判断来对学生实施惩戒，这也加剧了教育的不公平。

再次，在教育司法方面，我国目前的教育司法制度还相当薄弱。这具体表现在，第一，在我国，虽然各级教育行政部门实际上具有一定的处理涉及教师、校长、教育行政人员的行政惩戒的职能，但并没有如有些国家那样以法律形式明确其拥有司法仲裁权。第二，我国没有独立的行政司法制度，对包括教育行政在内的行政违法行为不设独立的行政仲裁机构。例如，《教育法》第42条虽然规定了受教育者具有申诉权和依法提起诉讼的权利，却没有对学生申诉制度作进一步的具体规定，缺乏专门负责受理学生申诉的机会，人员、时效、申诉后的救济渠道等规定也缺乏。这容易造成很多受教育权利受侵害事件，最终不得不以受教育权利受到侵害致使财产受到损失为由，转化为民事索赔案。在我国，公民受教育权利侵害案件往往既不符合行政诉讼要求，又与民事诉讼存在着一定的距离，很容易被法院以“不在受案范围”为由驳回起诉，结果得不到应有的补偿和救济。

最后，法律监督意识也没有发挥应有的作用。教育法制建设除了在完善法律法规的基础上，提高教育部门执法意识，增强执法能力，还要广大群众能主动去了解教育法律法规，加强法律监督意识。事实上，由于宣传力度不够，大部分群众对教育法律法规知之甚少，根本起不到法律监督的作用。这就导致了国家制定的有关教育法律法规到了地方政府部门就走了样，有些成为走过场的摆设；有些法律法规甚至被地方政府改头换面，成为聚集教育资源、为部分人牟利的工具。

第六章

中国城乡基础教育不公的扩大：城乡二元结构下社会分层和教育公平的相互影响

城乡二元结构下的社会分层／社会分层对教育公平的影响／城乡二元结构下农村教育社会流动功能的弱化

第一节　城乡二元结构下的社会分层

一　社会分层的内涵及我国社会分层的现状

（一）社会分层的内涵

分层（stratification）一词来源于地质学，本意是指地质构造的不同层面，后来被应用到社会学领域，用来指社会的不同等级、层次。关于社会分层的内涵，目前学界一般从两个不同角度予以阐述：从客观过程界定的角度，认为社会分层是指社会成员在社会生活中因获取社会资源的能力和机会不同而呈现出高低有序的等级或层次的现象或过程；从主观方法界定的角度，认为社会分层是指根据一定的标准将社会成员划分为高低有序的等级或层次的方法。

社会分层或社会不平等是人类社会的一种普遍现象。从历史发展角度看，无论是传统社会还是现代社会，都存在社会分层现象，所不同的是其具体表现形式不同。社会分层是建立在法律、规则和结构基础上的，已经制度化的比较持久稳定的社会不平等体系。只有当社会不平等已经形成结构或制度化后，才会出现社会分层。制度化后，社会不平等在社会活动中不断地产生。处在不同阶层地位上的人们，在获得资源的多少、机会结构和流动渠道等方面存在着明显的差异。

在社会分层理论中，卡尔·马克思和以马克斯·韦伯为代表的西方社会学家提供了不同的理论模式和分析框架，分别对社会分层的本质、决定要素、形式等作出了理论解释，代表了两种在本质上不同的理论取向。

虽然卡尔·马克思在给魏德迈的信中说："无论是发现现代社会中有阶级存在或发现各阶级间的斗争，都不是我的功劳。在我很久以前，资产阶级的历史学家就已经叙述过阶级斗争的历史发展，资产阶级的经济学家也对各个阶级作过经济上的分析。"[①] 但一般还是认为，现代的严格意义上的社会分层研究是卡尔·马克思奠定的。马克思是从人们在生产资料占有关系中的地位出发考察社会阶级分化、阶级结构和阶级矛盾的。他强调经济因素是基础性的、决定性的因素，而不是唯一的因素。马克思分析过不同阶级的消费状况和消费水平的差距，不同阶级阶层的思想观念或者说阶级意识，并且提出了生活方式的概念。他认为，生产资料是最重要的社会资源，其重要性具体表现为两个方面：一方面，生产资料的是否占有及占有多少直接决定人们在生产关系体系中的地位，即决定人们在生产过程中的地位和角色的不同、决定人们分配方式和多少的不同；另一方面，生产资料的是否占有及占有多少直接决定人们的生存或生活方式的不同，即占有大量生产资料的人是凭借占有生产资料剥削别人来养活自己，占有少量生产资料的人是通过出卖自己的劳动来养活自己，毫无生产资料的人是通过出卖自己的劳动力来养活自己。人们社会地位的高低归根结底是由人们生产资料占有及占有多少决定的。恩格斯就曾在《家庭、私有制和国家的起源》中说到，"第一次社会大分工，在使劳动生产率提高，从而使财富增加并且使生产领域扩大的同时，在既定的总的历史条

① 《马克思恩格斯全集》第28卷，人民出版社1973年版，第509页。

件下，必然地带来了奴隶制。从第一次社会大分工中，也就产生了第一次社会大分裂，分裂为两个阶级：主人和奴隶、剥削者和被剥削者”①。

马克斯·韦伯认为最重要的社会资源有三种，分别是物质财富(含金钱)、社会声望和政治权力，它们构成了社会资源的核心部分。社会分层应采用经济、社会和政治三种标准，即根据人们有财富、声望和权力的多少来划分社会层次。其中经济标准即物质财富，指社会成员在市场上的机遇，是用经济收入来占有商品或劳务，以满足自己物质需要的能力；社会标准即社会声望，指社会成员在其所处的社会环境中所得到的声誉和尊敬；政治标准即权力，指依据个人或群体是否拥有权力以及权力的大小来确定的，社会成员为实现自身意志而获取支配他人意志的能力。韦伯认为经济、社会、政治三个标准之间有时是相互联系，甚至是相互重叠的，但是在理论上它们之间是严格分开的，任何一项标准都可以独立地作为划分社会分层结构的标准。

美国社会学家沃纳继承了韦伯的社会分层模式，他主张采用典型的多重标准，包括职业、收入、收入来源、文化程度、生活方式、宗教信仰、政治态度、价值观念等，用以分析社会阶层状况，衡量个人或群体在社会层次结构中所处的位置。美国社会学家伦德尔·柯林斯在此基础上又有了新的发展，他认为在影响个体行为的各种因素中，最主要的是职业因素。因此职业分层应该是最主要的分层模式。英国社会学家洛克伍德的三种地位分层论，美国社会学家帕森斯、戴维斯、穆尔的“职业分层论”，以帕森斯为代表的分层功能论，以达伦多夫等人为代表的分层冲突论等都是由韦伯的社会分层模式继承发展

① 恩格斯：《家庭、私有制和国家的起源》，人民出版社 1999 年版，第 167—168 页。

而来的。

（二）我国社会分层的现状

中国社会科学院课题组于2002年推出《当代中国社会阶层研究报告》，对我国社会进行分析，划分出十大阶层。分别是国家和社会管理阶层，经理人员阶层，私营企业主阶层，专业技术人员阶层，办事人员阶层，个体工商户阶层，商业服务业员工阶层，产业工人阶层，农业劳动阶层，城乡无业、失业、半失业者阶层。并根据其拥有组织、经济、文化的多少和有无，划分为“五大社会经济等级”，即社会上层、中上层、中中层、中下层、底层。如实地反映了中国的阶层现状。

现阶段我国阶层特点主要表现为，出现了富有阶层，同时出现了低收入阶层。同时中等收入人群正在逐步形成。中等收入人群由以专业知识技术的创造和使用为谋生手段的一些人构成，他们的收入在比较接近的水平上，消费也相近，对社会民主政治有积极参与的意愿。他们对中国的消费、民主政治、商业规则的确立及文化改造，都将有先锋的作用。

一般意义上来说，当社会形态呈现橄榄形结构，即较高和最高社会等级与较低和最低社会等级社会阶层规模较小，而社会绝大部分成员处于社会的中间等级位置，这种社会形态社会稳定度最高。因为占社会人口大多数的中等收入阶层最希望也最支持社会稳定，同时，中等收入阶层有一个刚性的稳定收入，从而可以保证社会消费水平和国内需求的稳定增长，提供了社会稳定的经济基础。不仅如此，这种社会形态还能提高社会活力和劳动效率，是通向共同富裕的有效途径。

中等收入阶层上有引力，下有压力，必然由于竞争而奋斗。这种竞争正是社会活力和劳动效率的源泉，保证了持续经济增长和社会发展。当物质丰富到一定程度，全社会的共同富裕就不再是梦想。

而我国目前总的阶层结构形态是金字塔形，不是橄榄形。改革开放 30 多年来，我国一部分人先富起来，大部分人生活水平有所提升。但总的来说，该扩大的阶层没有扩大，该缩小的阶层没有缩小，中间阶层规模过小，社会阶层之间流动不畅通，富裕群体和困难群体生活水平相差很大。

形成这种社会分层结构的主要原因是我国的城乡二元结构所导致的社会贫富差距拉大。我国近 30 年来工业化发展突飞猛进，城市化发展比较缓慢，出现了一个与主体社会运行脱节的、被滞留于农村的巨大农民群体。随着资本不断向城市流动，不能成为城市常住人口的农民，无法分享资本聚集区的各项优厚条件，只能处在金字塔的下层。另外，我国城市中间阶层处在新老交替的“青黄不接”阶段也是原因之一。改革开放前，国有企业职工是当时我国典型的中间阶层。而现在，中间阶层更多是由白领阶层组成。这些人的数量远远比不上以前的国企职工。因此造成了我国城市中间阶层的“青黄不接”。由于新的技术革命的作用，一些传统职业正在被淘汰，导致近年来我国失业下岗人数大量增加，他们也构成了城市底层社会的基础。

二　教育的社会分层和社会流动功能

在现代社会中，教育作为一种重要的社会资源，与社会分层以及社会流动之间有着密切的关系。学校教育作为现代社会的“筛选装置”，为各个阶层提供了向上公平竞争的阶梯，使人们都能接受自己被安排的位置，并依此来维护社会秩序的稳定，因此学校又被称为“减压阀”。一个社会开放程度的高低可以用通过教育实现社会分层的公平性和社会流动率高低来衡量。

首先，教育在某种程度上决定着个人的社会地位，因此它是一种地位获得机制。1967 年，美国社会学家布劳和邓肯对美国的职业结构与职业流动进行了系统的研究，研究表明，个人受教育程度对职业地位的影响最大，其路径系数为 0.394。国内学者李强等人的研究表明，对个人职业影响的最大因素是个人受教育年限，其路径相关系数达到 0.551。布迪厄著名的“资本转换”理论认为，人们可以通过教育换取更高的政治地位、经济财富和社会声望，教育能在一定程度上使个体跨越社会阶层间的障碍。新韦伯主义者柯林斯对当代社会教育制度进行的分析指出，教育的资格正被用来限制角逐社会和经济有利地位的候选人的一种稀缺资源。克里斯托弗·詹克斯等人通过对美国社会分层的研究得出结论，一个青年人的最终地位和工资收益的最明显可见的预兆就是他的受教育年限。另外，教育作为一种代际传承的主要机制，使得拥有较多社会、经济和文化资本的精英群体，通过使子代获得较好的教育而实现自身优势的传递。因此，优质的教育资源成为社会所有阶层成员所共同追求的公共资源。

其次，教育作为个人进步和向上流动的阶梯，是一种合理的社会流动机制。我们看到，决定社会分层结构或促成社会流动的原因除了暴力、政治斗争等因素外，教育就是重要的因素之一。虽然我国古代的科举制度到后来发展成单纯以八股文取士的极端地步，但在促进社会流动方面，它的贡献是不容否定的。同样，布劳和邓肯的研究也证明，社会流动是社会新陈代谢的过程，社会阶层现象包括先赋性和自致性两种内涵。个人的社会地位一方面取决于个人的能力和努力；另一方面受社会出身的影响，上一代中的不平等会在下一代中程度不同地再现，因此教育在某种程度上成为维护社会公平的有利工具。一般来说，教育之促进社会流动，并非教育自身独立所能完成，社会相应的价值导向、结构和制度也起着重要的作用。教育考试制度本身就具有一定的客观性，而组织层制的扩展和公民平等意识的增强，更是使得选拔人才的标准日趋客观化、合理化。受教育程度成为获取社会资源的一项重要指标，越来越多的社会中下阶层通过教育和考试制度完成了向上流动的过程。

最后，教育是一种相对公平竞争机制。通过接受教育获得一定程度的社会提升的机会，对于所有人来说，这种机会都是相等的，因此相对也是公平的。大规模的教育考试不仅是人才选拔的重要机制，也是社会成员普遍认可的公平的社会流动机制。在各种类型的教育考试中，人才选拔主要是依据考试成绩，而对其性别、民族、家庭背景等不加限制，这就客观上给那些弱势阶层成员一个相对公平的流动机会。特别是对农村居民而言，尽管工业化和市场化带来了较多的社会流动机会，但由于农民缺乏相应的受教育程度（知识技能）而只能从事体力型的劳动职业，面对职业结构的高级化趋势，体力型的劳动职业在工业化社会中的地位决定着其必然是处于较低社会地位。学校教育作为市场体制中的社会流动机制无疑为农民及其子女的向上社会流动提供了最有效的途径。受了教育就有向上流动的希望，凭借这一途径实现向上流动的人数越多，机会越多，就越会刺激社会弱势阶层的成员接受教育、参与到公平的社会竞争中去。通过教育手段实现社会的合理流动，会给社会带来生机和活力，形成一种积极向上、奋发进取的局面，从而有利于社会的稳定与和谐发展。

第二节　社会分层对教育公平的影响

一　总论

社会分层是对社会结构的静态描述，而社会流动则是打破社会分层封闭性的主要手段。社会分层的基本特征在相当程度上是由教育机会在人口中的分配形态决定的。邓仲和唐纳德·J. 特雷曼指出，在现代社会中，教育是社会流动的动力机制。在我们能获得数据而加以分析的所有工业化或正在工业化的国家中，对“谁走在最前面”这一问题的最好回答，就是“那些获得了教育的人”。因此，教育选拔机制成为导致社会分层的最关键和最重要的机制。

1967 年，布劳和邓肯开始研究影响个人职业的特殊事件，如父亲对儿子的影响。他们的分析显示，在人们的工作声望变化中，大约有 1/3 是可以用其教育总量来预测和解释的。而他们获得的教育又与其父亲的职业和教育有很大的相关性，所以最终结果是儿子职业地位 17%的变异可以由其父亲的职业地位得到解释，子女受教育时间长短 19%的变异可以由其父亲的职业地位得到解释。

而今天，情况更是如此。就史威尔（Sewell，1971）对以美国威斯康星（Wisconsin）高中生为对象所作的研究表明，社会地位

（SES）高的家庭子女在读完高中之后（Post－high school）的教育机会方面，其比率为社会地位低的子弟的2.5倍；而入大学的机会则为4∶1。英国罗宾斯报告（Robbins Report）指出，即使智力的因素加以控制，社会阶级的差异仍然存在，智商在130以上的学生中，手工工人的子弟40%接受高等教育，而非手工工人的子弟51%接受高等教育；智商在115—129的学生，两种子弟接受高等教育的比例分别为24%、38%。法国学者布尔迪约等分析了法国、波兰、匈牙利等国高等教育入学机会问题，发现各国高等教育机会在不同社会阶层中差异悬殊，高级职员儿子进入大学的机会是农业工人儿女的80倍，是工人儿女的40倍，是中级职员儿女的2倍。日本全国性的社会成层与社会流动调查显示，在分析父亲职业、父亲学历、本人学历、本人初职、本人现职五个变量之间的关系后发现，父亲的职业和学历对个人的教育成就与现职都具有巨大影响。事实上，理应平等的教育机会，却随出身阶层而异。

厦门大学谢作栩教授及其博士生王伟宜对陕、闽、浙、沪部分高校在校学生家庭所处社会阶层进行了调查。调查显示，“国家与社会管理者，经理人员，私营企业主和专业技术人员”这四个社会较高阶层家庭的辈出率为2.78—6.27，约为平均数1的3—6倍。“商业服务业员工，产业工人，农业劳动者和城乡无业、失业、半失业者”这四个社会较低阶层家庭的辈出率则明显低于平均数1。其中高低阶层的辈出率的最大差距为14倍，也就是说，私营企业主阶层子女接受高等教育的机会是城乡无业、失业、半失业者阶层子女的14倍。[①] 北京

① 谢作栩、王伟宜：《高等教育大众化视野下我国社会各阶层子女高等教育入学机会差异的研究》，《教育学报》2006年第2期。

大学“高等教育规模扩展与毕业生就业”课题组2003年高校毕业生就业状况的问卷调查也显示，全国2.1%的国家与社会管理者阶层子女拥有6.85%的高等教育机会，而55.5%的农民子女则只拥有36.15%的高等教育机会，即国家与社会管理者阶层子女接受高等教育的机会是农民子女的5倍。

中国社会科学院社会学研究所副研究员李春玲曾基于一项全国抽样调查数据，对新中国成立以来中国两个阶段的教育机会不平等的变化趋势进行了系统描述和分析。她认为，家庭背景因素对个人教育获得影响程度的高低变化，特别是家庭成分与教育获得之间的关系随年代变化而发生的转变，充分体现了政府政策及意识形态变化对教育机会分配机制的强烈影响。自1940年以来的60年里，中国社会教育机会分配形态的变化趋势经历了两个截然相反的发展阶段。1978年以前，教育机会分配从一种极度不平等的状态向着平等化的方向演变；而1978年之后，教育机会分配的不平等程度逐步增强，家庭背景及制度因素对教育获得的影响力不断上升。①

云南大学高等教育研究院的张建新教授通过抽查1951—2000年间5355份云南大学“学籍登记卡”家庭出身一项，对云南大学近50年不同社会阶层子女接受高等教育机会进行了研究。结果表明，1949年以前，只有少数出身优势家庭的子女才有机会接受高等教育，家庭背景对个人教育获得具有重大影响。② 新中国成立以后，推行“政治挂帅”的教育政策和平民化教育，教育机会从极度不平等的状态向着

① 李春玲：《断裂与碎片——当代中国社会阶层分化实证分析》，社会科学文献出版社2005年版。

② 张建新：《高等教育公平的历史轨迹——云南大学近五十年不同社会阶层子女接受高等教育机会探析》，《清华大学教育研究》2008年第6期。

平等化的方向演变，极大削弱了阶层的再生产之链，家庭文化和经济资本对子女受教育的机会影响降到最低限度。改革开放以来，教育体制恢复了以高考为标志的“绩效原则”，教育体制向着精英化和市场化方向发展，家庭的社会资本、文化资本和经济资本的影响力大大上升，使家庭背景因素及其他一些制度性因素对个人教育获得的影响逐渐增强。随着市场经济的扩张，教育不平等状况和家庭阶层背景作用呈现越来越高的趋势。分数实际上是一种程序公平，而不是实质平等。程序公平是必要的，但它并不能真正解决公正问题，尤其不能将公正削减为程序公正。显然，一个制度有可能以“公平的程序”推广“最不公平的事情”。

这一切都说明，虽然教育被视为平衡社会利益分配、促进不同社会阶层之间流动的重要工具，但只要有社会阶层的分化和社会经济地位的差别，教育机会和受教育的结果都难以做到完全平等。在基础教育阶段，家庭收入越高，能为子女提供的教育投入就会越多，子女接受的基础教育就会越好，获得优异的高考成绩的可能性就越大。父母受教育程度越高，对子女进行家庭教育、参与学校活动、激发子女求学动机等方面的能力越强，判别并获得有关学校、教师、教育活动、就业机会的信息能力，从而最终影响子女学业和就业的能力也会越强。父母的社会地位越高，拥有的权力越大，社会关系越多，动员和利用这些资源为其子女求学和就业服务的能力越强。

二　社会分层对学生占有文化、信息资源的影响

家长对子女的教育期望、教育方法、教育态度、所提供的教育设

备和文化环境与他们受教育程度和经济收入有着直接的密切关系，这些都影响到子女的学业成绩，影响到子女对高等教育机会的享有。而不同的社会阶层由于经济收入和所受教育程度的不同，其子女在教育过程中所获取的文化、信息资源必然是不同的。

根据厦门大学谢作栩教授及其博士生王伟宜的调查，父亲受教育程度为小学及以下的，其子女上大学的入学机会仅是平均数的 1/4。父亲受教育程度是初中的，辈出率也小于 1；而父亲受教育程度是高中和中专、大专及以上的，辈出率则高达 2.68 和 4.46。[①] 这表明，随着父亲受教育程度的提高，其子女享有的入学机会也在增加；父亲受教育程度越高，其子女享有的入学机会就越多。这种现象说明，通过教育，父亲将其拥有的优势文化资源传递给了下一代。

在中国，社会层次高、经济条件好的家庭可以为其子女提供更好的学习条件，如为其购买电脑、书籍和报纸等。根据中国人民大学社会学系刘精明副教授对 1949 年后中国家庭藏书与父亲阶层的关系的调查，父亲为专业技术人员、单位负责人和中层管理人员的家庭中，总藏书量基本相同，分别有 33.1％、32.9％、31.3％的家庭藏书在 100 本以上。而相反的是，只有 20％的普通职员家庭藏书在 100 本以上，有 100 本以上藏书的体力劳动者比例只有 5.3％，16.7％完全没有藏书。地图册方面，分别有 75.3％、71.5％的单位负责人、中层管理者家庭中有地图册，而技术人员和普通职员阶层中，只有 67.8％和 63.6％的家庭有地图册，体力劳动者家庭中只有 32.1％有地图册。儿童杂志方面，分别有 61.0％、56.9％的单位负责人、中层管理者家庭

① 谢作栩、王伟宜：《高等教育大众化视野下我国社会各阶层子女高等教育入学机会差异的研究》，《教育学报》2006 年第 2 期。

中有儿童杂志，而技术人员和普通职员阶层中，分别有 44%和 43.4%的家庭有儿童杂志，体力劳动者家庭中只有 16.1%有儿童杂志。[①] 这正如罗伯特·卡斯特尔说的，教育社会学领域中新近最重要的成就之一是它表明：如果我们不涉及作为学生来源的集团所具有的亚文化状态，我们就不能估计他们能否获得有教养的文化。

高等教育入学同样反映出，不同的社会阶层为其子女提供的信息资源是不同的。随着高等教育学费水平逐年提高，高等院校中来自低收入家庭学生的比例也随之下降，高等教育也逐渐倾向于高阶层家庭。湖南师范大学的贺晓珍对湖南 1000 名高校在校学生的家庭情况进行的抽样调查显示，根据不同收入水平家庭的专、本科生比重来看，家庭人均年收入大于 1 万元的家庭占的比重有依一、二、三级年上升的趋势。家庭人均收入大于 1 万元的学生比重要高于本科生，而收入低于 1000 元的学生比重要明显小于本科生，其中个体户、私营企业主、企事业和机关单位领导子女受大学教育机会明显地高于农、林、牧、渔业劳动者以及生产和交通运输工人。在调查的 989 名大学生中，有 291 人的父亲职业属于个体户或私营企业主，约占整个抽样人数的 29.42%；还有 254 人的父亲职业属于机关、企事业单位干部，约占抽样总人数的 25.69%。仅这两类职业的父亲就占了整个抽样人数的 55.11%之多，远高出其他职业入学机会的总和。[②]

社会上的歪风邪气更是助长了这种教育不公。财政部门向重点中学每年多拨款，以换取本系统子弟优先入学的机会；在各级教育中，

---

① 刘精明：《教育不平等与教育扩张、现代化之关系初探》，《浙江学刊》2000 年第 4 期。

② 贺晓珍：《试论家庭背景对获得高等教育机会的影响》，湖南师范大学，博士学位论文，2007 年。

本校教师子弟在入学时享有某种优惠；大学保送生皆为学校领导和教师子弟，这些都已成为社会的普遍现象。权力阶层使他们的子女可以轻松地进入任何一所他们想进入的学校，绝大部分家庭的孩子却要通过激烈的中考、高考才能获得入学机会，这就形成了因社会分层不同而导致的不公平现象。

三　社会分层对学生价值观、知识和能力的影响

一般意义上来说，中下层家庭的子女在学习上更具有吃苦耐劳的品质。但在相同的努力程度下，社会中上阶层的子女的个人综合素质却普遍比其他阶层子女要好，获得优异成绩的可能性也相对高一些。这不仅因为上阶层家庭能够提供良好的学习资源和条件，与此同样重要的是，这些阶层总体上父母的受教育程度比较高，具有较优越的文化资本。这种文化资本作为一种通过继承而得来的语言和文化能力，对学生的学习成绩具有潜在的影响。它不像经济条件那样容易受到外界干扰而波动较大，因而有更强的代际传递性。文化资源的这种代际传递现象正是通过教育系统，一代将其拥有的精英文化传递给了下一代。而这一精英文化遗产可以在子女身上转化为天资或个人学习成绩，以使其子女相对于那些没有多少文化资源的家庭子女而言可能拥有较多的入学机会。这种文化的传递更间接、更具隐蔽性，却进一步强化了社会阶层文化方面的非均衡状态。

按照社会学冲突理论的解释，教育系统不是检测个人能力的中立设施，而是一个有偏向的屏幕，基本上由教师和科学家等高文化阶层的人所控制。学校的文化类型与高文化阶层的文化（如语言、教养、

升学抱负等）具有更强的亲和力。而学生们正是带着他们各自的文化偏好——主要是在父母家庭中获得、进入这一系统的。法国社会学家布迪厄认为，文化资本不是教育成功的唯一原因，但似乎是最重要的原因。不同的个体在学业成绩上的差异起因于他们拥有不同的文化资本。美国社会学家麦尔文·L. 坎持相同观点，他认为，中等阶层的男人比下等阶层的男人更看重工作的重要性，看重工作中所具有的自由程度和才智发挥的机会，这种价值观可以从他们教育孩子的方法中反映出来。与之相对的是，劳动阶层的父母则倾向于强调孩子听话和服从，不注重培养他们的智力灵活性。我国学者朱伟珏也经过研究得出相近的观点，他认为：

> 教育行为中产生的学术性收益，依赖于家庭预先投资的文化资本这一事实。在既非天赋亦非个人因素的情况下，当前的成功与失败是如何在实际上取决于早期引导的。归根到底，这是家庭环境作用的结果。这样，来自家庭出身的文化习惯和才能，在最初指导的作用下，影响成倍增加。①

湖南师范大学的贺晓珍对湖南1000名高校在校学生的家庭情况进行的抽样调查也在某种程度上证明了这一点。在抽样调查的989人中，有约62%的学生父亲受教育程度达到高中（中专）和大学以上水平。整个统计中，占比例最大的是父亲为大学教育程度，占28.32%；989名大学生中，只有46人的父亲受教育程度为文盲，仅占4.64%。

① 朱伟珏：《一种揭示教育不平等的社会学分析框架》，《社会科学》2006年第5期。

母亲受教育程度为高中毕业者最多，占26.5%。可见，父亲的受教育程度对大学教育机会的影响是成正比的。母亲的受教育程度不及父亲受教育程度显著，但对孩子大学教育入学机会的影响也是明显的。[①]

另外，在知识的早期教育方面，中上社会阶层的子女由于在成长早期就能受到良好的认知及学习方面的教育训练，认知能力的发展一般会更早一些，也相对更系统和全面。这也有利于这些阶层的子女在学习和日后的竞争中获得成功。

四　社会分层对学生受教育年限、占有学校教育资源的影响

根据2001年中国社会科学院社会学研究所“中国社会结构变迁研究”课题组收集于全国的抽样调查显示，20世纪70年代，出身不同职业地位家庭子女的平均受教育年限的差距并无显著差异，他们与农民家庭子女受教育年限的差距在2.0—2.6年之间。因此可以说，20世纪70年代这一时期，不同职业地位家庭的子女受教育年限并无多大差异，真正的差异存在于城乡之间，亦即农民和非农民家庭子女之间。到了20世纪80—90年代，这种差距却有所拉大，管理人员及专业人员家庭子女的平均受教育年限比农民家庭子女高3.6年，办事人员家庭子女比农民家庭子女高2.9年；在家长的文化程度与子女受教育年限的相关性方面，在20世纪80年代以前变化趋势并不明显，但在20世纪80—90年代则明显上升。父亲文化水平在高中或高中以上的人平均受教育年限比父亲无学历的人多2.3年，父亲初中文化水

① 贺晓珍：《试论家庭背景对获得高等教育机会的影响》，湖南师范大学，博士学位论文，2007年。

平的人比父亲无学历的人多1年，父亲文化水平为初小和小学的人比父亲无学历的人多0.8年。由此可见，父母的社会阶层及其受教育程度对其子女受教育时间有一定的影响。①

造成这种现象的根本原因，在于我国学生的学费及其他开支的主要来源是家庭收入。我国居民总体收入不高，而且贫富差距很大，很多家庭因为经济困难不得不放弃子女接受高等教育的机会，就算能争取到的机会也是成本较低的低层次的高校。一些家长考虑到子女的成绩很难有所突破，考大学无望，即使考上大学，三至四年的大学费用对其家庭来说也很难承受，于是很多本该上高中的学生就中途退学了。

因此，我们看到，家庭的社会分层、父母的经济收入成为影响学生是否能够接受教育、继续学业的主要原因。低收入阶层家庭收入微薄，无力承担参与教育过程所需要的教育成本，在基本生活尚难保证的情况下，他们或者放弃参与教育过程的机会，从事力所能及的工作来照顾家庭；或者接受质量不是很高的教育。而出身于高阶层家庭的学生有持久的支付能力，因此得以顺利地完成教育过程以及接受更好的教育。

父母的社会阶层不仅对其子女受教育年限有一定的影响，对其子女占有学校教育资源也具有一定的影响。由于国家在公共政策制定上忽视地区差别和城乡差别，在公共资源的配置上优先考虑满足城市居民的利益。因此处于城市的社会高阶层家庭比处于农村的社会低阶层家庭拥有更好的教育资源。不仅显性的教育资源如此，隐性的教育资源也是如此。北京师范大学教育学院鲍传友教授经过研究发现，教师

① 李春玲：《断裂与碎片——当代中国社会阶层分化实证分析》，社会科学文献出版社2005年版，第149页。

对学业成就高、社会地位高、在班级中担任较高职务的学生表现出较高的互动频率，与其他类型的学生存有较显著的交往差异。教师与学生之间的这种选择性交往必然导致在有限的课堂教学时间内参与机会分配的不均衡性。[①] 这必然导致教师将包括知识、态度、情感、教学方法等的教育资源不公平地分配给学生。更有甚者，部分教师受到社会上不良风气的影响，注重实惠和实用，追求个人私利的获得，接受学生家长的请客、送礼等“交换物”来换取对某些学生的特殊优待。有些教师甚至根据学生家长的政治、经济地位，职业，社会背景等因素来决定对待学生的态度，将家庭条件优越、与自己有特殊社会关系的学生在座位编排上予以特殊照顾。

第三节　城乡二元结构下农村教育社会流动功能的弱化

一　城乡二元结构对农村学生通过教育实现社会流动的影响

农民在中国，不单是一种职业，更多意义上是一种阶层和社会地位的象征。

在我国城乡二元结构的作用下，农村与城市一直是按不同的标准、规则去发展，农民几乎成了愚昧贫穷的代名词，他们毋庸置疑成

① 鲍传友：《课堂教学不公平现象》，《教育理论与实践》2001年第10期。

为中国社会分层中的底层。在中国，做农民是几乎所有农民迫不得已的选择，“如果有其他出路决不会种田”是很多农民普遍的想法。

相对于城市学生而言，教育对于农村学生的意义更为重大。他们不仅要通过教育填补与上层阶层后代的先天因素差异带来的鸿沟，获得与其同样的起跑线，而且还要在学校教育中取得较好的学业成就，以获得“比较优势”来获取相应的职业，以此来改变父辈的底层社会地位。因此，在这个意义上来说，教育对于农村学生的向上社会流动具有“双倍效应”。由于处于具体情境中的农村学生群体的独特性和社会转型背景下农村教育的双重边缘化命运，他们通过教育实现地位改变主要是通过以下因素得以实现的：

（一）教育社会分层的过程

学校教育是实现社会分层的主要通道，但并不是决定社会分层和流动的唯一因素，教育社会分层功能的发挥过程是经由教育制度通过学校教育选拔，成功者和淘汰者分别根据不同的教育程度被安排到不同的社会职位上，从而决定其获得不同的社会地位。

首先，教育选拔是在现代学校制度下，依据共同的标准对接受学校教育的学生进行甄别和筛选。它通过直接和间接两种方式来实现，各级学校的入学考试是最为直接的教育选拔方式，而过程性和诊断性评价则可看做是间接选拔，因为它不仅是对学生知识和能力的监测与督促，而且对于所有学生来说，他们会根据自己的平时成绩判断自己在班级中所占据的位置，形成对自己的教育期待。其次，社会分层决定了学校教育必然具有分流的性质。接受不同类型和性质的教育也与不同的职业目标和社会、经济地位联系在一起。通过教育制度的设置实现教育的分流，决定了不同人群的未来教育机会。最后，一个完整的学校教育分层功能的实现机制最终的落脚点在于个人受教育后的社会职位获得。当受教育者从学校体系相对封闭的通道出来后，将根据个人学历水平和专业类型直接进入相应的职业，至此才能真正衡量一个人社会地位的高低。个人通过学校教育改变社会地位的价值从这里体现出来。

从教育社会分层的过程来看，尽管它会受到家庭背景、个人社会资本等方面的影响，但它的实现根本上是和个人努力程度、学习动机、个人能力发展等主观因素密切联系的，因此它成为形式上最为公正的选拔方式而受到普遍认同。

（二）农村学生教育实现社会流动的影响因素

一般来说，对教育结果的影响因素主要有三个，个人努力程度是决定性的内在因素。教育制度和家庭背景作为外在因素同样对教育产生着很大的影响。我们就从这三个因素来分析农村学生通过教育来实现社会流动的可能性。

首先，就个人努力程度来说。由于教育和考试选拔机制是相对公平的、适用于所有人的选拔机制。考试结果主要是依据考试成绩，而对其性别、民族、家庭背景等不加限制。通过考试就能获得一定程度的社会提升机会，因此教育考试就成为农村学生改变命运的最有利途径。尤其是随着其他途径的消失，读书上学成了农村学生寄予最大期望的道路，也是他们个人努力程度得以显著体现的最大途径。“一定要好好读书，考个好大学，走出大山”是农村家长和学生的共同愿望。在现实中我们也看到，农村学生在这种通过个人努力就能够改变现状的学校教育中，付出了巨大的努力。对于他们来说，不存在学业负担过重的问题。他们心甘情愿、如饥似渴地学习，改变命运成了他们不懈的动力。他们中的大部分人已经认识到了教育的重要价值在于帮助他们提高自己的综合素质，使他们掌握生存、生活所需的基本文化科学知识，增强自己在未来社会的竞争能力。在重点高中和大学里，我们往往也能看到，学得最刻苦的几乎都是农村学生。这其中的根本原因就在于他们的个体主观努力程度带来的学业成绩优异是个人所能控制的因素，它不仅可以弥补由于家庭背景、社会阶层等因素带来的劣势，而且还可以以优异成绩来获得较好的社会职位。

其次，就教育制度来说。在改革开放之前，农村学生由于国家教育政策制度获得了大量的教育机会。研究表明，1953 年，工农出身的人在大学生中的比例为 28%，1958 年为 55%，1965 年则上升到 71%。① 改革开放之后，由于基础教育中重点学校制度的实施，使农村学生在教育选拔的竞争中处于先天不利的地位，而经济因素也成了制约农村学生接受教育的一个大问题。由于高等教育招生和分配制度改革的影响，使部分德才兼备的农村学生感到迷茫和失望，并逐渐消退了对学习的兴趣，失去了学习的积极性。

再次，就家庭背景来说。家庭背景主要包括经济资源、社会资源、文化资源和政治资源等方面。不可否认的是，在经济资源和社会资源方面，农村学生的家庭背景肯定是处于弱势的，他们时时刻刻都面临着由于交不起学费而辍学的威胁。在文化资源上，父辈较低的文化程度决定了他们所接受的学校教育是以前从未接触过的。根据华东

① "The Impact of Cultural Revolution on Trends in Educational Attainment in the people's Republic of China", *American Journal of Soclology*, 1997 年，第 103 页。

师范大学曹晶博士关于农村高中生课外阅读状况的调查，有46%左右的学生“没怎么读过课外书”，在阅读课外书的学生中，有37%的学生“阅读的课外书是从书摊上租来的”，半数以上是“同学买的盗版书，同学之间互借”，他们的课外阅读与家庭没有关系。与此同时，几乎所有学生家长从未带领子女参加文化活动（如看电影、参观博物馆等）；仅有10%的学生家长对子女的学习指导为“告诉其学习方法”，绝大多数仅为“督促学习”。也就是说多数农村学生家长并未对孩子进行学习指导，也不可能请家庭教师对孩子进行学习辅导。①

总的来说，由于中国城乡二元结构的作用，农村学生在教育制度和家庭背景方面都是处于弱势的。农村学生要通过教育实现社会流动，更多的要靠个人努力，他们往往要付出比同龄城市学生更多的努力，从而通过学业成绩上的优胜，获得一定的社会职位，最终实现社会地位的提升。

二　城乡二元结构下农村教育社会流动功能弱化的表现

教育的社会流动功能为社会成员向上社会流动提供了渠道，而在这个通道中被选中的人和被淘汰的人将面临着截然不同的命运。国家的学校教育制度正是通过这种方式把不同家庭背景、不同能力素质和社会阶层的人安插到未来社会的不同位置上。因此，各级学校教育对学生的选拔和淘汰就成了关键性的问题。由于中国的城乡二元结构，城乡学生在教育起点和教育过程中享受着不公平的待遇，农村教育的

① 曹晶：《教育社会分层功能的弱化》，华东师范大学，博士学位论文，2007年。

社会流动功能实际上是在不断弱化的。在改革开放后，随着农村学校较高的小学入学率，以及近年来小学升初中考试的取消，这种弱化一般来说是从初中开始累积的，它主要表现在以下几个方面。

第一，农村初中生辍学问题严重。农村初中生辍学可分为显性辍学和隐性辍学两种，显性辍学主要是指学生主动从学校中退学，而隐性辍学则是一种学生个人并不知道的或被动的行为，如部分初中学生没有获得相应学籍，学校依此减少统计数据中的学生总数而获得较高的班级优秀率和学校中考升学率。根据2004年一些地区的调查结果显示，农村初中学生的平均辍学率接近40%，大大高出全国公布的数字。在辍学学生中，女生比例高于男生，其比例为19∶11；在初中三个年级中，初二学生辍学率较高，占辍学总数的53.74%；同时呈现了年龄越大，辍学率越高，学习成绩越差，辍学学生越多的规律。[①]

一般来说，20世纪80年代农村初中生辍学的主要原因是家庭劳动力短缺。那时农村家庭的每个成员都要靠家庭劳动来糊口，对当时以农业为生的封闭的农村来说，只有依靠增加劳动量来提高粮食产量。因此这一时期的农村辍学生多是作为家里的年轻劳动力下地干农活而离开学校的。到了20世纪90年代，家庭经济贫困和学校升学竞争压力就成了主要原因，随着20世纪90年代经济体制改革的深化，农产品价格不仅没有上涨反而下跌，政府的各种政策性索取也使农民不堪重负。计划生育超生罚款、农业税（公粮）、提留款等项目使得农民经济状况普遍较差，基本是在生存线上挣扎，根本无力支付子女高额的教育费用。因此大多情况都是学业特别优秀的孩子，家里才会

① 《着力解决农村初中生辍学问题》，《中国教育报》2005年8月16日。

想尽办法供其读书。对于成绩一般的孩子，家长就会选择让其辍学。再加上学校对于升学率的极力追求而导致的严格僵化的学校管理，学校教师对差生的忽视甚至是抛弃，更增加了农村学生的学习负担。最终导致辍学率的增加。

2003年农村实行的“两免一补”政策，使一些经济困难的初中生有机会继续留在学校读书。但是，初中生的辍学率并没有因此而降低，相反，辍学人数反而增加了。根据东北师范大学教育研究所2004年的调查，约有53%的辍学学生的流失原因是厌学，而非贫困。导致厌学的原因主要有两个：一是升学压力使得中小学普遍存在着教学要求过高，考试偏难的倾向，且内容多，进度快。不少教师教学方法陈旧单一，不断扩充教材边缘范围并增加练习，课程设置和教材内容也严重脱离农村实际，教育方式简单粗暴，歧视后进学生，学生的学习积极性调动不起来，更谈不上学习兴趣了，厌学情绪因此产生。二是新的“读书无用论”的影响。许多农民家长认为，供孩子上学不一定能考上大学；考不上大学，还不如早让孩子干活挣钱。不管务农还是外出打工，好好上学的孩子不一定比那些不上学、上学少的孩子有多大优势；即使考上大学，几年的大学学费又是一笔很重的负担，而且如今的大学生就业出现困难，所以供得起孩子上学的家长也不愿供。在务实的农民看来，还不如让孩子早挣钱早得利，然后盖房子、娶媳妇，成家立业，反而能把日子过得安稳踏实。随着农村社会外出打工的盛行，农村初中生的观念和态度也发生了变化。外出打工不仅为农民收入带来了比农业劳动更好的新增长，同时城市也成为农村青少年初中生向往和追求的地方。尝到了打工带来的甜头，农村学生家长也坚信打工这条路，希望孩子的未来要走的路也是如此。另外，农村生活逐步富裕，也使农村学生失去了求学上进心。既然父母为儿女提供了舒适的生活环境，农村孩子不需奋斗就可以住楼房、看彩电，他们也就不再愿意吃苦，因而失去了求学的上进心。

值得注意的是，笔者的农村中学生流失问题调研结果表明，近一半的辍学学生说，没有人对他们采取过任何补救措施，即使有“措施”也不过是班主任例行公事地进行一次家访而已。在应试教育、片面追求升学率现象仍然十分严重的今天，有些学校为了争取升学率甚至动员后进学生“回家”，成为辍学的助力，然后又不惜采取造假的办法来完成“普九任务”。

在 20 世纪 80—90 年代，由于还存在参军和招工两种向上流动的途径，农村学生即使初中未毕业也可以实现身份的改变和地位的提升，但是近些年来，由于缺少从事经商等其他经济活动的传统和意识，他们尽管多年在外，却仍然只是农民工，在城市里从事着机械的体力劳动，无法摆脱原有的农民身份。初中辍学越来越倾向于造就农村青少年与父辈一样的未来底层社会地位。也就是说，在向上社会流动途径越来越少的时期，农村青少年的辍学无疑阻碍了他们向上层社会的流动，辍学率升高的事实更是宣布了农村教育社会分层功能发挥的低效甚至无效。

第二，乡办小学初中在教学投资、教学质量上和城市的差别，使得农村学生向上流动的通道在高中阶段就变得非常狭窄，一部分农村学生在进入高中阶段的门槛前即被拒之门外。农村学生通常是在乡办小学初中就读的，其教学质量和城市相差很大，每年能够顺利升入县城高中的人数本来就不多。能够入学的学生的家长也是经过再三斟酌和权衡，认为子女三年后可能考上大学才肯投资这部分资金。再加上普通高中的重点学校制度，再一次带来城乡学生不同的教育机会，直接影响了他们未来将要获得的高等教育机会的大小，致使本来就紧张的高中教育资源能够对农村学生开放的通道变得更加狭窄。2006 年 1 月，国家教育科学“十五”规划课题“我国高等教育公平问题的研究”课题组发布了一项调查研究结果：研究表明，随着学历的增加，城乡之间的差距逐渐拉大——在城市，高中、中专、大专、本科、研究生学历人口的比例分别是农村的 3.5 倍、16.5 倍、55.5 倍、281.55 倍、323 倍。课题组同时还对国家重点高校进行了调查，清华大学、北京大学、北京师范大学等国家重点大学，20 世纪 90 年代以来招收的新学生中，农村学生的比例呈下降趋势：清华大学 2000 年农村学生的比例为 17.6%，比 1990 年减少 4.1 个百分点；北京大学 1999 年农村学生比例为 16.3%，比 1991 年减少 2.5 个百分点；而北京师范大学 2002 年的农村学生的比例为 22.3%，比 1990 年减少了 5.7 个百分点。①

第三，由于之前种种城乡教育不公平的累积，在高等教育入学阶段已经被筛选淘汰掉的学生绝大多数是农村学生，即使高等教育入学率升高，他们也难以享受到接受高等教育的机会。“过去我们上大学的时候，班里农村的孩子几乎占到 80%，甚至还要高，现在不同了，农村学生的比重下降了。”这是 1 月初，新华社刊发的温家宝总理署名文章中的一句话。据悉，目前城乡大学生的比例分别是 82.3%和 17.7%。而在 20 世纪 80 年代，高校中农村生源还占 30%以上。两相

① 《农村大学生下降一半背后的城乡不公》，新浪网，2009 年 1 月 24 日。

对比，农村大学生比例几乎下降了一半。①

第四，由于社会成员教育水平普遍提高，较高社会地位日益与较高学历及优势专业密切相连，社会普遍出现“学历贬值”现象，高等教育对于农村学生的意义已从20世纪80年代的社会地位价值降低到职业技能价值。高校扩招以来，随着大学生数量的增多，农村大学生的就业形势更加严峻。读大学对于他们来说，已经完全不具有地位取向意义，而是为了在外地做相对轻松的工作。农业户口和非农业户口的区分在他们看来也不再具有重要意义，最主要的是如何在大城市中更好地生存。在这种情况下，教育实现社会分层的作用越发弱化，一个大学毕业生和农民工的区别可能仅仅在于工作方式，甚至经济水平相差都不显著。

第五，农村学生和家长对学校教育分层功能期望降低，主动选择了放弃接受教育，教育实现社会分层的作用也就越发弱化。20世纪80年代，由于学校教育（尤其是累积到高等教育阶段）能为农村学生带来较高的社会地位，在农村社会享有较高声望和荣誉，使得农村学生和家长认为考上大学的人都是极其神圣和会有大出息的。进入20世纪90年代后，农村学生和家长的期望开始出现了两极分化：一极仍坚信学校教育能为他们的地位升迁和生活状况改变提供最可靠的帮助，在经济条件较差的条件下对教育给予最大的投资；另一极则认为学校教育会使其家庭越来越贫穷，因为他们不仅不能让子女外出务工获得经济收入，还要额外地付出学费、生活费等费用，毕业出来后也不能赚大钱。而今天，农村学生和家长一方面对上大学充满渴望，希

① 《农村大学生下降一半背后的城乡不公》，新浪网，2009年1月24日。

望大学真正能够改变全家人的命运；另一方面，随着耳濡目染增多，他们逐渐明白当前读大学要付出的高额代价和怀疑由读大学带来的收益，继而是对教育能够改变身份想法的破灭。[①] 在这种两难境地下，农村家长大多会选择让成绩非常优异、有能力上大学的学生继续学业，而其他农村孩子则很早就选择辍学打工。

三　城乡二元结构下农村教育社会流动功能弱化的危害

教育作为社会成员实现社会流动的主要动力机制，是农民改变底层地位，通向较高社会阶层的阶梯，这也是农村学生寄予教育最大的期望。但是随着农村教育社会流动功能的弱化，这个期望越来越变得像海市蜃楼。农村家长和学生渐渐对教育机制产生了信任危机，由这种信任危机带来的危害，无论是对学生本身还是社会，都是巨大的。

首先，造成学校教育功能在农村全面受损，最终导致整个社会教育水平文化素质下降。与城市学生相比，学校教育的社会分层功能对于农村学生的意义更为重要。这是由于：一是农村学生教育成本投入较大。从绝对数量来看，农村学生教育费用并不高，但从相对数量来看，这种教育成本在农民家庭总收入中所占的比例却相当高。而且这种投入还包括因接受教育而付出的机会成本。二是农村学生缺少社会资本，学校教育是对他们来说最为公正的依靠后天努力可以实现社会流动的途径。在这种情况下，教育的社会流动功能就成为吸引农村学生投入教育的最主要诱因。如果学校教育无法满足他们地位升迁和生

① 曹晶：《教育社会分层功能的弱化》，华东师范大学，博士学位论文，2007年，第63页。

活状况改善的需求，甚至有曾经的教育投资使他们原本的生活境况更加恶化的风险，他们将选择从学校教育中全面退出。由此带来了其他教育功能（如育人功能、个体社会化功能）在农村的丧失，造成学校教育功能在农村的全面受损。

其次，使得大量农村青少年过早地离开学校，进入劳动力市场。他们较低的文化素质与技术迅猛发展的社会劳动需求不相符合，不仅在一定程度上阻碍了社会发展，而且其自身素质的低下将决定他们未来会被排除出劳动力市场。一方面，随着城市化进程的加快，农村人口的素质将决定实现农村剩余劳动人口转移的可能性，而农村人口普遍的低素质将对城市化发展造成明显的人才制约。另一方面，随着大城市的工业化发展对低文化水平人员的吸纳能力的降低，他们未来必然要返回农村，但农村一方面并不需要如此大量的劳动力，同时他们也不会从事农业劳动，将会陷入无奈的尴尬境地。随着农村城市化速度的加快，他们又会因为素质低下而无法成为城镇的主人。因此，他们所面临的将是社会地位的更加边缘化和固定化。

最后，助长了“读书无用论”的宣扬，这种舆论进一步削弱了农村家长对于教育的重视程度，使得农村学生缺乏学习动力和积极进取的热情。从而形成恶性循环，使农民自身社会地位更加固定化。从农村教育来说，这种本来被寄托于农村学生地位升迁希望的学校教育，现在反而阻碍了农村学生社会地位的升迁，成了一种负向的潜功能；对于社会来说，学校教育导致了农村社会产生了读书无用论，是非预期的后果。

四　总结：城乡二元结构下社会分层和教育公平的相互影响

通过前面的分析，笔者认为，在我国城乡二元结构下，社会分层因素和教育公平之间的相互影响，其实是一个恶性循环的过程。只要目前的城乡二元社会结构得不到根本的改革，就终将制约城乡教育的均衡发展，导致教育的不公平。而教育不公平将进一步影响并深化二元经济结构的特征，加大社会成员之间的贫富差距，阻碍社会各阶层的良性流动。而固化的金字塔社会分层最终会导致社会公平成为空谈。因此，单纯通过教育政策的改革并不能实现教育公平，只有弱化城乡二元结构，才能从根本上带来教育公平推进。

第七章

和谐社会视阈下的城乡基础教育公平实现之路初探

国外教育公平经验的借鉴／弱化城乡二元结构是实现城乡教育公平的根本途径／政府教育职能的转变／教育制度的改革／教育政策的改进

第一节　国外教育公平经验的借鉴

一　国外教育公平经验介绍

（一）日本实现教育公平的经验

日本在促进教育公平方面的一些做法，值得我们借鉴。

首先，政府提供了充足的教育经费。日本的义务教育经费主要由国家财政负担，其中国立学校编内教职工的人头费（包括工资和相关福利保障费用）以及学生人头补助费和特殊补助费全部由国家财政负担，学校计划内新增基本设施费用的 1/2 和危房改造费用的 1/3 由国家财政直接负担，其余部分则由学校的设置机构——都道府县及市町村级财政分担。而地方财政所分担的这部分教育经费主要还是来自国家财政的转移支付，所以地方财政所分担的教育经费实际上还是由国家财政间接负担的。

其次，均衡教育资源。教育资源是否均衡，是实现教育公平的前提。日本在均衡教育资源方面采取的措施主要有：保证所有中小学校无差别发展。即保证各个学校的硬件和师资的整体水平几乎是在同一起跑线上；采取教师流动制度，保证各个学校之间教学水平的均衡；实行校长轮换制度，既能积累治校经验，又能避免固定思维模式及“裙带”关系所带来的弊端。

（二）韩国实现教育公平的经验

韩国是推进教育公平的典范，其主要做法一是义务教育必须由政府投入，以保障教育机会的均等，即国家财政主要用来保证义务教育的普及，而义务教育以后的教育投入则以私人为主。二是政府优先投入经济落后地区，即免费义务教育首先从农村开始，优先扶助弱势群体，然后再从农村逐步向城市扩展。三是政府实施“教育平准化”政策，大力改善基础设施较差学校的办学条件，实行教师每工作四年流动一次，使各个学校的师资水平达到均衡，以保证中小学教育质量在达到标准、均衡的基础上实现统一和公平。四是中小学校长一般四至五年轮换一次，校长在学校任职期间，始终按照他的办学主张开展教育教学工作。五是适龄儿童在各学区内由计算机随机确定就读学校。

（三）美国实现教育公平的经验

美国是世界上教育普及程度最高的国家之一，在教育公平方面有许多好的经验值得我们借鉴。

第一，美国政府运用了许多政策工具促进基础教育的公平，这些政策工具包括宣传、资助、命令和直接提供服务。宣传主要有信息发布、技术帮助和示范三种形式。通过宣传，一方面要让政策对象知道一些信息，另一方面也要从规划、预算、人员服务和管理上帮助学校增强能力建设。同时还要通过实践中的操作或过程演示，以提高接受和应用的可能性。资助是政府向个人或机构提供经济援助，主要包括四种策略：向个体消费者提供现金或证券、向机构的专项拨款、对特殊群体的纳税人进行税收减免和贷款。命令是政府依靠其统治权威发布的规范个人或机构行动的规则，主要包括法令、行政管理规则、政策条例、学校规则等。直接提供服务是政府为了保证平等的教育机会所直接提供的教育服务，主要有两个特点：一是政府要为这种服务提供充足的经费；二是要给政府官员充分的权力和责任把这些服务传达给公众。根据美国教育政策中心的分析，政府运用多种政策工具干预基础教育取得了积极的效果。

第二，美国政府在1981年以立法的形式实施的“开端计划”，为处境不利的儿童提供补偿教育，促使他们在原来的基础上得到良好的发展，较好地促进了社会的教育公平。开端计划的目标是，培养儿童高水平的社会能力，对处境不利的儿童进行必要的教育补偿，缩小他们与其他儿童之间教育机会的差距，使他们能够克服障碍，承担生活中的责任。在实施开端计划的过程中，不向家长收取任何费用，由政府持续投入大量资金，积极与家庭和社区合作，提供适合儿童年龄和发展水平的综合性服务，使天资各异和来自不同家庭的儿童的潜能得到充分发挥，从而保证了儿童未来发展的公平。因此，开端计划既赢得了贫困家庭的好评，又促进了社会的教育公平。

第三，大力普及农村教育，实现城乡教育机会均等。第二次世界大战后，美国也面临着严重的城乡教育非均衡发展问题。农村学校规模小、交通和基础设施落后、经费利用效率低、办学成本高、农村教师待遇差。为了推进城乡教育的和谐发展，美国主要采取了以下一些措施：一是在农村开展了学区重组和小学校合并，改善办学条件，提高标准化和专业水准。二是在农村学校采取为家长发放边远地区教育补贴、学生寄宿补贴和家长陪读补贴等补偿性政策。三是保障教师的工作和生活环境，以吸引优秀教师到农村教学。四是通过现代信息技术，使学生可以在乡村学校获得外界的各种教育信息和学习资源，以增强学生的竞争力。五是让专业机构参与农村小学校的发展与改革，加强农村小学校的教师培训，提高农村小学校教师的专业水平。这些措施有效地推动了美国农村教育的普及，促进了城乡教育的机会均等。

（四）“教育券”制度

1. 教育券制度的含义

1955年，美国经济学家弗里德曼教授在他的《政府在教育中的作用》一文中，首次提出了“教育券”制度。按照这个制度，政府在资助教育时，把原本应投入到教育中的资金经过折算发给每一位学生，学生凭券可以进行自由选择，到政府认可的任何一所学校（无论是公立学校还是私立学校）就读。学校在收到“教育券”后，可以凭教育券从政府那里兑换与券值等额的教育经费。“教育券”制度改变了传统的“政府—学校—学生”式资源配置，实行了新的“政府—学生—学校”式资源配置，提高了政府对教育管理的效率，促进了学校教学质量的提高。

2. “教育券”制度在美国的实施

弗里德曼的“教育券”制度虽然逻辑清晰，但实施的过程却比较艰难。直到1990年，威斯康星州米尔沃基市（Milwaukee）开始正式实施“教育券”制度。该州规定政府将资助一定数量的贫困家庭的儿童自由选择愿意就读的学校（不包括教会学校），1990年有1000名低收入家庭的儿童进入了非宗教的私立学校，1992年又有500名学生进入六所私立学校。在1992年评估的基础上，威斯康星州议会决定继续支持学校选择计划。1995年，俄亥俄州的立法机构通过了克利夫兰市（Cleveland）“教育券”项目，从1996年起，该市正式推行“教育券”。1998—1999学年，有3600名学生实际使用着“教育券”，约占克利夫兰公立学校注册学生总数的7%，其中主要是原公立学校里的非洲裔学生。1999年春，佛罗里达州成为全美第一个实施“教育券”计划的州，未达到州学业标准的学生可领取价值4000美元的“教育券”，转到任何一所公立或私立学校就读。2004年，美国参议院批准了华盛顿州1400万美元的“教育券”计划。来自哥伦比亚特区低收入家庭的孩子都可以得到面值7500美元的“教育券”资助，他们用这笔钱可以去任何宗教的或世俗的私立学校上学。目前美国已有两个城市和一个州正式明确实施了公款资助的“教育券”计划，还有十个州只有私人和私立机构资助的“教育券”。

3. “教育券”制度在其他国家的实施

除了美国之外，还有许多国家实施了“教育券”制度，并且取得了一定的成效。智利于1980年开始在公立学校和私立资助学校实施“教育券”计划，教育部按照全国每名学生的平均开支发放“教育券”的数额；参加计划的学校必须遵守课程规范和教育部制定的有关制度，不能向学生收取任何费用；所有中小学生都可以任意选择参加“教育券”计划的学校就读；政府支付一定的费用，鼓励公立学校的教师到私立学校任教；公立学校仍然由公共财政拨款，但获款方式主要取决于学生的注册数，私立资助学校每名学生获得的资助数（“教育券”）与公立学校相同。这一计划的实施，为低收入家庭子女提供了更多的教育机会，改善了低收入家庭子女的教育公平。通过私立机构参与教育经营，促进了教育竞争，提高了教育质量。

哥伦比亚于1992年开始在非营利性合法注册的私立学校启动

“教育券”计划，政府将补贴的学费以“教育券”的形式发给毕业于公立小学、年龄小于16岁、家庭经济困难的学生，用来支付所选私立学校的学费；“教育券”的面值根据中等至低收入家庭的学生在私立学校的平均学费来确定，并且不能转让。到1995年，在全国的32个省中就有27个省参与了这个计划。“教育券”计划的实施，扩大了贫困家庭子女接受中学教育的选择机会，提升了小学升初中的比率，促进了中学之间的相互竞争，提高了学校的办学效率。

英国、瑞典、日本和意大利的“教育券”主要是针对幼儿教育，在公立优质幼儿教育机构不足的情况下，他们通过发放“教育券”，使低收入家庭能够选择私立学校以获取高质量的幼儿教育。

4.“教育券”制度的公平内涵

教育公平一般包括教育起点的公平、教育过程的公平和教育结果的公平，从世界各国“教育券”制度的实施情况看，“教育券”制度充分体现了教育公平的内涵。

第一，“教育券”制度实现了教育起点的公平。实行“教育券”制度，每个学区、每个学生都发放相同的“教育券”，这相当于把政府提供的教育资源平均地分给了学生，从而避免了有的学生上好学校，有的学生上差的学校，有的学生甚至无书可读的情况。对于那些低收入家庭、少数民族、有特殊能力但没有经济实力的人，“教育券”制度为他们提供了教育选择的机会。对于那些富裕的家庭，除了用政府给的“教育券”做学费，还可以自己额外出钱，得到更好的教育。这样，富人就不是以牺牲穷人的利益为代价而得到更好的教育。因此，“教育券”制度通过成本补偿的方式实现了受教育机会的起点公平。

第二，“教育券”制度促进了教育过程的公平。实行“教育券”

制度，优化了教育资源的配置。无论什么学校，经费一律按学生数平均分配，同时按其努力程度和效率大小追加投入。这样既保证了公平性，又能调动学校、教师和学生的积极性。为了争取生源，各个学校都要想尽一切办法办出特色，提高教学质量。不仅公办学校之间要开展教育质量竞争，而且公办学校和民办学校之间也开展了竞争，这种竞争导致学校与学生之间的关系成为靠市场调节的服务者与消费者的关系。学校作为服务者要想生存与发展，就必须为消费者提供高质量的服务。学校之间开展教育质量竞争的结果，必然会出现各具特色的学校，这为人们的选择提供了更大的空间。因此，“教育券”制度的实行在一定程度上增加了教育的选择权，改善了教育质量均等状况，为所有学生创造了教育过程平等的条件。

第三，“教育券”制度导致了教育结果的公平。教育资源可以使教育活动得以正常进行，协助教育目标的达成，提高学生的学习效果。拥有较多资源的学校能为学生提供更好的服务。资源较少的学校，学生的学习机会明显减少。因此，从教育生产力的观点来看，教育资源投入的多少直接影响着教育结果。实行“教育券”制度，优化了教育资源的配置，为所有学生创造了教育过程平等的条件，从而导致了教育结果的公平。曼哈顿政策研究所的一项研究就表明，使用“教育券”的学生在第三年或第四年开始表现出较高的学业成就。

二　国外教育公平经验对我国的启示

（一）中小学校无差别发展带来的启示

我国近年来经济“择校”问题日益严重，重点中学、中心小学等在我国的各个地区普遍存在，由于马太效应，大量生源向这些学校聚集，有的学生为了进入这些学校就读而缴纳大笔的“择校费”，这对于有着同样教育需求，但是家庭经济状况并不富裕的学生而言并不公平。广泛存在的“择校”问题，既给学生家庭带来较重的经济负担，又给社会带来部分不稳定的因素；同时造成重点中小学生源充足，且不停地扩大招生规模，普通中小学却生源缺乏，濒临倒闭。

日本在均衡教育资源方面采取的措施，即保证所有中小学校无差别发展可以给我国带来启示。我国政府应尽力保证各个学校的教学环境、设备等硬件和师资队伍的整体水平处于一个基本相同的水平线上，从而使重点中学、中心小学等学校差别消失，这样可以推动解决“择校”问题以及“择校”所引起的各种社会矛盾。同时可以在各个中小学采取教师流动制度，如韩国所采取的实行教师每工作四年流动一次，从而保证各个学校教学水平的均衡。实行校长轮换制度，这样既能给校长带来积累治校经验的机会，又能较大程度地避免“裙带关系”带来的弊端，促进教育公平的实现。

（二）专项补助制度带来的启示

目前我国对于教育的补偿措施较少，主要有国家义务教育工程、政府助学金、“两免一补”等，但是由于各项政策覆盖的范围有限，部分政策不能得到落实，弱势群体的教育状况仍不容乐观。

处于亚洲的日本和韩国在教育补助制度方面采取的措施给我国推动教育公平带来一定的启示：一是加大推动义务教育工程的力度，义务教育必须由政府投入，以保障社会所有处于义务教育阶段的学生享有均等的受教育机会，而义务教育之后的教育则以学生家庭投入为主。二是政府政策的倾斜方面，政府应优先对经济落后地区的学生进行补助，如学习用品免费供应，交通费、医疗费以及生活费的减免、补助等。三是加大对贫困学生无息贷款的力度，并对其进行监管，使得这些无息贷款能够提供给那些迫切需要的学生。

（三）“教育券”制度带来的启示

由世界各国“教育券”制度的实施情况看，“教育券”制度充分体现出了教育公平的内涵。所有学生不分区域、不分种族，都能够得到相同的“教育券”。他们得到的教育资源均等，这样就避免了学生教育起点上的不公平。同时对于那些富裕的家庭，如果其需要得到更好的教育，就必须自己额外地付出金钱，避免了牺牲穷人的利益。

我国政府也可以采取类似“教育券”制度的措施，给予所有的学生一个公平的教育起点。同时还可以激发学校、教师的能动性，使其尽一切努力办出自己的特色，提高教学质量来吸引生源，为学生提供更大的选择空间。

第二节　弱化城乡二元结构是实现城乡教育公平的根本途径

一　改革宏观经济政策以促进二元经济结构转换

对于发展中国家来说，不同的发展阶段，宏观经济政策的偏向对资本资源的配置会产生重大影响。因此，改革宏观经济政策，是促进二元经济结构转换的首要问题。

（一）改革二元财政体制以促进城乡二元经济结构转换

我国的二元财政体制主要表现在以下几个方面：第一，国家长期从农村取得的财政收入大于对农村的投入。第二，与大中型企业相比，规模较小的农村工业企业作为小规模纳税人不能使用增值税专用发票，不能享受税款抵扣权，相反，作为一般纳税人的国有大中型企业则可以使用增值税专用发票，可以享受税款抵扣权，计税额按规定税率计算。第三，同样是国家行政事业人员，城市用于这部分人的费用由国家财政负担，而农村这部分人的费用则要转移到由农民承担。第四，城市义务教育费用由国家财政负担，而农村义务教育费用则主要由地方政府承担，由于地方财力的限制，最后落到由农民自己负担义务教育费用。第五，城市居民享受的社会保障中相当一部分来自国家财政支出，而农民则不能享受到任何由国家财政提供的社会保障。第六，由于国家关于大江、大河的整治，防沙、固沙工程也属于国家财政的支农范围，因此，在具体的操作中，大量本该用于农村发展的财政资金却用在了这些工程上。

如今，中国经济发展已经进入工农业平行发展时期，分税制的财政制度改革为消除二元财政制度提供了契机，加入世界贸易组织更是为城乡协调发展的财政制度改革提供了规范的方向。因此，要从以下几个方面逐渐消除二元财政制度。

首先，促进城乡税收制度统一，完善中央财政对地方的转移支付制度。尽快转变政府职能，明确划分中央与各级地方政府之间的事权，实行中央对地方、上级地方政府对下级地方政府规范的财政转移支付制度。与此同时，通过扩大地方税收规模，增强地方政府预算自求平衡的能力，扩大地方对地方税收的立法权、执法权，确立各级地方政府的主体税种等途径完善地方税收体系。

其次，加大财政资金对农村的支持力度。由于农业具有天然的弱质特性，微观效益较低，宏观效益大，因此财政必须对农业加大支持。要做到财政对农业的投入增长幅度高于财政经常性收入的增长幅度，提高农业基本建设投资占国家基本建设投资总额的比重。要改革单一的财政资金支出形式，实行补贴、贴息、以奖代拨等多种形式相结合的支出方式，建立农业投入的诱导机制。通过调整农业补贴政策，使补贴政策目标由短期化转向长期化，由投入补贴转向产出补贴，补贴运行由随意性转向制度化和规范化。同时，还要加大财政支农资金使用效果的监督检查评估的力度。

再次，进行相应的配套改革，精简乡镇机构，加强农村基层政权建设。通过强化县级政府职能，弱化乡镇的职能，把乡镇建成县级政府的派出机构，推行并乡、并镇，大量削减乡镇行政人员。根据县乡行政管理体制的定位和公共品的层级性，界定乡镇政府的职能：全国性的公共品由中央财政负担，乡镇以上政府的公共品纳入相应层级政府的预算，将中央和省级预算对农村的转移支付制度化、长期化。同时，大力发展农村非农产业，增强农村地区的财力，化解农村乡镇的财政风险。

最后，合理划分中央与地方各级的财政收入来源，调整财政对农业的支持方式，从而促进县乡财政收入增加，推进城镇化的健康发展。政府应通过调整现行国民收入分配格局，尤其是省、市与县、乡的财政收入来源格局，使县乡财政收入有所增加，使其有财力进行农村城镇公共基础设施的建设，营造有利于城镇非农产业发展的社会环境。同时，还要通过对商业银行的农业贷款进行贴息及农民税收优惠，鼓励农民发展农业产业化经营。

（二）改革二元金融体制以促进城乡二元经济结构转换

我国的城乡二元金融结构主要表现在两方面：从宏观金融的服务方面来看，中国的金融机构服务对象主要是城市的非农产业，服务于农村经济发展的只有农业银行和农村信用合作社。而由于为农村服务的金融品种与农村需求差距增大，这些金融机构对农村的信贷投入严重不足，农村贷款程序复杂程度也增大了农民贷款的难度。这最终造成了现行农村金融体制吸纳农村资金的机构不断增加，而为农村提供金融服务的金融机构却反而在收缩。来自农村的存款远远大于农村从银行获得的贷款总额，大量的农村资金反而通过金融渠道流向城市。从农村金融内部方面来看，由于农村合作基金会、高利贷等组成的体制外金融被政府限制发展，农业银行、农村信用社成为农村的主导型金融制度。由于其低利率形成的旺盛资金需求，在供不应求的情况下，金融部门只能在政府控制下以“配给”方式提供信贷。这种低利率的借贷在导致腐败的同时，由于不按商业原则运作，不仅浪费了有限的金融资源，还形成了大量的不良资产。

城乡二元金融结构最终导致了农村资金投入补给不足，资金外流形势日趋严峻。由于农村资金供需结构脱节，支农效果正在不断弱化。同时，也导致了体制外民间金融活跃，农业经济融资因此成本上升。因此，要从以下几个方面破解农户金融服务供给的问题。

第一，要拓宽农村政策性金融服务范围，实行中国农业银行和其他国有商业银行有区别的商业化模式，从而达到完善农业政策性金融的目的。农村金融本身是一种政策性较强的金融范畴，应赋予农业发展银行支持农业综合开发、农村扶贫脱困、农村水电等基础设施和小城镇建设等更多职能。尤其在业务品种上，应以中长期低息贷款为主，以弥补农村合作金融与商业金融的不足。

一是要考虑将县级农业发展银行改造为农村信用合作银行，由农业发展银行控股，负责对基层农村信用社的业务管理。地（市）以上的农业发展银行负责对农村信用合作银行的业务管理。农村合作银行及其下属的农村信用社负责对农业发展银行的项目代理。

二是要开拓农村政策性金融的融资渠道。在农村经济发展对政策性金融需求扩大的条件下，应进一步扩大农业政策性金融的资金来源，将国有商业银行目前承担的部分具有政策性的专项贷款业务明确界定为政策性业务，划归农业政策性金融机构。同时，将国家开发银行农业信贷业务、国际金融机构农贷的转贷业务划归农业政策性金融机构管理。

三是要在税收方面给予农业银行更多的优惠，降低其营业税的比率，减少农业银行的营运成本。给予农业银行更多的优惠再贷款，解决农业银行资金不足的问题。考虑到农村信贷资金的卖方垄断，应该让农业银行贷款利率有更大的浮动空间。要建立担保基金，以解决农户和农村工业企业贷款抵押品不足的矛盾，提高农业银行向“三农”贷款的积极性。要实行以项目评估为标准的贷款审批制度，引导农户和农村工业企业把贷款投向有效率的经济活动中。

第二，要加快农村信用社的改革。农村信用社在目前已经成为农村工业企业和农户贷款的主要供给者，政府要抓住产权改革这个关键，按标准的合作制原则更好地发挥农村信用合作社的支农作用。可以考虑给予农村信用社在利率确定上更大的浮动空间，使其更好地适应不同地区资金供求状况。在税收方面，为满足农村信用社的非营利性，可以考虑暂时不对其征收营业税。同时，中央银行还可以采取一次到位的补贴方法解决农村信用社的历史包袱，为农村信用社建立存款保险制度，为其创造一个公平的经营环境。为了克服农村信用社规模经济与地域限制之间的矛盾，还可以参照发达国家信用合作社的管理办法，信贷决策以基层信用社为主，资金清算以上层信用社为主。为了提高农村信用社的抗风险能力，应多渠道实行增资扩股，其社员除农民外，还可吸收乡镇企业、私营企业、个体工商户等经济体参加，扩大农村信用社的组织经营基础。

第三，政府、中央银行和财政应给予适当的优惠政策，促使农村金融部门坚持为农村服务。

一是要维护农村金融市场，切断农村资金外流通道。要通过大幅度降低邮政储蓄在人民银行的转存款利率，从根本上消除其不计成本高息揽储的积极性，进而达到减少邮政储蓄筹资额，减少农村资金过量外流的目的。要减少农村金融机构在央行的存款储备和在上级及其他金融机构资金存放，增加可用资金量。要建立财政对农业信贷的补贴制度，由中央和地方政府拿出一块财政收入用于资助金融机构核销农业贷款呆账，鼓励和提高金融机构信贷支农的积极性。

二是要加大对农村金融的政策支持。要通过增加对农村信用社和农业银行长期再贷款、允许农村信用社开办再贴现业务等货币政策操作，增加农村信贷资金来源。为减少农业现代化的资金缺口，可以考虑对涉农贷款项目给予相应的财政贴息、减税或免税优惠，增强对农村资金的供给能力。允许达到一定资质和条件的农村信用社参与全国性同业拆借市场融通资金，以灵活调剂资金余缺，适应支农服务对资金的多样化需要。此外，还应考虑地方政府将各类财政性资金、预算外资金及周转金存放农村信用社，协助信用社多渠道组织资金，进一步增强其支农资金实力。

三是要调整金融部门支持农村发展的政策。在农产品生产上，从主要对初级农产品生产的服务转向逐渐增加对农业产业化的服务。在农业经营规模上，要从主要对小规模生产者的服务转向对具有规模效益的生产者服务。在农产品市场上，要从主要面对国内市场的服务转向面向国内、国际两个市场的服务。在农业与农村社会综合发展上，要从主要对农业生产的服务转向逐渐扩大对农村中小企业发展及小城镇建设的服务。

四是要放宽中小金融机构市场准入条件，放松民营金融组织市场准入限制，规范民间金融活动。应在经济较为发达的农村地区建立以稳健经营为特征、以赢利为目的的股份制中小型金融机构。实现县域金融组织的地方化，将类似于农业银行、邮政储蓄基层机构的金融组织改造为地方性股份制金融企业，以免税、贴息等优惠政策引导其经营业务进入农村金融市场。同时，应放松对民营金融组织市场准入的限制，因势利导地在农村建立起股份制或股份合作制民营商业银行，使这些民营商业银行享有与其他股份制商业银行同样的权利与义务。

（三）调整开放战略以促进城乡二元经济结构转换

加入世贸组织对促进我国二元经济结构转换是一个新的机遇和挑

战。我国可以借此引进国外的管理制度和先进技术，实现跨越式发展，缩短二元经济结构转换的时间。

首先，要参照国际惯例制定保护农业的政策和法规，促进农业发展。一是要根据市场经济规则，进一步推进农业市场化改革。完善市场秩序和交易规则，建立主要农产品特别是粮食储备调节体系，保障政府宏观调控农产品市场的能力。要通过改革我国农产品内外贸脱节的管理体制，建立国家农产品内外贸协调一致的管理体制。二是要建立一套规范的全面支持农业发展的政策。加大对农业基础设施建设和农业科技教育投入，建立健全农产品的质量标准体系和检测体系，为我国具有比较优势的农产品进入国际市场奠定基础。加强农产品市场体系和信息网络建设，引导农民有意识调整农业结构，发展优质高效农业、外向型农业和现代化农业。加强农业产品市场体系建设，建立农产品供给、需求、市场价格变动的预测预报系统，为农业结构调整提供信息保障。三是要建立农业保险制度，增强农业和农民抗风险能力。我国目前的农业保险仍然是一种纯粹的商业行为，未被纳入国家的政策支持体系。农业保险由于其产业特点导致赔付率过高，保险业务的经营者普遍亏损，不得不大大缩小保险范围，减少险种，造成目前我国农业保险形同虚设。因此，农业宏观政策要高度重视农业保险问题，把农业保险制度建设列入政府农业宏观政策的议事日程，建立符合我国实际的农业保险制度。

其次，要根据比较优势原则，大力调整农业产业结构，以适应国际市场需求。我国农业方面资源的特点是人多地少，自然地理环境具有多样性，因此在水稻、小麦等土地密集型产品生产上不具有优势，但在畜产品、水产品和水果、蔬菜、花卉等园艺产品，以及农产品加工品等劳动密集产品生产上具有较大的比较成本优势。因此，我们应在加大农业科技投入，保持储备足够的粮食生产能力的基础上，大力发展基础农业以外的农业经济，重点大力发展劳动密集型的农产品生产。同时，还要大力提高产品质量，培育名牌农产品，把成本优势转化为经济优势。这样可以增加就业机会，促进劳动力转移。从地域上来说，东部沿海地区土地资源稀缺性较为明显，应该充分利用与国际市场联系紧密的优势，大力发展劳动密集型的花卉、水产品、水果等农业品种；中部地区土地资源相对较为丰富，应该负担起确保国家粮食安全的重任；西部地区则应充分利用草场资源丰富的优势，大力发展畜产品出口。

再次，要实现各种资源的优化组合，促进农业产业化经营。资源优势决定的价格优势要转化成经济优势，进而获取国际贸易的比较利益，除必须使产品在价格竞争中具有优势外，还必须使产品能够适应国际市场的需求，产品综合质量能突破国际贸易壁垒，有完善、健全的市场销售渠道，等等。因此，要充分利用农业产业化的组织优势，实现各种生产要素的优化组合。我国现在已经探索出了许多具体的农业产业化组织形式，其中包括龙头企业＋农户、龙头企业＋专业合作组织＋农户、专业市场＋农户、科研机构＋农户、科研机构＋龙头企业＋农户等具体形式。在应对进军国际市场时，我们还要重点强调科研机构、外贸机构、银行、农户、龙头企业的有机结合，探索突出廉价劳动力、自然条件多元化的优势，充分利用科研机构的技术优势和外贸机构熟悉国际市场的优势，形成整体合力的组织形式。

最后，要制定和完善农产品出口促进政策。按照出口贸易“零税率”的国际惯例，完善农产品出口退税政策，对农产品出口加工企业增值税实行“征多少、退多少”的政策。要建立符合世贸组织规则的农产品出口促进基金，资助农产品出口的研究开发、开拓国外农产品市场、应诉国外反倾销反补贴调查、监督国外农产品进出口政策法规的公平性，推动出口信用保险与出口融资业务有机结合。要扶持有基础、有潜力的地区和农产品外贸骨干企业，建设高标准、高起点的农产品生产加工出口基地，着力培育一批国际知名的优质名牌产品。参照国际标准结合中国实际，尽快制定和完善农产品的卫生安全标准，加强检验检测设施建设，确保出口产品的卫生质量安全。

二　有机地使用强制性和诱致性制度变迁以消除二元户籍制度

依据国际经验，一个国家进入工业化中期阶段的基本指标是：人均 GDP 在 1000 美元以上，农业 GDP 比重不超过 15%，农业劳动力比重不超过 55%，城镇人口比重大于 35%。以这些指标度量，目前我国已进入工业化中期阶段，已经基本具备了工业反哺农业、破除二元结构的物质基础条件。

我国学者林毅夫将制度变迁划分为两类：强制性制度变迁和诱致性制度变迁。强制性制度变迁是一种自上而下的变迁方式，通过政府政策法令和制度设计贯彻实施。诱致性制度变迁是自下而上的变迁，是制度不均衡造成潜在获利机会时人们进行的自发性变迁。两种变迁方式各有利弊，诱致性变迁容易产生外部性的问题。而一个政府的强制性方案可能会受到诸如意识形态刚性、集团利益冲突以及社会科学知识的局限性等多种因素的影响，政府又不一定能够建立起最有效的制度安排。因此，我国城乡制度改革既要注重政府行政力量的运用，又要充分发挥市场的利益导向作用，结合两种制度变迁各自的优点。具体到消除城乡二元户籍制度方面，关键要做到以下几点：

第一，户籍制度改革应在全国范围内统一推动，中央统一指导和全面协调是改革成功的根本保障。因为地方本位的户改措施无法照顾大量跨地区流动人口。在已经启动户改的所有城市，采取的政策措施都是维护本城市的利益而非倾向于外来人口的。在大部分经济较发达的城市，外来人口要获得本地城市户口，只能通过购买高昂的商品房或拥有高收入的本地工作来实现。这就实际上排除了大部分外来人口享有附着于城市户口的相关待遇。在全国统一的基本政策的前提下，还要兼顾各地区的差异，给予地方适当的自主权。

第二，大城市、中小城市和小城镇区别对待，从降低门槛到取消门槛逐步施行。大城市的户改应逐步推进，户口迁移政策要渐进式放宽，防止城市人口激增。中小城市的户改应采取宽松政策，实行有条件的开放式管理。小城镇采取开放式管理，尽快取消户籍限制。

第三，设立适宜的城市户口准入标准。当前，我国城市户口的优越性主要体现为基本生活保障、政府补贴性住房安排、迁入人口子女在城市公立学校平等就学的机会等公共服务。因地制宜地设立城市户口准入标准，既可以防止大量人口为获取这些公共服务而涌入城市，又可以随着经济水平的提升带来准入标准的无形下降，实现户籍制度改革的稳步推进。

三 因地制宜地推行城乡一体化战略以弱化城乡二元社会结构

从发达国家走过的历程来看，城市化是实现工业化和现代化不可逾越的重要阶段。对发展中国家来说，城市化的重要意义还体现为促进经济增长、摆脱不发达状态。我国的改革发端于农村，城市化进程相对缓慢。1980 年，我国的城市化水平大致为 20%，只有世界平均水平的 1/2。尽管城市化发展在过去的 30 多年里日益受到重视，但时至今日我国的城市化水平仍远远低于世界平均水平，各地区城市化的发展思路尚未成熟，这种滞后已经严重制约了我国城乡一体化的发展。

（一）探索符合我国国情的城市化发展战略

国外城市化发展的经验表明，城市化战略的实施直接受制于地区经济发展状况。在我国，经济较为发达的东部地区城市化承载力强劲，城市化实现程度较高，而经济相对欠发达的中西部地区缺少引领地区经济发展的大中城市，城市化发展进度不快。因此，我们必须立足地区特点，因地制宜地推行城市化战略。

东部地区的城市化已进入中期阶段，城市化发展宜采取以大城市为核心的城市群战略，加强城市间的沟通与互补，提升地区整体竞争力。地区发展要与产业升级和结构转型挂钩，重点发展资本密集型和技术密集型产业，着力提升经济发展的效益。从国外的经验来看，城市群建设对国民经济发展具有非常重要的意义。如美国的波士顿—纽约—费城—巴尔的摩—华盛顿城市群所占国土面积仅为 1.5%，但制造业产值占全国的30％。日本的东京、横滨、名古屋、大阪等城市构成的东海道城市群，土地面积只有全国的20％，但工业产值占全国的75％。我国东部地区应重点发展以上海为中心的长江三角洲、以广州为中心的珠江三角洲和以北京为中心的环渤海地区城市群，拓展城市发展的广度和深度，发挥规模效益与辐射功能。

中部地区的城市化处于初期向中期过渡阶段，地区发展应着眼于产业结构调整，加速推进中部崛起。城市化发展应从两个方面入手：一方面适度发展大中城市的规模。中部地区有着良好的自然条件、交通状况和物质基础，可依托交通干线重点发展省会城市和省级中心城市。另一方面将小城镇作为发展的突破口。小城镇建设对于中部地区打破城乡藩篱、促进城乡融合具有重要意义。这里，我们可以借鉴美国的城市化经验。1968年，美国通过《新城市开发法》，新建了60多个小城镇，推动工业向小城镇转移，促进了城市化发展。同时，小城镇建设应该注意科学规划，合理布局。要把政府投资主要用于道路、供电、通信等基础设施建设。还要积极拓展资金筹措渠道，制定优惠政策吸引各种非公有制经济参与小城镇建设。

西部地区处于城市化的初期阶段，地区发展要充分利用资源优势，大力发展特色经济。西部地广人多，经济发展相对缓慢，应当集中有限的资金、人才、技术等资源重点发展少数综合性的大城市，辐射周边区域，带动经济发展。城市化发展应采取将人口向城市集聚的方式，这种集聚方式不是简单的户籍变更或空间迁徙，而是建立在产业发展对劳动力的需求上。因为加速城市化进程的一个重要条件就是创造更多的就业机会，吸纳农民大量进城。劳动密集型产业吸纳劳动力能力较强，且不要求劳动者具有很高的文化程度，产业优势非常明显。因此，西部地区推进城市化应优先发展劳动密集型产业，充分发挥地区比较优势。

（二）完善农村土地政策，加快城乡一体化发展

完善农村土地政策有利于增强农村的经济实力，从而加快我国城乡一体化的发展。我国农村土地政策可划分为三个阶段：土地改革、农业集体化和家庭联产承包责任制。随着社会主义市场经济的发展完善，家庭联产承包责任制这一制度逐渐暴露出诸多问题，这主要表现在产权主体界定不清、承包期限频繁变动、生产经营过于分散、土地征用缺乏约束等方面。要解决这些问题，就要继续改革完善农村土地政策。

首先，要明确土地产权主体，组建法人组织代表农民集体行使土地所有权。目前，由于农村土地产权结构不合理导致了农村愈演愈烈的土地矛盾和纠纷。一方面，在集体内部，成员边界不稳定，新增成员具有“天赋资源权”和法定的“公开、公平、公正”的承包权，因此“土地承包关系稳定”与“承包关系变更”的矛盾始终存在。另一方面，集体成员“共同共有”的制度设计无法屏障其他利益主体的侵害，致使农村土地所有权的“排他性”极其弱小，这给一些地方无度征用土地和乡村干部乘机攫取土地资源权留下了空当。长久以来，我国农村基层组织代表农民集体行使所有权，集体所有缺乏相应的集体成员的自治机构来实现。因此，解决途径应当是组建法人组织代表农民集体行使土地所有权。可以尝试将村民委员会确立为集体土地所有权的主体代表。村民委员会作为法人实体管理、运行它的财产，在法律规定的范围内实现对土地的占有、使用和收益，通过土地的出让、

出租等形式实现其所有权。只有以法人形式重构农村产权组织，才能切实反映农民的利益和意志，真正解决集体与农户之间责、权、利等方面的关系。

其次，要创新土地经营模式，发展适度规模经营，实现土地使用权流转。目前，我国农村面临前所未有的土地调整压力，土地分配起点不公平、限制土地调整、“征地”或“非农建设用地”、农田标准化建设或土地整理、乡村干部调整土地或重新配置土地资源的欲望等都是导致承包土地调整的因素。要解决这个问题，关键在于发展适度规模经营，实现土地使用权流转。对于发展规模经营的农户，政府在资金、技术和税收等方面应给予政策上的扶持。在农村土地所有权归属和农业用地性质不变的前提下，通过土地出让、转让、出租、抵押、作价出资、入股等形式，实现土地使用权依法、自愿、有偿的转让。通过立法，对主体、对象、程序、形式、范围、年限等事项作出明确规定，确保土地流转规范有序运行。要发挥市场机制的作用，大力发展市场中介组织，积极培育市场决定土地使用价格的机制。同时，还要加强土地流转的监督管理。

最后，要完善土地征收政策，确立农民在征地过程中的主体地位，明确界定“公共利益”的范围，提高土地征收补偿费。当前，农村内部的土地流转表现出向本地种植养殖业大户、非农村住户等主体迅速集中的趋势，农地资源向非农用途大量转移，出现了“国家建设”、“园区开发”、“乡村集体圈占”三分天下的局面，诱致农村生产关系变化。因此，政府要保障农户的土地流转主体地位，任何单位和个人不得强迫或阻碍流转农民承包地。要保证农民的土地流转收益，土地流转的转包费、转让费和租金等，都应该由农户与受让方或承租方协商决定。我国现行法律没有准确界定公共利益的范围，《土地管理法》第43条将建设用地甚至经济建设用地都纳入了土地征收的范围。政府应明确公共利益用地的具体类型，防止政府征地权扩张。要在征地补偿中引入市场机制，将土地“农转非”的部分增值收益补偿给农民。要建立健全失地农民就业安置和基本生活保障制度，尽快将“三无”农民纳入整个就业和社会保障体系。同时，还要逐步改变现行一次性征地的办法，探索并推广经营性建设项目吸收农民土地承包权入股的方式，通过股份制让农民分享经营项目长期而稳定的收益。

除了改革完善农村土地政策外，还要优化农村产业结构，增强农村自身发展的能力。政府要加大公共财政支农力度，优化资金支出结构，切实提高资金使用效益。通过调整初级产品和加工产品的比例，增加加工产品的比重，提高农产品附加值。根据土地、自然条件等情况合理分工种植区域，形成规模经营，努力发挥比较优势和区位优势。要通过调整农产品市场结构，调动农民积极参与并主导市场流通。

（三）探索新农村建设新模式，促进城乡一体化发展

建设社会主义新农村的关键，在于“跳出农业发展农业，跳出农村发展农村，跳出农民提升农民”。模式是一种定位与发展的导向。在刚刚开始的新农村建设中，已经出现了很多种模式。虽然说任何一种模式都不可能独立地解决新农村建设中的诸多问题，但是，我们可以针对当地实际情况去选择发展的主要模式和几种次要模式，这样可以使发展更有针对性，也更容易收到实效。

1. 特色产业带动现代农业模式。这种模式是指在一个乡村内，依据所在地区的独特优势，围绕一个特色产品或产业链，实现农业产

业化；以自然资源、资金资源、技术资源和人才资源为依托，科学确定本地的主导产业和特色产品，按种养加、农工贸、农科教和产供销一体化的要求进行优化组合，形成各具特色的竞争力较强的现代乡村居民联合企业。例如，江苏省南京市高淳县内桥李村的有机茶生产基地，先后成立、引进多家龙头企业，建成“支部、协会加农户”、“基地、公司带农户”等六条生态农业产业链，成为南京市的“综合实力百强村”。这种模式需要重视与科技联姻、更新品种和提高产品附加值，注重产品的市场开拓和营销，实行生产、加工、销售的产业链。发展这种模式要注意以下几点：一是定位准确，不能大而全；二是政府要树立服务意识，避免过分干预市场；三是重视示范带头作用，分步实施；四是大力发展订单农业和产业一体化组织；五是重视农业技术推广和自主创新，以特色促品牌。

2. 现代农村工业化模式。这种模式的特点是以工业企业带动农业，即以当地基础条件为出发点，以发展工业企业为契机，通过工业企业的发展壮大带动农村政治、经济、设施、教育、文化、卫生等事业的综合发展。享有“宜兴第一村”的官林镇都山村是现代农村工业化模式的典型。都山村由32个自然村合并而成，走出了一条工业富民强村之路。日益强大的三木集团是村级经济的源头活水。1996年，集团实行股份制改革，村集体保留15%的股份，既理顺了产权关系，又稳定了村级收入。同时进行“以工补农”，把村民承包的耕地统一交给农业车间种植，并给予农民适当补贴。发展这种模式要注意以下几点：第一，企业改制与村级经济发展紧密结合，在避免集体资产流失的前提下，引领社区内农户走共同富裕之路。第二，工业和农业平衡发展，无农不稳，无工不富，二者缺一不可。第三，注重环境保护，加强技术改造，警惕产业的高污染性。

3. 生态农业模式。生态农业是指利用人、生物与环境之间的能量转换定律和生物之间的共生、互养规律，结合本地资源结构，建立一个或多个“一业为主、综合发展、多级转换、良性循环”的高效无废料系统。发展生态农业有三种模式：一是村级传统生态农业模式。在村域范围内优化调整农林牧渔系统结构，增强物质循环、能量转化，提高生态效率。二是区域现代生态农业模式，在更大的区域范围内进行生态农业产业化经营，生产绿色食品、有机食品。三是建设生态农业科技园区，以园区管理的模式运作。例如，嘉兴市秀城区金龙养殖场，采取通过种植面积、养猪规模、沼气池容积合理组合，以沼气为能源，沼液和沼渣为肥源，开发优质有机肥料，用于作物生产，常年为200亩无公害蔬菜基地施用有机肥料，不仅污水达到零排放，更实现粪便污水无害化处理和资源化综合利用，形成农业生态良性循环。

4. 合作组织模式。这种模式是通过各种形式把农民组织起来，整合社会资源，促进农村各种生产要素的合理配置，突破一家一户的分散式经营的制约，进行培育新品种、改进新技术、开发新产品、制定新标准、注册新商标、打响特色品牌等活动。例如，甘肃省高台县合黎乡的宏丰蔬菜加工协会，就是通过公司运营，辐射带动了周边2000多农户走上了致富路。高台县为此专门成立了领导小组，协调财政、农业、金融等部门，每年安排一定数量的支农周转金和信贷资金，对农村经济合作组织给予扶持。

5. 休闲旅游农庄模式。这种模式是指充分利用农户庭院空间以及周围的鱼塘、树林、菜地等农家资源，增设耕地种菜、现场采摘、任意“点宰”、自选自做等服务项目，让游客吃农家饭、享农家乐，大力发展农家休闲娱乐旅游经济。发展休闲旅游农庄模式，必须按照产业生态学的原理和方法，对乡镇企业或村办企业的生产方式进行生态化改造，组建或新建生态工业园区。

第三节　政府教育职能的转变

一　政府教育责任伦理的实现

2010年，《国家中长期教育改革和发展规划纲要（2010—2020年）》特别强调了转变政府教育管理职能的重要性。《纲要》指出，各级政府要切实履行统筹规划、政策引导、监督管理和提供公共教育服务的职责，建立健全公共教育服务体系，逐步实现基本公共教育服务均等化，维护教育公平和教育秩序。改变直接管理学校的单一方式，综合应用立法、拨款、规划、信息服务、政策指导和必要的行政措施，减少不必要的行政干预，提高政府决策的科学性和管理的有效性。规范决策程序，重大教育政策出台前要公开讨论，充分听取群众意见。成立教育咨询委员会，为教育改革和发展提供咨询论证，提高重大教育决策的科学性。建立和完善国家教育基本标准。整合国家教育质量监测评估机构及资源，完善监测评估体系，定期发布监测评估报告。加强教育监督检查，完善教育问责机制。培育专业教育服务机构。完善教育中介组织的准入、资助、监管和行业自律制度。积极发挥行业协会、专业学会、基金会等各类社会组织在教育公共治理中的作用。①

公共伦理是对公共领域中伦理关系的调节，它所涉及的主体是公务人员或公共组织，客体则为公众。从根本上说，公共伦理是调整公共管理主体和管理客体之间利益关系的理念价值和行为准则。可以说，各种行政理论在处理行政体制内部和体制外部责任关系、设定行政责任内容时拥有不同的思路，而不同的责任关系和责任内容却蕴涵了不同本质的伦理关系。

传统的公共行政理论坚持在政治与行政二分的情况下，行政人员只能直接对政治官员负责，在无法直接对政治官员负责的情况下只能对上级行政长官负责，行政责任的实现主要依赖于法律或政治官员的外部控制，严格的法规、程序和上级命令阻碍了自由裁量权的行使。新公共管理继承了科学管理理论对法律责任的强调，强化了客观测量和外在控制的核心地位，但它与传统公共行政思想的不同就在于他不是通过政治官员间接地对公共利益负责，而是对他们提供服务功能的“顾客”负责。新公共服务理论明确提出法律原则、宪政原则以及民主原则是负责任的行政行动无可辩驳的核心内容。也就是说，公务人员关注的不是政治市场和“顾客”，而是法律规则、政治规范、职业标准和最为重要的公共利益，他们通过提供公共服务对公民负责。新公共服务理论主张的责任内容可以说是较为全面的，而它指出的通过政府引导合作来构建对公民负责的责任体系的方式也具有开拓性意义。

① 《国家中长期教育改革和发展规划纲要（2010—2020年）》，中华人民共和国中央人民政府门户网站，新华社北京，2010年7月29日。

教育作为公共服务的重要组成部分，服务型政府的职能定位鲜明地体现出市场经济对计划经济体制下形成的政府教育职能的挑战。同计划经济条件下政府教育职能的大包大揽的状况迥异，服务型政府的教育职能转向创造有利、公平的教育投资环境，积极为吸收社会教育资源服务，并建立良好的激励机制。同时，在市场经济条件下，政府应当充分保护个人和团体合法的教育财产权利，为教育资源发挥最大效益提供服务。与计划经济条件下，政府教育职能的大包大揽的状况迥异，服务性政府的教育职能转向有限性（包括政府干预范围的有限性，政府干预教育程度的有限性，政府依法治理教育事业）。政府在教育管理上，要从一般性公共竞争领域中退出，把办学竞争的利益和责任“归还学校，回归社会”；要从那些微观、具体、细致的管理职能中退出，把办学的微观职能“归还校长、回归学校”，从而确保学校作为相对独立事业法人依法办学的权利。而另一方面，要把政府教育管理职能范围主要集中于两个方面：解决教育领域中的市场失灵和促进教育公平。具体来说，就是要拨款举办各级各类教育并促进教育机会的公平分配；建立并实施国家教育标准，鼓励各种社会力量举办教育；建立保证学校教育机构的自主办学地位的管理机制；培养师资并建立教师专业化管理的机制，等等。

构建服务型的政府教育管理职能范式，要求由政府本位、官本位和计划本位体制向社会本位、民本位和市场本位转变。政府对教育的管理应转向对教育的治理，其目标应从巨细不分的全面管理转向有限的管理，从直接管理为主转向间接管理，从行政方法转向立法、行政并行，并以目标管理、中长期管理和宏观管理为主。政府教育职能总的原则是：对于那些政府“不该管、管不了、管不好”的事项，政府应坚决退位；对那些政府应该管却没有管或没有管好的事项，政府必须及时“补位”。

首先，政府要把社会管理和公共服务职能的完善摆在更为突出的位置，对义务教育的经济调节、市场监管、社会管理、公共服务方面要负起更大责任。要专心于教育产业政策的制定和法规建设、宏观发展战略研究、信息服务、教育督导和质量评估；积极鼓励教育科学研究和教育创新；加快制定规范、公开、公正和效益导向的公共经费拨款制度，使之成为推进教育发展的有力政策工具；要提供良好的外部保障，不断推进制度创新，为义务教育的发展创造条件，同时加强对教育发展的内部调控，对义务教育资源的生产、分配、效果检验做好调控的职责。

其次，逐步退出学校自主决策的领域，并为其维护和创设良好的制度环境，在确保学校作为相对独立事业法人有依法办学的权利基础上，使得市场机制在教育资源配置中发挥更积极的作用。同时，政府也要创设恰当发挥市场机制作用的宏观环境，吸引社会力量和民间资本的介入，允许非义务教育阶段学校利用市场机制配置教育资源，促进多元教育投资体制，形成由政府机制与市场机制共同配置教育资源的格局。鼓励市场领域的营利性组织参与提供原来由政府负责的非义务教育产品，形成政府与市场共同提供非义务教育产品的格局。在各级各类学校和其他教育机构之间引入竞争机制，在提供义务教育产品的学校和其他机构之间也引入竞争机制，并保障学校之间平等竞争的制度环境。

二　推进教育公平是政府的基本责任

2010年，《国家中长期教育改革和发展规划纲要（2010—2020年）》正式把促进公平作为未来我国教育总体战略的重要工作方针之一。《纲要》指出，把促进公平作为国家基本教育政策。教育公平是社会公平的重要基础。教育公平的关键是机会公平，基本要求是保障公民依法享有受教育的权利，重点是促进义务教育均衡发展和扶持困难群体，根本措施是合理配置教育资源，向农村地区、边远贫困地区和民族地区倾斜，加快缩小教育差距。教育公平的主要责任在政府，全社会要共同促进教育公平。①

在现代政治学领域，一般认为政府最基本的责任就是保障社会活动的公益性和社会公平。现代政府作为现代国家的代表，一方面享受教育的利益，是教育发展尤其是普及义务教育的最大受益者；同时，现代政府的合法性要求它又不得不承担着社会的公共教育责任，负有保障教育公共性的天然职责。所谓教育公共性，一是教育的公益性，这是就教育的目的性而言，教育应该满足国家、社会的公共利益，惠及全体公民；二是教育的公共参与，这是就教育的治理而言，教育的所有的利益相关者都有权参与教育公共治理的机会；三是教育公平，这涉及教育利益的分配和教育公共参与机会的分配，应该符合社会公平这一基本原则。就这三者的实现条件来说，教育公平是教育公共性的必要条件，没有教育利益的分配和教育公共参与机会分配的公平

① 《国家中长期教育改革和发展规划纲要（2010—2020年）》，中华人民共和国中央人民政府门户网站，新华社北京，2010年7月29日。

性，就不可能实现教育的公共性。因此，教育公平是当代中国政府基础性伦理诉求。可以说，现代政府最基本的教育责任之一就是通过制定教育政策，为教育的发展提供既能够保障教育公平，又能够在此基础上保证效率的教育制度。

马克思主义认为，平等的观念，无论以资产阶级的形式出现，还是以无产阶级的形式出现，本身都是一定历史的产物，这一观念的形成，需要一定的历史条件，而这种历史条件本身又以长期的以往历史为前提。在特定的历史发展阶段，政府在保障教育公平方面的责任是有限的。新中国成立初期，政府在教育公平方面的措施主要是保障入学平等。而今天，政府要通过不断调整自身的定位来积极影响教育发展的进程。在整个社会大系统中来看，教育作为培养劳动力再生产的机制，其公平与否直接影响着社会公平，教育应当成为一种有效调节社会公平的工具；在教育制度内部来看，教育利益分配并不直接体现为金钱、物质、权力、地位的分配，而是表现为个人身心的发展权利、发展机会、发展条件的分配和发展水平与资格的认定，应通过制度政策设计实现教育利益的分配公平。

笔者认为，为了全面落实政府对教育公平的责任，政府应具体做到：

第一，树立科学价值观，树立正确的公平和效率观，树立政府是“第一责任人”的观念。我国长期以来以效率作为衡量各项工作的唯一准绳，而在越来越看重“公平”的今天，政府要通过制度变革和政策调整，克服损害教育公平的制度性因素，不人为地制造差距和扩大不公平。同时，为了加强政府对公立学校和民办学校的监管，政府还要尽快建立各级各类学校的教育评估认证机制，设立统一的评估认证标准，使各级各类教育逐步走上规范化发展的道路。针对某些教育公共政策所产生的不良后果，政府也要及时建立评价和纠错机制，建立重大教育问题的预警机制，以及与教育决策相关的咨询制度、论证制度。

第二，明确界定政府的教育公平职责，推进教育决策与政策实施的科学化与民主化。要改变中小学集资办校、收费办学的状况，投资于基本的教育公共服务与基础设施，均衡配置教育资源。努力改变政府的经费保障职能不到位现象，使得政府能成为教育经费尤其是义务教育经费的首要责任者和最终保障者；要在保障市场机制在实现私人利益最大化的同时，同时更重视教育的公平。防止市场因素损害教育公平，努力改变政府规制市场的职能缺位现象，使政府成为市场失灵的规制者；要保障教育的底线公平与机会公平，保护和扶持教育中的处境不利人群。努力改变政府推进教育公平职能错位的现象，改变各级政府教育职能没有很好定位的现状，明确、具体划分各级政府的相关责任，同时把促进教育公平和教育均衡发展作为评价各级政府教育工作的一项基本指标；要建立科学合理的教育决策与政策实施机制。建立重大教育问题的预警机制，重大教育政策决策的实证调研制度，重大教育政策决策的咨询制度和论证制度，重大教育政策决策的公众听证制度，重大教育政策执行评估与改进制度；要努力提高教育决策的民主参与程度，合理处理政府机制、市场机制与社会选择机制的关系，建立以政府主导、市场介入、社会参与为主要特征的教育公共治理模式，逐渐改变教育政策的城市偏向、高等教育偏向、公办教育偏向以及精英教育与效率优先的特征。

第三，保障教育投入，合理分配教育资源，完善教育财政制度。

逐渐将现行的"以县为主，中央、省级扶持为辅"的教育投入方式调整为"中央、省级为主，县级积极投入"，区分出由中央直接宏观调控的贫困地区（特困地区）和由省宏观调控的贫困地区，合理划分各级政府相应责任范围；由国家统一设置义务教育的各项最低标准，包括义务教育阶段各级学校的最低办学标准，等等，然后设立各类专项，用于危房的改造或者应付突发事件的处理，等等；要完善政府财政转移支付制度，完善一般性无条件转移支付制度，纵向使中央财政从中东部地区适当集中部分财力向西部进行转移支付，弥补贫困地区财政的教育收支缺口；横向建立省际之间、县际之间的教育转移支付框架，促进各地方政府教育提供能力的均等化。同时，要建立专项教育财政转移支付制度，重点解决办学、教学条件的改善问题；要遵循"平等、对等和补差"的分配原则，最大限度地整合、平衡各种不同的要求，反映绝大多数社会成员的需求和利益。同时，要完善弱势群体补偿政策。加强特殊教育，使残疾儿童回归主流社会，使进城务工农民子女与城市居民子女享受同等待遇，加大对家庭困难学生的补助力度，对贫困家庭学生实行"两免一补"，等等。

第四，加强立法、严格执法，为教育公平提供稳定持久的法律保障。法律制度是教育公平实现的逻辑起点。法律不仅使教育改革的举措合法化，为教育改革营造良好的内外部环境，保证教育改革的顺利进行，而且能有力地巩固教育改革的成果，完善教育体制，清除积弊，推动教育事业持续向前发展。首先，各级政府要进一步加强和完善教育立法，通过法律规范统一调配义务教育资源，保障义务教育公平地投入。通过修订、完善《教育法》、《义务教育法》、《高等教育法》等，补充、完善有关保障教育公平实施的法律规定。通过制定新的教育法律法规，如《学校法》、《教育投资法》、《教育促进法》等，进一步明晰、规范政府与学校的法律关系，学校的法律地位及管理者、教师和学生的教育权利和义务。同时，政府还应制定预防和惩治教育腐败的专门法规与条例，坚决制裁教育领域中各类违法犯罪行为，大力纠正和杜绝教育收费不规范和乱收费的现象，树立教育部门的良好形象。其次，要加强有效的监督和严格的执法，做到各级政府和教育部门明确各自的职责，依法执行。要把教育投资置于司法部门的监督之下，保证教育公共物品的正常提供。同时，从观念上提高公民和团体遵守与执行的自觉性。各级人大也要充分发挥其监督作用，对教育系统的法律执行情况进行必要的监督检查。

第四节　教育制度的改革

一　突破计划经济体制下的二元教育改革

2004年2月21日，温家宝总理在省部级主要领导干部“树立和落实科学发展观”专题研究班结业式上作了题为《提高认识统一思想牢固树立和认真落实科学发展观》的讲话。其中一条就是“统筹城乡经济社会发展，逐步改变城乡二元结构”。可以说，城乡二元结构的长期存在是城乡教育不公平的根本原因。要解决这个问题，首要就是尽快完成城乡户籍制度改革，打破城乡之间的固化结构。接下来就是要建立城乡一体化义务教育体制。

我国户籍制度改革牵扯面广，各个部门之间也存在诸多利益障碍，因此户籍改革不能一蹴而就。总体思路应该是在完善准入制度的前提下，一方面继续降低农村人口进入城市的门槛，另一方面逐步剥离附着在户籍制度上的各种福利制度。在条件成熟的时候，完全取消户籍制度，实现人口在城乡间的自由迁徙。具体而言，在户籍制度内容上，首先降低“合法固定住所”这个条件，再逐步降低“稳定收入来源”。在不同规模等级城市中，仿照小城镇户籍改革经验，按顺次逐步实现小城市、中等城市、大城市、特大城市户籍制度的梯度改革。政府要通过渐次放宽户口迁移限制，引导人口合理有序流动，以落户条件取代计划指标，建立科学、合理、规范的户口迁移条件准入制度。逐步剥离附加在户口管理上的诸多行政管理职能，弱化户籍背后的利益关系，恢复户口管理作为民事登记的基本社会职能，建立由户口登记、身份证管理等制度构成的、以现代科技装备起来的科学的人口管理系统，最终使得公民平等地享有租赁或购买住宅、求职工作、接受教育、婚姻生育、参与公共政治、参与社会生活以及休闲的诸多权利。

在户籍制度问题解决后，就要开始建立城乡一体化义务教育体制。城乡一体化义务教育体制，从根本上来说，就是要明确政府是义务教育的投资主体，合理配置城乡公共教育资源，努力实现城乡儿童享受均等的公共教育资源的起点公平和机会公平。

第一，要细化和明晰中央和地方政府对义务教育分级分类承担经费的责任。要以县为基本单位，管理以县为主，经费投入以省为主，转移支付以中央为主，建立起相对集中的经费投入体制，并根据具体省份和地区情况适当调整比例分成。越是落后地区和省份，经费越要由上级投入为主。应明确并强化中央和省级政府的投入责任，义务教育阶段学校教职工的人员经费可由省级政府承担，义务教育阶段的基建经费等由县级政府承担，公用经费由中央制定统一标准。如果各地实行确有困难，再由中央和省转移支付，这样可在一定程度上消除“上级请客，下级埋单”的现象。而教师工资标准的区域差别减小，也可以遏止教师流失。中央政府要加大转移支付力度，保证国家级贫困县义务教育阶段学校教职工的人员经费和公用经费的落实，支持帮助地方政府改造办学条件薄弱学校，使之尽快达到国家规定的义务教育阶段学校办学条件基本要求；省级政府要通过转移支付保证省级贫困县义务教育阶段学校公用经费、办学条件薄弱学校改造经费的落实。

第二，要建立义务教育的标准化制度。长期以来，义务教育发展对于外部保障条件和实施环境没有确立明确具体的统一标准，这造成了城乡教学设施、教学质量的巨大差异。义务教育标准化的实行可以有效地规范当地政府的办学行为，迫使县级管理部门将优良教育资源更多地向落后学校配置，以达到城乡教育均衡发展的目的。义务教育标准化的建设是一项系统工程，主要包括经费投入标准、校舍建设标准、教学设施和设备标准、书本费标准、师资标准、班额标准、课程标准、教学机构标准、教学管理标准以及学生入学率、保有率、转学率、择校率标准等。经费投入标准包括政府投入的事业费标准和基建费标准，事业费标准包括人员经费标准和公用事业费标准等。校舍建设标准包括教学用房、教学辅助用房、办公用房、生活服务用房等标准。教学用房包括普通教室、专用教室（自然教室、音乐教室、美术教室、地理教室、书法教室、语言教室、计算机教室、劳动教室）、公共教学用房（多功能教室、图书室、科技活动室、心理咨询室、体育活动室）等，教学辅助用房包括实验室、实验准备室、广播室、电教器材室等。办公用房包括办公室、会议室、电子备课室、电子阅览室等。生活辅助用房包括浴室、伙房、餐厅、宿舍、厕所等。教学设施和设备标准、课程标准按国家有关规定标准制定和实行。班额标准、师资标准（含师生比率、教师学历要求）等按国家规定的城市标准统一制定和执行。小学、初中按照划片、就近、免试入学的原则招生，学生入学率和毕业时的保有率必须达到一定标准，转学率和择校率必须控制在一定的标准，等等。横向上，城乡同一层次的学校标准要一致，不能根据学校设立标准，而要设立标准让学校看齐。纵向上，考虑到生源的波动，标准应该留出机动空间，分出适当层次，但应用时应就低不就高，防止铺张浪费和在利益的驱使下学校自我膨胀假发展。建立义务教育的标准化制度并不是抑制城市学校的发展，而是在共同发展的基础上，加快、加强农村中小学的发展。

第三，要将所有的省级、市级义务教育阶段学校下放、划归县一级政府管理，从根本上消除义务教育学校“出身”不平等的问题，统一接受所属县级政府的经费安排和政策安排。同时，保证越是贫弱的学校越能得到更多的政策倾斜。要加大对乡村学校的经费投入、师资投入，提高师生比率，改善甚至超过城镇学校的办学条件，降低乡村学校中考分数线，留住乡村生源。给予农村教师与城镇教师同等的进修、晋级、个人发展、工资、福利、保险、住房等各方面的地位和待遇，甚至在某些方面超过城镇教师，引导优秀师资和其他教育资源流向乡村中小学。

第四，要在有条件的地区，试点以学生数为标准，实施城乡义务教育均等化拨款制度，再逐渐将其推广至全国。2001 年北京市教委、北京市财政局重新修订了《北京市普通教育事业公用经费定额标准》，新标准对满足教学所必需的正常运行经费作了明确规定，不再分为城镇、农村标准，实行统一的公用经费标准。市级财政还专门设立了农村义务教育专项资金，规定每年至少投入1亿元重点支持农村小学布局调整、改善办学条件、消除危房、信息化建设、教师培训等项目，为“城乡统一标准办学”提供了资金支持和制度保证。

第五，要落实国家对义务教育阶段学校完成国家规定教育目标所需的办学条件的最低经费投入的保障，确保贫困地区义务教育财政投入。从义务教育均衡推进与政府财政能力的关系来看，贫困地区义务教育均衡仅依靠地方政府的财政能力是不可能实现的。因此，教育部《关于进一步推进义务教育均衡发展的若干意见》明确提出了制定出台各地义务教育学校办学条件最低保障线，建立和完善义务教育学校的“基尼系数”等措施。在义务教育“低保”制度下，政府要做到各司其职。地方政府主要负责所辖区域内义务教育均衡发展问题，尤其关注对本地区农村义务教育的投入。中央政府主要负责全国范围内的非均衡问题，负责协调、均衡义务教育阶段投入低于全国平均水平的地区，建立义务教育财政转移支付预算，以预算的形式确保贫困地区义务教育财政投入。

二　清晰城乡教育的权责主体以促进教育公平

2010年，《国家中长期教育改革和发展规划纲要（2010—2020年）》特别指出，要健全统筹有力、权责明确的教育管理体制。要以转变政府职能和简政放权为重点，深化教育管理体制改革，提高公共教育服务水平。明确各级政府责任，规范学校办学行为，促进管办评分离，形成政事分开、权责明确、统筹协调、规范有序的教育管理体制。中央政府统一领导和管理国家教育事业，制定发展规划、方针政策和基本标准，优化学科专业、类型、层次结构和区域布局。整体部署教育改革试验，统筹区域协调发展。地方政府负责落实国家方针政策，开展教育改革试验，根据职责分工负责区域内教育改革、发展和稳定。要加强省级政府教育统筹。进一步加大省级政府对区域内各级各类教育的统筹。统筹管理义务教育，推进城乡义务教育均衡发展，依法落实发展义务教育的财政责任。促进普通高中和中等职业学校合理分布，加快普及高中阶段教育，重点扶持困难地区高中阶段教育发展。①

我国不仅政府级次较多，而且政府间没有规范化的稳定的关系模式，使得县乡政府在五级政府的财政收入分配博弈中处于劣势，继而导致包括义务教育在内的公共事业发展呈现城乡不均衡的态势。要从根本上解决这个问题，关键在于深化政府体制改革，完善政府体制，建立总体上静态稳定和细节上动态平衡的政府间关系，建立统一、协调、高效的公共管理体制。

第一，要以科学配置政府职能为核心，以公共政策的高效率、低成本执行为目标，对乡镇公共管理体制进行改革。乡镇政府是同广大人民群众直接接触的基层政府，是贯彻党和政府各项政策、措施、法令的政治触角，是国家政治统治和社会控制职能的最直接载体。而目前，我国的乡镇政府普遍存在以下几个问题：第一，机构臃肿，人事

---

① 《国家中长期教育改革和发展规划纲要（2010—2020年）》，中华人民共和国中央人民政府门户网站，新华社北京，2010年7月29日。

混乱，人浮于事，财政供养人员太多。从全国来看，全国县乡级财政供养人员占地方财政供养人员总数的70%，但县乡财力仅占全国地方财力的40%。[①] 第二，农村基层管理体制存在着严重的结构性冲突。一方面，乡镇政府承受着自上而下的行政“压力”；而另一方面，乡镇政府又面临着广泛的自下而上的乡村自治力量发展的挑战，两种不同的力量同时在乡镇层次交汇。乡镇公共管理体制的改革关键在于精简机构、裁减冗员，对乡镇政府进行改组、撤并。同时，要科学制定、严格执行乡镇人员编制标准，完善县乡财政体制，实现编制、人事、财政的刚性固定联系，保障乡镇体制改革成果的巩固。农村税费改革以来，我国乡镇公共管理体制改革取得了一定的成效，但是也面临一系列具体的问题，还需要我们在实践中不断探索。

第二，以“省管县”取代“市管县”，减少公共管理层次。我国自1982年开始实行“市管县”改革，1983年在全国广泛推开。现在，除内蒙古、黑龙江、贵州、云南、西藏、甘肃、青海、宁夏、新疆仍设有25个地区以外，其他省和自治区都已撤销了地区行政公署，取而代之以地级市政府。因此，虽然在行政层次上，我国宪法确认的基本结构体系为中央—省—县—乡，可是实际上我国存在着五级政府体制，中央—省—市—县—乡。这样做的根本目的，在于通过这一体制沟通城乡经济联系，由经济较为发达的“市”带动周围“县”的农村经济发展，实现城乡经济协调发展。可是结果却不尽如人意，这些年，随着城市逐步侵占县域和农村利益，“市管县”体制的负面效应逐步显现。一些地级市利用其行政优势或借开发区之名，随意改变隶

① 赵云旗：《中国分税制财政体制研究》，经济科学出版社2005年版，第457页。

属关系，扩大城市税源，致使县级财政受损；或通过行政手段截留审批指标、财政资金、转移支付、工程项目，从而形成了所谓的“市压县”、“市卡县”、“市挤县”或“市刮县”等问题。实际上，人为多出的一个行政层次不仅浪费行政成本，而且有损于行政回应性，造成公共产品和公共服务的低效率供给。而在国际上，少层级、扁平化地方政府结构是世界上大多数国家实施的行政管理模式。世界上约有67%的国家和地区地方行政层次仅为二、三级，美国国土面积与我国相近，也只是实行州—市二级制与州—县—镇三级共存制。

可以看到，我国市管县已不合时宜，恢复地级市的派出机构性质，实现省对县直接管理的条件和环境已基本成熟。在今天市场经济体制作用下，我国区域间的经济关系日益密切，日用消费品全国统一市场也完全形成。而现代科技革命的突飞猛进，更是使得交通、通信更加便捷。尤其是现代网络技术的运用，使得省县之间信息传递的时间距离大大缩短。但与之相对应的是，经济区域与行政区域却越来越不一致，经济的发达程度也与行政层级背道而驰。这最终使得原有行政隶属关系在经济上日益淡化，行政区束缚了经济区的发展。正如我国学者陶学荣、陶睿在其著作《中国行政体制改革研究》中说的，在市场机制下，区域经济发展是以资源最优配置为前提，经济区的形成是生产要素自由流通的结果，城乡之间、地区之间的经济关系将更明显地表现为商品交换关系，不存在带与不带的问题，依赖行政力量往往适得其反。因此，以“省管县”取代“市管县”，从而减少公共管理层次，从根本上杜绝“市压县”的问题已经成为实现城乡协调发展切实可行的管理办法。

第三，实现“以省为主”的财政投入体制构建，促进城乡教育的均衡化。目前，我国的教育财政体制主要是“以县为主”，其内在缺陷是各级政府之间财权与事权的不对称，这导致了义务教育经费分担与保障机制的不合理。最终造成我国八成以上的县存在挤占挪用教育经费、债务负担沉重等问题，农村义务教育财政投入严重不足。同时，由于我国“以县为主”的财政体制，县域经济发展状况以及财政投入能力决定了当地义务教育的发展状况，因此形成了全国范围内广泛存在的县际之间义务教育的差距。而省级政府平均每年财政收入的增长高于预算内教育经费增长，完全可以承担投入主体的责任，从而达到弥补这个内在缺陷的目的。实施“以省为主”的财政体制，是由于县级政府一般无法承担协调城乡教育差距的重任，只有省级政府才有能力实现城乡教育的均衡化，就像只有中央政府才能够协调地区之间的不平衡。

实现“以省为主”的财政投入体制构建，具体包含以下几个内容：

首先，要合理划分各级政府投入责任分担比例。在国际上，各国主要以地区政府（相当于我国的省级政府）为主的各级政府投入责任的分担比例，主要存在两种情况：一是地区政府承担最主要的责任，如澳大利亚和德国，比例高达70％以上；另一种是与其他层级政府联合承担责任，但地区政府承担比例最高，如美国、日本、加拿大等，地区政府的承担比例一般在40％—65％之间，中央政府（或当地政府）和地区政府联合的比例一般达到了90％以上。根据我国各地区经济实力和财政能力的差别，“以省为主”财政体制投入比例可以分两种实施：在财政能力较强的发达地区，建立省级政府为主投入责任，比例大概在60％以上，中央和基层政府承担其余的40％；而在财政能力相对较弱的欠发达地区，建立省级政府和中央政府共同承担较大部分投入比例的责任机制，两者共同承担责任的比例达到90%，其余10%左右由基层政府承担。

其次，要在全国及根据各省不同情况分别设定义务教育投入均衡化标准。我国目前使用的义务教育投入标准主要是法定的“三个增长”标准，即国务院和地方各级人民政府用于保证义务教育财政拨款的增长比例高于财政经常性收入的增长比例，保证在校学生人数平均的义务教育费用逐步增长，保证教职工工资和学生人均公用经费逐步增长。这三个增长标准主要强调投入总量，却没有很好地反映义务教育的公平性倾向。因此有必要在全国及根据各省不同情况分别设定义务教育投入均衡化标准。它的内容应该包括由中央政府根据全国情况设定的义务教育投入的最低保障标准，即义务教育投入能满足义务教育阶段学校办学条件的最低水平值。要实行由省政府根据本省情况设定的省内义务教育投入的均衡化标准。省域内实现城乡教育均衡化的具体指标，应根据学生人数确定拨款标准。这样一方面使得生均拨款的形式与我国现有的财政投入制度相衔接；另一方面也能够均衡城乡之间教育及省内富裕与贫困地区投入的差距，按照标准多给贫困地区补贴。

最后，要规范化、法制化政府间利益关系，合理划分各级政府义务教育投入的职责。我国改革开放的总设计师邓小平曾说过，“我们的一切工作都会涉及全局与局部的关系、中央与地方的关系、集中统一与因地制宜的关系”①。“中央要有权威。改革要成功，就必须有领导有秩序地进步。没有这一条，就是乱哄哄，各行其是，怎么行

① 《邓小平文选》第1卷，人民出版社1993年版，第199页。

呢？……我们要定一个方针，就是要在中央统一领导下深化改革。”[①]当今城乡教育不公平一个很重要的原因是中央和地方经济利益分配产生了严重的不均衡，县乡政府财政陷入困难。随着政府收入的逐渐规范和稳定，要以充分调动中央与地方“两个积极性”和国家市场经济体制的有效运行为目的，因时因势确立中央与地方在财政利益分配上的“黄金分割点”。要明确中央政府拥有足够的经济实力，但不能以牺牲地方利益为代价。只有地方充分发展，才能向中央提供源源不断的财力支持，过多地侵犯地方利益不仅会妨碍中央的法规、政策得到切实贯彻执行，还会产生地方的政治离心力。因此可以考虑制定一部中央和地方政府关系法，或修改《地方各级人民代表大会和地方各级人民政府组织法》，更具体地规定中央与地方的职责权限，使中央与地方的关系法律化，在处理中央与地方关系中做到有法可依；规定中央与地方职权变更的法律程序，保持中央与地方关系的相对稳定性，提高中央与地方关系变更的严肃性，防止盲目性和随意性。[②]

具体来说，政府要做到合理划分各级政府义务教育投入的职责。省级政府承担教师基本工资并直接划拨到教师个人账户，农村教师的补助、福利费等通过省级政府的转移支付实现；其他按现有规定由各级政府共同承担。公用经费中支出较大的公务费、业务费和设备购置费由省级政府承担，经常性的支出如修缮费、业务招待费由市级以下政府承担；学费、杂费等其他支出，城市由市级政府负责，省级政府加强对农村地区的补贴或转移支付；基建支出中的新建校舍由省级政府以转移支付的形式承担，危房改造主要由地市级政府支出。这样具

① 《邓小平文选》第 3 卷，人民出版社 1993 年版，第 277 页。
② 《论中央与地方关系的规范化、法制化》，《东岳论丛》1996 年第 5 期。

体的规定保证了省级政府承担主要的教育经费，可以确保经费投入的稳定，避免教师工资经费挤占公用经费和基建经费的情况。同时，由于县级政府可以不再承担主要投资责任，就能完全把精力集中在具体管理上。从而真正实现省级政府转移支付和市级政府对下级政府职责的分担，保证城乡义务教育投入的均衡化。

三　完善基础教育公共财政体制，构建教育财政转移支付制度

2010 年，《国家中长期教育改革和发展规划纲要（2010—2020年）》特别指出，要加大教育投入，完善投入机制，加强经费管理。各级政府要优化财政支出结构，统筹各项收入，把教育作为财政支出重点领域予以优先保障。要进一步明确各级政府提供公共教育服务职责，完善各级教育经费投入机制，保障学校办学经费的稳定来源和增长。要进一步加大农村、边远贫困地区、民族地区教育投入。中央财政通过加大转移支付，支持农村欠发达地区和民族地区教育事业发展，加强关键领域和薄弱环节，解决突出问题。[①]

公共财政作为一种适应市场经济发展需要的财政模式，其职能主要是作用于市场不能有效提供的领域，弥补市场失灵，满足公众的公共服务需求，实现资源的优化配置。而义务教育作为国家以法律保障对学龄儿童实施的一种具有普及、平等、强迫、无偿、最低限度、价值关怀等多方面特征的教育制度，是那种不论个人是否愿意购买，都

① 《国家中长期教育改革和发展规划纲要（2010—2020 年）》，中华人民共和国中央人民政府门户网站，新华社北京，2010 年 7 月 29 日。

能使整个社会每一个成员获益的物品，具有强烈的公共物品特征。从根本上讲，要解决农村义务教育经费投入不足、缩小城乡教育差距这些问题，就必须加速建立公共财政体系，实现国家财政由经济建设型向公共财政型转变。

公共经济理论认为，由于地方政府公共产品具有溢出效应，在地方财政职能中，通常很难做到把公共产品的收益范围只限定在边界之内。义务教育尽管分布在地方，但是其利益并未局限在地方。在本辖区内受过良好义务教育的中小学生往往通过较高的流动性将义务教育的利益流出本地区。可以看到，外出打工者对打工所在地的贡献更多，而外出上大学者也很少返回家乡作贡献，这种情况在农村则更为明显。如果生源出省长期得不到适当的成本补偿，这些地方政府对义务教育投入的积极性和投资的能力将会受到某种程度的挫伤，地方义务教育的发展和义务教育质量将难以从教育财政投入上得到根本的保证。对此，理论上的解决方法是由上级政府提供财政转移支付，即对具有外溢性的义务教育提供进行内在化的适应调节。

财政转移支付即指为弥补财政实力薄弱地区的财力缺口，均衡地区间财力差距，实现地区间基本公共服务能力的均衡化，由上级政府安排给下级政府的纵向转移支付和同级政府间横向转移支付。而教育转移支付是财政转移支付的重要组成部分。一种合理的转移支付制度设计的关键就是要坚持财力充足的政府承担平衡调节职责，既保证基层政府的教育财政投入努力程度，又要明确各级政府的责任。基础教育对于提高全民素质、培养合格的社会劳动者具有重要作用，其受益范围是全社会。按照受益对称原则，要尽量使承担提供公共物品责权的政权层级与该公共物品受益群体的范围相一致，防止成本和收益外溢。因此要将提供义务教育的责权按照不同层级政权的财政优势与能力分别配置于中央、省、市、县四级政权分工协作，共同承担。上级政府处于财力优势地位，并掌握制定基础教育规则的权力，应当承担统筹平衡的责任；基层政府承担基础教育的举办责任，但不承担基础教育的最终成本责任。

国际上，关于教育财政转移支付一般有三种模式：一是德国采用的，通过一般性转移支付平衡地方政府财力，间接地保证地方政府投入义务教育财力的方式。二是法国采用的，中央政府直接承担占义务教育经费中最大比重的教师工资，并直接拨付给教师个人。从而达到减轻地方政府的财政压力并保障义务教育投入的目的。三是如美国、英国、日本等普遍采用的，建立义务教育专项转移支付，直接规定下级政府必须将该项资金用于义务教育。可以看到，第三种模式是我国义务教育财政转移支付制度的可行模式。由于我国的城乡二元体制带来的一系列问题，政府除了要增加转移支付资金投入力度和一般性转移支付项目之外，在专项转移支付方面，要着重向农村倾斜。要注重加强对农村教师补助和福利的专项转移支付，由此提高农村教师的工资待遇。如给予农村地区特别是条件艰苦地区的教师特别津贴，支付高于当地一般财政供养人员的各种福利费用，优先安排在农村工作一定年限的教师进修、培训与交流，等等。同时，要设立针对贫困地区的特别教育扶助制度。可以借鉴法国在1981年制定和实施的“优先教育区”政策，对处境不利地区的学生给予特别扶助，设立助学金制度、开学补贴制度和上学交通补贴制度，通过高层级政府对贫困地区的特别扶助来实现城乡教育的均衡化。

附：义务教育财政转移支付模型：总额比例补助①

一、县乡转移支付模型

县级义务教育转移支付模型为：

某县义务教育转移支付额＝（该县义务教育标准支出－该县义务教育标准收入）×激励系数

其中：激励系数＝［1＋B（该县义务教育财政努力程度－全国县级政府平均义务教育财政努力程度)］。它表明，某县义务教育财政努力程度高出全国平均水平1%，所获得的补助将增加B%。

二、义务教育标准支出模型

义务教育标准支出由小学标准支出加上初中标准支出形成：

某县义务教育标准支出＝该县小学标准支出＋该县初中标准支出

小学标准支出＝小学人员标准支出＋小学公用经费标准支出＋小学贫困生补助标准支出＋小学基建支出

其中：

小学人员标准支出＝小学在校生数×全国小学生均人员经费×地区调整系数

经济落后地区（包括农村）的教职工工资，不应低于全国平均水平，因此采用全国生均人员经费作为计算人员经费需求的参数。

地区调整系数反映一个地区的教职工工资相对于全国平均水平的高低，可以根据人口密度、学校规模、海拔、纬度、物价指

① 《义务教育财政转移支付》，北京师范大学教育研究中心课题报告组研究成果。

数等客观因素，采用数学模型计算确定。

小学公用经费标准支出＝小学在校生数×全国小学生均公用经费×地区调整系数

我国各地的基础教育都采用全国统一的课程标准和教学大纲，教学要求基本相同，因此经济落后地区的生均公用经费不应低于全国平均水平。考虑到不同地区之间成本与物价存在一定的差异，采用调整系数进行调整。调整系数的确定方法同上。

小学贫困生补助标准支出＝在校贫困生人数×生均补助额

补助的项目包括文具费、资料费、住宿费和伙食费等，生均补助额可用国家规定的补助标准或全国平均数计算。

小学基建标准支出＝危房改造支出＋新建校舍支出

危房改造支出＝危房面积×单位面积改造成本×10％

单位面积改造成本可以按抽样调查数据根据数学模型得出，存量危房在10年内改造完毕，每年支出改造成本的10％。

新建校舍支出＝需新建校舍面积×单位面积建造成本×10％

需新建校舍面积＝学龄人口数×生均校舍面积定额－现有校舍面积

采用学龄人口而不采用在校生数，是因为校舍应满足全部适龄儿童的入学要求，应创造使适龄儿童都可以入学的校舍条件。

在10年内完成普及义务教育的任务，未来10年完成所缺校舍的建设，每10年投资总支出的10%。

单位面积建造成本＝全国平均单位建造成本×调整系数

调整系数的确定方法同上。

初中的标准支出与小学的计算方法相同。

三、义务教育标准收入模型

某县义务教育标准收入＝该县本级财政义务教育标准收入

某县本级财政义务教育标准收入＝（该县标准财政收入－上级义务教育补助）×（全国县级财政支出的全部义务教育经费－上级政府对全国县级政府的全部义务教育补助）/(全国县级全部财政支出－上级政府对全国县级政府的全部义务教育补助)。县本级财政义务教育标准收入是一个县在财政在对义务教育的中等努力程度下，可以负担的义务教育经费。其中：

（标准财政收入－上级义务教育补助）是没有义务教育财政转移支付条件下，一县的财政能力。

标准财政收入＝自有标准财政收入＋全部上级财政转移支付收入。自有标准财政收入按标准税基和标准税率计算得出，反映该县自有财政能力。

（全国县级财政支出的全部义务教育经费－上级政府对全国县级政府的全部义务教育补助）/(全国县级全部财政支出－上级政府对全国县级政府的全部义务教育补助)，是全国县级政府在没有义务教育财政转移支付条件下可用财力中用于义务教育的比例，反映全国县级政府平均的义务教育努力程度。之所以用全国平均努力程度计算一县自有义务教育财政能力，是因为虽然目前经济落后地区财政支出中，义务教育经费的比例高于全国平均数，但是在压缩诸如扶贫、基础设施建设等支出的基础上实现的，因此不能要求经济落后地区对义务教育投入的努力程度比中等水平更高。

四、义务教育财政收支缺口模型及分担模式

在计算出义务教育标准收入和标准支出后，就可以确定收支缺口，并设计弥补方式。

某县义务教育收支缺口＝义务教育标准支出－义务教育标准收入

在该县义务教育财政努力程度高于或低于全国县级政府的平均水平时，由于激励系数的作用，所得到的转移支付额将高于或低于收支缺口。

县级义务教育转移支付额分担，在全国范围内按两种方式进行，如表7.1和表7.2所示。

表7.1　　中央对缺口分担的百分比

全省人均财政收入相对于全国平均水平的百分比	中央分担缺口的比例
高于10%以上的省	不分担（缺口由省政府负担）
高于10%以内的省	10%
低于10%以内的省	20%
低于10%—40%之间的省	30%
低于40%以上的省	40%

表7.2　　省对中央弥补后剩下的缺口分担的百分比

该地区人均财政收入相对于全省平均水平的百分比	省政府分担的剩余缺口比例
高于20%以上的地区	30%
高于20%以内的地区	40%

续表

该地区人均财政收入相对于全省平均水平的百分比	省政府分担的剩余缺口比例
低于10%以内的地区	50%
低于10%—40%之间的地区	60%
低于40%以上的地区	70%

注：其中人均财政收入可用转移支付前的自有人均财政收入，各级政府的义务教育财政转移支付资金，原则上要在本级预算中足额列入，并优先于其他支出项目。

四　在利益平衡的基础上建立教育资源均衡机制

2010年，《国家中长期教育改革和发展规划纲要（2010—2020年）》特别指出，要推进义务教育均衡发展。均衡发展是义务教育的战略性任务。建立健全义务教育均衡发展保障机制。推进义务教育学校标准化建设，均衡配置教师、设备、图书、校舍等资源。要切实缩小校际差距，着力解决择校问题。加快薄弱学校改造，着力提高师资水平。实行县（区）域内教师、校长交流制度。实行优质普通高中和优质中等职业学校招生名额合理分配到区域内初中的办法。义务教育阶段不得设置重点学校和重点班。在保障适龄儿童、少年就近进入公办学校的前提下，发展民办教育，提供选择机会。[①]

任何一项制度，说到底都是对社会公共利益进行分配或再分配。因此，教育制度的制定，必须通过教育决策的集体选择，最大限度地整合、平衡各种不同的利益要求，内在地根植一种有效的利益平衡机制，保证绝大多数人的需要和利益在教育制度中得到充分的反映，以

① 《国家中长期教育改革和发展规划纲要（2010—2020年）》，中华人民共和国中央人民政府门户网站，新华社北京，2010年7月29日。

实现大多数人的教育公平。

首先，要正确认识现有的利益集团的博弈，设计决策活动中多方博弈的共赢机制。当前，伴随着社会转型的进程，我国正在发生公共教育权力的转移，已然出现了政府、市场、公民社会和学校之间相互博弈的迹象，一些新的教育矛盾和问题已经产生，如教育领域中的公益与私益的关系，公平与效率的关系处理，等等。因此，政府在确定教育制度时，除了要具备正确的理念和可靠的事实信息之外，还必须采取科学理性的研究方法。要把它置于整个教育大系统内来考察，采取适度模糊的留有余地的弹性决策，在多元主体（教育系统属于多方博弈）之间寻找到其利益的最佳平衡点，尽量规避利益相互倾轧和抵消的情况；要准备多种可供选择的预警方案，在开放性原则指导下制定富有弹性的柔性原则，尽可能减少由于刚性决策失误造成的纠错成本与代价。同时，还要积极创造条件，开辟政府、学校与市场之间的信息通道，提高决策的效度和信度。

其次，要全面考察不同受教育群体的利益诉求，不断推进教育活动的民主化，特别是决策程序的民主化，以保证绝大多数社会成员的需要和利益在教育制度中得到全面反映。要在分配教育资源时遵循平等的原则、对等的原则和补差的原则，提高资源的利用率。要通过行政手段和发动社会各界的力量，关心经济欠发达地区的教育，关注弱势群体的教育，逐步缩小经济、社会、教育发展程度不同地区的教育水平的差异。我国现在还没有统一的行政立法程序法，主要法律依据是国务院制定的《行政法规制定程序暂行条例》以及现行的行政立法实践，其主要环节是：编制立法规划→起草法规或规章→征求意见→协调与衔接→审查→审议通过→签署和审批→发布和备案。教育制度的实施也应参照这一程序。只有实行教育制度程序化，按规定的程序和规则进行，才能限制个人的恣意和专断，杜绝各种违规行为。只有实行教育制度民主化，建立普通公众、民间中介机构和研究组织参与决策、监督决策的制度，实行教育决策听证制度，最大化地关注、采纳利益相关者的利益诉求，才能保证广大人民能够参与教育的公共管理，对公共教育权力的行使进行监督。

最后，要选择和设定教育利益分配与平衡的维度，并对这些维度适时进行调整。由于分配总是在综合平衡各种利益矛盾后完成的，也就是说，是对各种利益平衡维度的确定和选择的结果。因此，教育制度必须考虑到相应的教育利益平衡的维度。在实施教育利益分配时，要正确处理国家、集体、个人三者的利益关系；正确处理绝大多数人的利益和少数人的利益；正确处理全局利益和局部利益；正确处理长远利益和眼前利益；正确处理既得利益和补偿利益。既要避免为追求教育利益平衡而走入极端平均主义的歧途，又要应对现有的不平衡的教育利益现状做出有力和有效的调节。

把利益平衡落到实处，就是要实现教育资源配置的均衡化。我们看到，教育资源的差异普遍地存在于教育活动的各个层面，构成了教育质量水平和发展的差异。这种差异性是由社会经济发展的不平衡性，教育资源的历史、地理分布的固有不平衡，管理体制和供给方式的差异性以及社会对人才培养信息不对称等原因共同形成的。均衡合理地配置教育资源是人们的一种理想追求，虽然不可能绝对达到，但政府可以通过宏观教育资源的公平分配，优化、合理地配置教育资源，使其整体上达到一种动态平衡，以实现全社会效益最大化。

一般来说，教育资源配置的机制分为两种：一种是以决策的集中性、信息传递的纵向性以及动力结构的行政性为特征的计划形式；另一种是以决策的分散性、信息传递的横向性以及动力结构的市场性为特征的市场方式。近年来，也有些学者提出除市场和国家以外的由习俗、伦理道德和思想观念等组成的力量对资源进行的补充性配置，即所谓“第三配置”。计划配置教育资源的优势在于它能根据现实状况和可预测的教育发展规模和速度，确定国民经济总支出中分配给教育部门的经费，并从宏观方面确定教育的整体布局，根据各地区的教育资源状况和公民素质水平的差异，制定出相关针对性较强的政策，从而通过优先发展教育来促进科技进步和全社会公民素质的提高。它的劣势在于由于其是以高度集权、行政调节为主的资源配置方式，容易使学校成为行政的附属物，造成学校自身能动性的缺失。而且由于学校等教育机构无法参与到教育资源配置的决策中去，一旦出现教育资源配置不均衡，教育机构自身就难有改变的能力。市场配置教育资源优势在于，教育各种供求关系的立足点和出发点可以直接指向市场，可以把不同的教育利益主体和部门有机联系起来，使个别劳动变成社会总劳动的有机组成部分，使得教育的供求关系反映社会和家庭对教育消费的不同需求，最终引导教育的规划和发展，实现教育的最终需求。同时，可以从外部造成压力，推动学校合理布局和教学管理效益的提高，自觉地实现资源的优化组合配置。市场配置教育资源劣势在于，容易造成教育发展的不平衡、教育机会不平等、教育的社会效益和精神效益难以充分实现等不良后果。

因此，如何在不同的教育层次和结构中，让上述两种机制有机结合，各自发挥优势，规避劣势。同时，如何在教育资源的配置中寻求第三种力量，是实现教育资源配置均衡化的关键问题。

一方面，应坚持发挥政府基础性主导性作用。市场经济即使再发达，都不能改变教育的公共产品或准公共产品的性质。教育的公共产品性质决定了其应该由政府来提供。首先，政府应依法承担义务教育的完全责任，提供完全免费的义务教育，确保适龄学子都能接受大致相当的教育。其次，政府要积极投入高中阶段教育的经费，不断扩大高中教育资源，促进高中教育的普及。最后，要发挥政府的基础性作用，在各级政府中，特别是中央和地方政府或高层政府与基层政府中明确职责，建立基础教育范围内的学生资助制度。

另一方面，要就教育的公平与效率的现实选择合适的“度”。虽然我国作为发展中国家，为了确保国家和民族根本的、长远的利益，同时应对国际竞争和挑战，必须集中有限的财力和社会资源重点建设一批学科和学校，使得教育整体实力接近或达到世界先进水平。但是，教育的公平性和公益性原则同样要求政府为所有的学校和学生提供平等的教育机会和条件。如何在教育公平和效率之间寻找一个合适的“度”，是解决教育资源配置的关键问题。

第一，通过建立国家基础教育发展基准来确定需要重点优先扶持的对象和范围，以此加快基础教育薄弱学校，尤其是城乡薄弱初中的改造。并根据社会经济发展状况和教育发展情况，适时调整基础教育发展的标准。通过教育发展基准的确立，确保所有学校的人员、经费、设备、校舍、图书等基本条件到位。定期确定一定比例的处于基准线以下的学校，加强这些薄弱学校的改造和建设。同时，要像制定重点学校政策一样制定统一的薄弱学校建设和改造的宏观政策。

第二，通过教育均衡发展系数的设定，对教育资源供求差距作出预警。基础教育发展均衡系数的设定，可以通过教育指标进行动态分析，并建立相应数学模型，得出教育资源配置和供求水平的基准值。再将不同地区、不同学校的教育资源的供求状况与基准值进行比较，得到其教育发展偏离程度的数值，最终发现教育资源配置中存在的问题，同时调整地区、城乡不公平教育配置。

第三，通过校际之间的人力资源流动和共享制度，达到在师资力量上的优势互补。可以参照类似高校学分共通或图书、实验设备互相开放的做法，在同区中小学建立资源共享制度，如教师互聘、校长轮岗，这样先在一定区域内实现人力、物力资源共享，再推至全国。先通过人力资源流动和共享制度在“软件”上实现教育资源均衡，再寻找合适途径实现“硬件”教育资源均衡。

第四，通过在非义务教育阶段引进民间资金来保障义务教育的经费和资源。在国家给予常规性投资的基础上，淡化重点高中的概念，促使一部分优秀高中学校逐步转变为民办学校，超出一般高中办学水准所需要的经费和资源就由学校和学生自行解决。这样不仅能满足部分学生接受优质教育的要求，尊重不同阶层、不同人群对受教育权的选择。更重要的是，国家可以从重点高中节省下来经费和资源用于公共基础教育，从而保证基础教育资源配置的平等和质量。义务教育是公民的基础教育，决定着国民整体素质的提高，是重中之重，一定要保证其公平性。因此笔者认为，应在全国范围内逐渐取消重点初中及重点小学。

第五节　教育政策的改进

一　深化农村教育综合改革

长期以来，我国农村教育结构单一，教学内容缺乏地方特色，地方上往往把升学教育作为教育工作唯一的追求目标，忽视回乡参加生产劳动的大批中小学毕业生对生产知识和技术的需要。少数升了学的学生就不再回本地；而回乡参加生产劳动的中小学毕业生又在思想、心理、技术、劳动技能上缺乏准备。于是造成投入农业生产第一线越早的人文化水平越低（文盲、半文盲，小学、初中流失生或毕业生），农村吸收运用科技的能力较弱。在农村教育管理体制上，由于教育部门对农村的需要考虑较少，农村教育与当地生产和群众生活脱节，造成教育在育人、促进经济发展、推动社会全面进步等方面的功能都得不到充分发挥，一些农村居民逐渐对教育失去信心。

对于农村教育的弊端，早在20世纪初就有一批有识之士提出来，陶行知曾指出，中国乡村教育走错了路：他教人离开乡下向城里跑，他教人吃饭不种稻，穿衣不种棉，做房子不造林。他教人羡慕奢华，看不起务农。他教人分利不生利。他教农夫的子弟变成书呆子。他认为，教育没有农业，就成为空洞的教育，分利的教育，消耗的教育；农业没有教育，就失去促进的媒介。晏阳初认为，中国农村的问题是农民的“愚、穷、弱、私”四大病症，应当用教育救治。必须开展四大教育，以文艺教育救愚，生计教育救穷，卫生教育救弱，公民教育救私，其中最主要的是公民教育。

农村教育综合改革的目的就是要把农村教育由过去的单纯升学教育转到主要为当地建设培养急需的人才兼顾升学的轨道上来，大面积提高农村劳动者的文化技术素质，促进农村经济发展和社会全面进步。

（一）农村教育综合改革的主要内容

1. “三教”统筹

“三教”统筹就是要运用系统论、控制论的原理，变过去的“三教”各自为政为“相互协调”，变“顾此失彼”为“统筹兼顾”，变“各有利弊”为“整体优化”。通过“三教”统筹，整体优化改革，大大促进广大劳动者素质的提高，接受技术教育的大批农民成为当地商品经济发展的主力军。实践证明，“三教”统筹的农村教育管理体制推动了农村教育综合改革，产生了整体优化的功能。

“三教”统筹的主要途径是：首先，要加强基础教育，实行文化教育与劳动技术教育相结合。要根据不同地区的实际情况，在保证基本规格要求的前提下，改革基础教育的办学模式、教学内容和教学方法。在坚持为当地经济建设服务的精神基础上，探索基础教育的多种模式。在普通教育中渗透职业技术教育因素，把加强劳动技术教育作为基础教育改革的一项重要内容。同时，还要增加农村商品经济常识的教学内容，编写乡土教材，反映当地自然资源、社会风情、历史沿革等，以激发学生热爱家乡，献身家乡建设事业的创业精神。

其次，要大力发展和改革职业技术教育。职业技术教育的形式灵活多样。笔者认为，从我国当前农村的实际情况出发，采取在普通初中或高中办职业班的形式比较适宜。当然，更重要的是，要因地制宜，内容要同本地经济和社会发展需要以及农民脱贫致富紧密结合，要以系统职业技术知识与单项实用技术技能相结合。专业设置、教材建设要有针对性，要重视实践，教给学生实际操作的本领。要提供学生实际训练的场所，如农科站、农机站、乡镇企业、养殖场、试验田等。

再次，要提高农村师资力量。众所周知，高质量的教育取决于高质量的师资，没有任何一种教育体系能够超越师资的水平而超前发展。教育发展成功的关键在于师资自身的素质。目前，我国农村师资不足、素质不高的状况很突出。针对这种情况，应挖掘学校内部潜力，由校长和优秀教师来承担培训不合格教师的任务，建立学校内部培训提高教师的有效机制，扩大农村学校师资来源。对于农村教师中占较大比重的民办教师，要创造条件为他们提供进修、转正和取得学历的机会，调动他们教学的积极性。

最后，要实行以扫盲教育、实用技术培训教育和社会文化生活教育等为主的农村成人教育。应从发展农村经济、促进农民致富实际需要出发，紧紧围绕推广当地急需的实用技术，广泛开展各种实用技术培训。要根据“实际、实用、实效”的原则，发挥实践性强、针对性强的优势，积极发展县、乡、村三级农民文化技术学校。农村成人学校应该与普通中小学和职业中学相互沟通与配合，应聘请当地的生产能手传授技术，通过对中小学毕业生的培训，使他们真正掌握一至几项实用技术。

关于“三教”统筹的具体做法，在近几年的农村教育综合改革中，各地相继涌现出一些好的经验和做法。

使“三教”有机结合，做到在办学形式上相互交叉，办学内容相互渗透，办学方法互相补充，办学效果相互促进。“普教”可以在师资及办学手段等方面为“职教”和“成教”提供文化培训、德育、法制教育及普通应用科技实验等条件。

统筹解决“三教”所需的经费、校舍和其他办学设施，在经费的投入和使用上要把“三教”作为整体来考虑。地方财政要逐年提高对教育的投入，财政拨款要按“三教”的实际需要合理列支。教学设备和场地的建设、使用要统筹安排。基地建设要防止重复和浪费，如实验室、教学仪器、电化教学设备等，在同一个县、乡、村范围内完全可以统筹安排，使其发挥较大作用。

统筹使用“三教”师资。对三类教育的师资队伍需要统筹管理，统筹使用，统筹聘请，统筹培养培训。对各类学校的教师在保证完成本职工作的前提下，进行交流使用，互通有无。鼓励普通中小学教师到职业中学、农民文化技术学校教普通文化课，职业中学、农民文化技术学校教师到中小学教专业课或劳动技术课。要根据国家对各类学校教师的具体要求，结合本地实际，采取多种形式的教育方法。

2. 农科教统筹，促进农村全面发展

农村教育综合改革中，农村经济、科技和教育的统筹结合是一项重要内容。它揭示了农科教协调共同繁荣的客观规律，是现代农村经济发展和社会进步的必由之路。

农科教结合中的“农”字包含三层意思：①农业生产（包括粮食、蔬菜、林果等种植业和渔业、畜牧等养殖业）；②农村经济（包括农业生产中的种植和养殖业以及农产品的加工，尤其是各类乡镇企业的发展)；③农村建设（包括物质文明建设和精神文明建设)。“科”字也包含三层意思：①适应农业生产、农村经济、农村建设的需要，组织科技服务队伍；②健全和完善科技培训与推广网络；③普及适用技术，开发高新技术，使科技成果尽快转化为生产力。“教”字也包含三层意思：①围绕农业生产、农村经济、农村建设与科技进步的需要，在大力加强基础教育的同时，积极发展职业技术教育和成人教育；②广泛开展实用技术培训，培养大批中、初级技术人才，提高广大劳动者的文化技术素质；③发展与农业及农村建设相适应的高等教育。

农、科、教三者并存和密切关联，就是指现代社会发展条件下的大农业、大科技和大教育之间的关系。实现农科教结合，就是要在发展农业生产、农业经济和农村建设中，以推广先进科学技术为动力，以开展教育培训、提高农民的科学文化技术素质为手段，把经济发展、科技推广和人才培养紧密结合起来，使农业生产、农村经济和农村建设真正转移到依靠科技进步和提高劳动者素质上来。长期以来，我国的农科教之间存在着就农抓农、就科抓科、就教抓教的分离现象，要使农科教真正结合起来，就必须在政府的统筹下，建立与社会主义市场经济体制相适应的农村经济体制、科技体制、教育体制以及彼此相结合的新型关系，使农业发展依靠科技，科技进步依靠人才，人才培养依导教育，推进农业生产、农村经济、农村建设的全面发展和振兴。

农科教统筹就是要做到：首先，加强政府部门的统筹领导工作，处理好农科教结合的相互关系。各级政府应直接担负发展本地区农业生产、农业经济和农业建设的规划、组织、管理相协调的责任，以保证农业、科技、教育等部门及所属事业的结合，科技与教育为发展农业生产、农村经济和农村建设服务。应当保证必要的智力投资，使生产投资与智力投资恰当配合，确保把农业生产、农村经济和农村建设转移到依靠科技进步和提高劳动者素质的轨道上来；要克服农科教部门分割、相互脱节的弊病，在整体规划、确定项目、安排资金、培训人才、使用设备和场地等方面扬长避短，优势互补，形成合力，提高科教兴农的整体效益。

其次，农科教结合要重点体现在与农业生产的结合上。要在中小学适当引进“职教”因素，并通过中等及中等以下的职业技术教育和成人教育培训大面积提高农民的文化技术素质，增强其运用科学技术的能力，推广实用技术，促进种植业和养殖业发展；尝试运用高新技术，向农业生产的广度和深度进发。通过基础教育、职业技术教育、成人教育的相互沟通，形成文化基础知识教育与专业技术教育的结合，促使实用技术得到普及。

最后，农科教结合要与农村经济相结合，从而最终促进农村建设。农村教育要进一步调整教育结构，以满足当地产业结构变化对各类人才的要求。要结合当地农业生产和乡镇企业发展的需要，引进科技项目、技术和人才。同时，重视运用高新技术成果，生产一流产品，培养中初级人才，引进高级人才，形成以科教致富、以富兴科教的良性循环。最终实现高产、优质、高效的农业生产和农村经济水平新提高，集体经济实力得到壮大，乡镇企业得到长足发展，农民收入增加。同时，农村教育的“三教”和高教也实现长足的发展，高、中、初级各类人才的比例趋于合理。最终使农村建设中的文化、教育、卫生、娱乐事业得到全面发展，真正实现两个文明的现代化新农村。

具体来说，就是要做到：①面向农村经济建设，深化农科教本身的体制改革。坚持各部门隶属关系不变，职能不变，经费来源渠道不变，单独核算不变。从实际出发，因地制宜。根据各地农科教发展的不同状况、水平和层次，分类加以指导，提出要求。②多渠道筹措农科教发展经费，建立和建设县、乡农科教中心。推广科学技术，提高科技成果的转化率和覆盖率。建立奖优罚劣的激励机制和行政、经济、法律等手段相结合的调节机制。③建立统筹规划、管理协调的各级组织领导机制，抓典型经验，以点带面，扩大农科教结合的范围。培训各级主管教育的干部，使他们熟悉农科教结合工作，了解农科教结合的意义、内容和实施要求。明确农业、科技、教育各部门的职责，各司其职，分工协作，提高农科教结合的实效。④抓好实验县、乡的建设，建立协作网络，实行培训、实验、示范、推广相结合，带动农科教结合向统筹配套、网络化、系统化的方向发展。

3. 实施“燎原计划”

“燎原计划”是继“星火计划”、“丰收计划”之后的农村教育综合改革的重要内容。“燎原计划”是指以我国农村涌现出的教育改革的好典型带动周围更多的县和乡，形成燎原之势，因而称为“燎原计划”。近几年来，“燎原计划”的蓬勃发展不仅丰富了探索和实践的内容，同时还在各地相继涌现出一些好的经验和做法。

实施“燎原计划”的主战场和结合点在乡、镇。“燎原计划”既是一项教育计划，也是一项经济、科技、社会改革计划。它涉及教育、经济、科技诸多部门。只有条、块、行业、部门都树立起为农村经济建设服务的统筹协调的全局观念，农科教统筹才可能顺理成章。可以看到，统筹的重点在县，结合的内容在乡。乡政府发挥主导作用，才能使农村的一切工作落到实处。就65个示范乡的工作来看，凡是乡一级结合搞得好的，工作就落到实处。如会宁县在落实中川“燎原”开发项目中，由县委书记和县长召开项目统筹会议，组织教育、科技、农业、水电、供销、财政等部门共同解决项目开发经费、技术咨询、化肥地膜及人员培训等具体问题，使中川“燎原”项目产生了较大的经济和社会效益。

以项目开发为手段，增强农村教育服务于经济的实力。如甘肃省引进国家“燎原计划”贷款500多万元，加上地、县的配套资金，共开发种植、养殖、农副产品加工等“燎原”项目77个。据33个项目的调查统计，共贷款203.4万元，配套资金99.5万元，总产值1484万多元，总利税130万元，投入产出比为1∶15。项目培训人员1.7万多人（次），推广技术87项，产生间接经济效益约800万元。这批项目的开发，增强了教育为经济服务的实力，沟通了教育与经济的结合渗透。

示范乡点面结合，为以点带面做出榜样，“以教促富，以富促教”。“燎原计划”就是要把科学技术普及到千家万户，促进经济，发展教育。如甘肃省静宁县在城川、治平、仁大三乡示范的基础上，把“燎原计划”扩展到100个村，制定了静宁县百村“燎原计划”建设方案。在县委、县政府统一领导下，由政府“农办”牵头，教育、科技、组织、人事、农业等部门协同组织实施，为推动甘肃省全省“燎原计划”向纵深发展进行了有益的尝试。经过几年的试点，初步取得了“以教促富，以富促教”的成效。

4. 农村教育综合改革的发展方向

经过多年的改革和发展，农村教育体系的基本框架雏形已经形成。但要建成一个比较完整成熟的农村教育体系，目前还存在很多问题。而这正是农村教育综合改革未来要发展的方向。笔者认为，其中最突出的有两个：一是农村教育如何促进和适应市场经济发展的需要；二是农村教育如何进一步优化结构，提高教育的整体功能。

要使得农村教育促进和适应市场经济发展的需要，可以从以下三个方面着手：

首先，要建立与市场经济相适应的管理体制、运行机制和办学方法。在办学体制上，农村基础教育要推进以政府办学为主，辅以少量的企事业单位和社会力量办学。其他各级各类教育，要大力提倡社会团体、企事业单位和公民个人联合办学或单独办学。可以适当提倡“国办民管”的办学试点，辅以“民办公助”或“公办民助”，采取一切可行的办法形成全社会共同办学的新格局。

在办学机制上，要建立政府宏观调控与学校自主办学相结合的运行机制。从市场经济发展过程看，几乎所有改革都有一个明显的趋势，就是要大力加强企业经营管理的自主权。虽然目前自主办学问题对农村中等及中等以下的各类学校没有明确规定，但逐步扩大中等及中等以下各类学校一定的办学自主权从而达到因地因校制宜，也是政府教育管理的一个大趋势。但笔者认为，教育效益是滞后的，随着时间的推移，其效益会逐步增大。与一般商品生产比较而言，教育产出周期长，人才培养的数量、品种与规格一般不能根据人才市场的供求变动而即时调节，尤其是学历教育，必须根据合理预测实行宏观调控。由于受多方面条件的制约，在农村举办中等或中等以下的各级各类学校，不应过分强调“政事分开”。农村学校的办学自主权只能随着学校领导管理水平的提高和自身经济实力的增强而逐步扩大，现阶段绝不能削弱政府的宏观调控作用。如果把农村学校视为完全独立的办学实体，就会使得农村教育陷入更加窘迫的境地。

在办学方法上，要推广“村校共管”的办学体制，把“双向参与”的办学思想落实到基层。要从管理体制上把经济和教育真正融合在一起，除在县、乡两级建立农科教结合的管理体制和运行机制外，还要在村一级大力推广“村校共管”的办学体制，把“双向参与”的办学思想落实到基层。这方面全国农村教育综合改革试验点山西吕梁地区前元庄实验学校就有成功的经验可供借鉴。吕梁地区前元庄的经济发展实行和教育发展同步规划，同步进行村校干部交叉任职。同时，建立学校教师联系农户制度，不仅深入家庭辅导学生学习，还为农民致富当参谋，形成“学校—家庭—社会”三者结合的教育网络。建立两种实验基地，一是学校为群众服务的理、化、生实验基地，二是村里供学生实验实习的果园、大田基地。建立两种教师队伍——学校专任的文化课教师与有专长的农民兼职劳技课教师。经过七年实践，全村人均收入由320元提高到1100元，同时教育事业也得到好的发展，适龄儿童全部进入幼儿园，小学入学率、巩固率、毕业率均达到100%，被山西省政府命名为“精神文明先进村”。

其次，要构建适应农村现代化建设要求的农村教育目标体系。农村现代化建设要求造就一批能够适应市场经济竞争需要，具有良好意识的现代新型农民。与传统农民不同，他们是具有一定思想、文化、科学技术和身体素质的，能满足建设现代大农业需要的农村各行各业中各个层次的生产者、经营者和管理者。

市场经济条件给各个不同阶层的农民都提出了更高的要求，同时也给农村教育带来更高的挑战。这主要表现在以下几个方面：一是在发展农业生产方面，随着分工与协作的深化，统分结合的双层经营体制的逐渐建立，乡镇与村、组都承担了为农民服务的职能。这就需要有农业各类专业技术人员和产前、产中、产后服务人员参加服务工作，提高服务水平；规模经营是实现农业生产专业化、商品化和现代化的必由之路，为此还必须培养合作农场的经营管理人才、农机人才、农业生产技术人才和农产品经销人才。另外，调整农业生产结构，发展“高产、优质、高效”农业，搞活多种经营，也必须培养大批农业生产骨干，帮助他们树立市场经济意识，提高获取信息的能力，提高科技水平和经营水平。二是在发展乡镇工业方面，为了加快和国际市场的接轨，推动乡镇工业上规模、上水平，需要培养一批具有市场经济意识、适应改革开放的现代企业家、工程师、经济师、会计师、涉外商务人员、营销人员和从事新产品开发的专业技术人才，以适应外向型、现代化企业的需要，加速乡镇工业进一步改革和发展。三是在市场经济条件下，还必须培养造就大批新型的农村干部。在社会主义市场经济条件下建设有中国特色的社会主义新农村，是一项开创性的事业，面临着一系列新的问题。培养一批政治素质及政治作风良好，文化水平高，具有市场经济和开拓创新意识，并具有一定生产经营和领导管理能力的行政管理、企业管理和事业管理农村基层干部，是建设好社会主义新农村的关键问题。特别是某些发达农村已经初步形成了商品市场、金融市场、人才劳动力市场、技术信息市场和房地产市场。如何在新形势下驾驭好市场，于激烈的市场竞争中立于不败之地，是考验农村基层干部的一个现代难题。四是根据农村城镇建设的需要，对农村剩余劳动力加强培训，以推进农村第三产业的发展。目前，我国农村第三产业的发展还相对比较滞后。社会主义市场经济的建立，为发展农村第三产业提供了很好的机遇。要积极培养能适应市场经济需要的营销人员和各类商贸人才，帮助他们掌握有关专业知识和技能，促进农村第三产业蓬勃发展。

对于上述高素质人才的教育与培养，主要要靠农村教育综合改革、改革农村教育来解决。我国以前的农村教育基本没有承担过这方面的任务，在构建未来农村教育新体系中，这就成了一个全新的挑战。要通过调查研究，对农村各级各类教育应承担的任务作出具体规定。从而对各种人才的素质要求进行规范，最终形成完善的各级各类教育的培养目标体系。以此作为今后调整教育布局、优化教育结构、进行教学改革、编写新教材的依据。

最后，要继续探索能让教育和经济协调发展的办学新领域。近几年，发展校办产业和社会服务已成为各级各类学校解决经费紧缺的一个重要渠道。校办产业已经成为一些高等学校、职业学校和成人学校改善办学条件、解决教师队伍不稳定的重要手段。为使农村教育与农村经济实现有机结合，农村出现了不少实行“教学、科研、生产、经营、服务”一体化的职教中心、成教中心、农科教中心等教育经济实体，大体上有三种情况：一是为学校培养人才提供实习或试验场所而举办的各种校办工厂、校办农场或校办商店等产业；二是围绕学校培养人才、开展科技推广活动而兴办的各种产业，包括一些科研机构和服务机构；三是纯粹以创收为目的而兴办的各种经济实体，包括一些公司和集团。前两种是学校教育的一个有机组成部分，其主要活动是围绕培养人而展开的。后一种就其管理体制和运行机制看，尽管它是补充教育经费不足的一个重要来源，但实际上还是等同于社会上独立的经济实体。

“校企一体”或“一校两制”的办学模式在中国到底是否可行，这在学界还有一定的争论。笔者认为，从现有的经验来看，实行教育经济一体化为时尚早，并不适合当前中国的国情。在实践中，很难在同一个学校将教学活动和经济活动完美结合统一。办经济实体按经济规律办事，讲究创收赢利，而教育重在育人。这两者很难完全统一，有时甚至是相互矛盾的。学校领导同时具有教育家和企业家素质的更是凤毛麟角。从目前的经验中我们也可以看到，直接为教育服务的经济实体能赢利的很少。能够为学校带来丰厚利润的经济实体，一般都是独立或半独立的。因此，实行“一校两制”，积极在学校探索独立的或半独立的经济实体，是农村教育综合改革的积极举措。但学校不能完全企业化，要维持学校的公益性。

如何进一步优化农村教育结构，是近几年农村教育综合改革的难点问题。教育结构的合理性首先应表现在农村地区教育结构的优化上，即整个农村教育系统是否与当地农村社会经济发展相适应。其次，应表现在农村各级各类教育结构优化，即包括基教、成教、职教在内的三大块教育要形成相互沟通、相互衔接、紧密结合的有机整体。目前，关于优化农村教育结构的几个关键问题，在学界尚有争议。农村究竟应不应建立相对独立的教育体系，这种体系与城市教育体系有何差别，这个问题尚需进行深入探讨。有的学者认为，在义务教育阶段，不应该以职业教育去削弱国民基础素质。另有学者认为，农村教育就应该完全和职教联合，从而指导生产建设，对此笔者的看法是，农村可以适当建立相对独立的并行融汇普教与职教的教育体系。但教育部门要完整承担农村学生从小学到初高中的基础教育任务，要保障解决劳动者的基本素质。职业教育任务可以适当学习一些，但主要还是应在农村学生高中毕业后由业务部门、用人单位去承担。至于农村教育中普教与职教要不要实行早期分流，如何分流，是通过升学筛选后分流，还是根据“因材施教”原则实行分流，这个应该结合当地的实际情况具体问题具体分析，不能一概而论。

具体来说，有以下几个实施策略。首先，要树立优先发展教育的战略地位的观念，要结合各地农村实际，进一步制定修改好农村教育综合改革规划，有计划分步骤地组织实施。要了解所在地经济发展现状，通过分析农村经济建设对农村教育改革和发展的影响，了解预测经济、产业、技术结构的发展变化。结合当地经济和社会发展对各类教育的新需求，寻找新的增长点，以此作为调整制定规划的依据。同时还要规划分阶段规定要达到的目标要求，以及其保障措施。要注意克服两大思想障碍：一是轻视职业教育；二是轻视包括岗位培训、短期培训、技能培训的非学历教育。从而最终形成普教与职教、学历教育与非学历教育互相沟通的大教育体系。在具体工作中，要坚持“抓点带面，点面结合”和“典型示范，分类指导”的方针，以试验县（市）为点，使其向纵深发展，分区规划、分类指导地逐步向周围地区扩展。

其次，要把“统筹”与“综合”结合起来，向宏观和微观两个领域延伸。不仅在宏观领域要加强综合改革力度，而且还要强化教育内部微观领域的综合改革。要着重解决好农、科、教三个系统，基、职、成三种教育，高、中、低三个层次教育的统筹与协调。要抓紧进行农村各级各类教育培养目标、质量规格、课程设置、教材编写等改革的基础工作。

再次，要在县（市）一级设置专门机构对农村教育进行系统综合研究。构建农村教育新体系是复杂的社会系统工程，同时更是广泛而深刻的教育变革。它涉及很多理论问题和实际问题，仅靠一般的行政工作难以完成。县（市）一级要加拨专项经费设置专门机构，聘请具有丰富理论素养和教育实践经验的专家专门从事农村教育改革的试验和研究，使整个农村教育的科学决策水平走上不断提高的道路。

最后，要增加教育投入，提高农村各级学校的教师队伍综合水平。要从教育思想、智能结构、教学能力、专业技能等方面加强教师能力，特别要重视农村师范学校和各类教师进修院校的作用。

二　通过补偿措施保障弱势群体的教育机会

2010年，《国家中长期教育改革和发展规划纲要（2010—2020年）》特别指出，要健全国家资助政策体系。各地根据学前教育普及程度和发展情况，逐步对农村家庭经济困难和城镇低保家庭子女接受学前教育予以资助。提高农村义务教育家庭经济困难寄宿生生活补助标准，改善中小学生营养状况。建立普通高中家庭经济困难学生国家资助制度。[①]

教育补偿是指国家或社会为保障处境不利儿童接受完整的九年义务教育而采取的各种补偿措施或行动的总称。由于强势群体拥有较强的话语权和较多的资源，国家的政策会倾向这些强势群体。所谓弱势补偿机制，是指针对弱势地区、学校和弱势群体进行补偿，即对在教育中处于不利地位的地区、学校及受教育者采取补偿性措施，以补偿

① 《国家中长期教育改革和发展规划纲要（2010—2020年）》，中华人民共和国中央人民政府门户网站，新华社北京，2010年7月29日。

其由于不利地位和处境所造成的教育损害。这一机制的作用体现在两个方面：一是对弱势教育地区和教育机构的补偿；二是对弱势群体的补偿，通过教育政策对受教育者因经济状况、出身、社会地位、文化背景等因素所造成的差异进行补偿。罗尔斯的公平三原则就特别强调了“弱势补偿原则”。当前在我国基础教育政策体系中，发展性、限制性政策居多，而补偿性政策偏少。仅仅只通过政策来鼓励或限制发展，容易造成教育领域中的利益分配失去平衡。因此，教育补偿是整体收益最大化的合理选择，是解决不利地区和不利儿童失学辍学的重要途径，是实现教育公平的现实要求。

对于教育补偿，世界其他国家已经有些比较好的经验。一些国家以社会贫弱阶层初等教育优先的原则，首先从处境不利的弱势教育地区开始义务教育。韩国的免费义务教育就是首先从农村、偏僻落后地区开始，接下来面向城市里的弱势群体实行完全免费的义务教育，最后实现全国义务教育的均衡发展。一些国家通过强化政府财政转移支付制度，帮助处境不利的弱势地区达到义务教育财政水平。美国国会在1965年实施《初等与中等教育法》，建立社会处境不利儿童教育计划，由联邦政府向城乡学区拨放基金和特殊补助金，以资助低收入和贫困家庭子女，之后国会还七次对该法案提出修改意见。20世纪90年代出台的“2000年目标”更是特别指出，改革的首要目标在于为所有贫穷青少年提供帮助他们入学的、适合发展性学前计划所要求的高质量教育。英国为改善处境不利地区和群体的教育状况而实施了“教育优先区计划”。1967年，英国中央教育咨询委员会发表了“普劳顿报告”，提出了一个全国性的教育补偿计划，即“教育优先区”的设想。这个计划超越了以往教育机会均等的形式公平，以进一步补偿的方式实现了积极差别待遇的实质公平，把教育机会平等的内涵扩展为使处在社会经济不利地位的学生得到补偿文化经验和教育资源不足的机会。报告试图通过国家干预，打破因社会经济障碍而陷于贫困的儿童无法摆脱困难的恶性循环，对于处于教育优先区的贫困与处境不利儿童给予额外的教育资源。通过提出进入教育优先区的具体指标，找出需要特殊援助的学校，再加大对这些学校的投入，使其校舍、教学设施、图书资料、师资水平等方面尽快达到全国平均水平。继英国后，法国也于20世纪80年代实施了“优先教育区”政策，对确定为优先教育区的地方采取特别政策，于经费、师资、设备等方面予以特别支持。日本的学校，无论规模大小，在校生人数多少，都必须具备办学的必备条件和设施。政府机构对学校的教师和校长进行轮换调整，以保证各校师资力量和管理水平的相对均衡。同时，通过《关于国家援助就学困难儿童和学生的就学奖励的法律》、《偏僻地方教育振兴法》等法律援助因经济原因就学困难的学生。

总的来说，发达国家实行的弱势补偿教育政策给我们提供了良好的启示。由此可以看出，教育弱势群体是世界范围内难以规避的客观存在，政府要积极面对，不能只采取临时性措施。不应仅仅作为必要的原则贯穿进教育政策，而应上升到制度和法律层面。在推进教育机会均等的过程中，应普及差别补偿的观念，对现有的因为经济、地理、文化、家庭等因素形成的教育差别，要积极由政府的援助补偿来避免处境不利的地区、学校和教育群体因自身能力不足而无法摆脱弱势的恶性循环。结合我国实际国情，弱势补偿教育政策可以从以下几个原则着手：

首先，要明确弱势补偿的范围和对象。教育的“弱势”范围如何确定，应该遵循几个基本的标准：一是由于历史的或自然的经济、文化、地理等因素而导致发展严重滞后所造成的弱势；二是因社会转型、制度变迁或政策安排而被边缘化所形成的弱势；三是凭借自身能力对目前的不利困境无法摆脱而可能陷入恶性循环的弱势。政府要做到同时兼顾三个方面：对弱势地区的教育补偿、对弱势教育和学校的补偿、对弱势教育人群的补偿。

其次，弱势补偿的途径与方式要多元化，做到以调动弱势教育群体积极性为目的。对弱势对象进行的补偿方式主要有四种：一是为了提升弱势对象参与教育整体发展和竞争的能力，以促进发展和开发为功能而进行的发展性（开发性）补偿方式；二是针对教育领域所存在的生存和发展困境，通过实施有关重大项目，尤其是义务教育财政转移支付措施，对弱势教育地区、学校和人群予以优先扶持，以使其教育机会权益得到基本保障的保障性补偿方式；三是由国家资助的针对家庭经济困难的受教育人群建立的扶贫助学制度或由社会团体设立的特别助学计划，针对处境不利的弱势群体采取特殊的救助或资助措施的救助性补偿方式；四是由地方政府和民间实施与开展的结对帮助扶持弱势地区的学校和贫困受教育者的帮扶性补偿方式。在实际操作过程中，要结合具体实际情况，将几种方式结合使用，在注重经济补偿的同时，要注重智力开发、科技扶持、技术输入、观念提升。弱势补偿的根本目的是使弱势地区和弱势群体尽快形成自我积累、自我吸收、自我发展的能力，因此，关键在于文化和观念的扶贫，要使弱势群体摆脱贫困文化和心理的束缚，增强他们与主流社会和文化接触的机会，增强其被主流社会接纳的技能。要从简单的、分散的、临时救火式的救助性补偿向注重整体性经济、社会效益的开发性补偿调整，最终形成弱势补偿的“造血机制”。

再次，要从根本上加大对教育的投入。我国财政性教育经费占国内生产总值的比例近年来虽有增长，甚至在2010年5月公布的《国家中长期教育改革和发展规划纲要（2010—2020年）》中明确提出：“要逐步提高国家财政性教育经费支出占国内生产总值比例，到2012年达到4%。”但4%这个数字仍低于世界发达国家5%—6%的水平，也低于发展中国家4.4%的平均水平。这种投入总量不足，一方面造成了不少学校的公用经费严重不足，个别农村学校甚至没有公用经费；有的学校出现了危房和欠债；有些地方的教师工资还不能按时、足额发放；学生家长经济负担过重，造成部分学生辍学等后果。另一方面，也使得弱势群体在竞争有限的教育资源时力不从心，继而使弱势延续下去。因此，只有加大整个教育的投入力度，才有可能最大限度地消除新的弱势现象的产生。

最后，要尽快在全国完善义务教育全免费制度。目前，世界大多数国家的义务教育都是由政府承担主要责任，我国也已基本普及了九年义务教育，个人所交杂费在义务教育的总投入中占10%左右。国家可以适当压缩其他领域中的不合理的经费使用，用来满足义务教育中学杂费所占的比重。2005年3月5日，温家宝总理在十届全国人大三次会议上所作的政府工作报告，提出免除国家扶贫开发工作重点县农村义务教育阶段贫困家庭学生的书本费、杂费，并补助寄宿学生生活费。2007年，全国农村普遍实行了这一政策。目前，这项政策的具体实施还存在许多问题，应在实践中不断探索完善义务教育全免费制度的实施途径和实施办法。

三 通过教育法规的完善来促进教育公平

2010年，《国家中长期教育改革和发展规划纲要（2010—2020年）》特别指出，要完善教育法律法规。按照全面实施依法治国基本方略的要求，加快教育法制建设进程，完善中国特色社会主义教育法律法规。根据经济社会发展和教育改革的需要，修订教育法、职业教育法、高等教育法、学位条例、教师法、民办教育促进法，制定有关考试、学校、终身学习、学前教育、家庭教育等法律。加强教育行政法规建设。各地根据当地实际，制定促进本地区教育发展的地方性法规和规章。[①]

“公平”、“平等”等价值理念是政治社会中所有价值体系所追求的最高目标。法作为一种最具权威性的价值与规范体系，实现公平是其最终的理想目标。法治社会的建立离不开教育法制环境的健全，以法律来保障与促进教育公平的实现是社会发展的必然选择。现代经济理论认为，在模糊不清的制度规范下，政府很有可能推脱或减轻教育的投资责任，只有明确的法律规范才能有效地制约政府的行为。而政府的另外一个重要责任就是最大限度追求教育机会分配的公平。为了达到这一目的，政府的教育决策过程应由“受益人缺席”状态转变为允许教育利益相关者参与决策活动，从而使得教育决策过程能体现最大多数人的要求和利益。只有通过法律保障教育公平体系，才能使政府在执法过程中进一步加强教育法规的权威性，使得有害教育公平目

① 《国家中长期教育改革和发展规划纲要（2010—2020年）》，中华人民共和国中央人民政府门户网站，新华社北京，2010年7月29日。

标实现的社会各责任主体受到惩处。同时，更使得社会公众成为法制监督主体，受教育权利意识在行使法律手段的同时得到提高，最终建立起健全完善的法律实施监督体系。

十一届三中全会以来，我国教育立法发展速度飞快，随着《中华人民共和国学位条例》(1980 年)、《义务教育法》(1993 年制定，2006 年修订)、《教育法》(1995 年)、《教师法》(1993 年)、《高等教育法》(1998 年)、《职业教育法》(1996 年)、《民办教育促进法》(2002 年)等一大批关于教育的法律、法规的制订，这些法律中逐渐出现关于教育公平的规定。如 2006 年修订的《义务教育法》第 6 条规定："国务院和县级以上地方人民政府应当合理配制教育资源，促进义务教育均衡发展，改善薄弱学校的办学条件，并采取措施，保障农村地区、民族地区实施义务教育，保障家庭经济困难和残疾的适龄儿童、少年接受义务教育。"第 4 条规定："凡具有中华人民共和国国籍的适龄儿童、少年，不分性别、民族、种族、家庭财产状况、宗教信仰等，依法享有平等接受义务教育的权利，并履行接受义务教育的义务。"《教育法》第 9 条规定："中华人民共和国公民有受教育的权利和义务。公民不分民族、种族、性别、职业、财产状况、宗教信仰等，依法享有平等受教育机会。"这些法律顺应了国际以教育公平为目标立法的潮流，反映了公众对教育公平的强烈诉求，在一定程度上保障了公民公平受教育的权利。但相对于教育改革与发展和教育公平的实际需求来说，还很不健全、很不完善。这主要表现在以下几个方面：

首先，关于教育公平的法律立法的数量少，层次不高。在国际上，教育公平被高度重视，1948 年联合国大会的《世界人权宣言》就把公平受教育权作为基本人权，1990 年的《世界全民教育宣言》

更是提倡全民公平教育。而在我国，目前关于教育方面的立法仅有七部法律和十几部行政法规，其余都是行政规章和规范性文件，而其中保障教育公平的部分则更少。

其次，教育立法系统性差。“在一个完整而统一的教育法律体系中，总体性的价值通过层层分解，落实于教育立法的目的、教育法基本原则直至具体的法律条文之中。每一款法律条文都包含着价值判断，为教育的总体价值服务。”[①] 从教育法律法规所覆盖的状况来看，我国教育法律法规的制定缺乏总体规划和设计，缺乏系统性、全面性，在很多领域还是空白。如《中华人民共和国未成年人保护法》第14条规定：“学校应当尊重未成年学生的受教育权，不得随意开除未成年学生。”而修订后的《义务教育法》第27条规定：“对违反学校管理制度的学生，学校应当予以批评教育，不得开除。”不得随意开除未成年学生，是否就赋予了学校享有开除未成年学生的权利？这似乎与《义务教育法》规定的未成年义务教育权和宪法规定的受教育权存在着某种程度的抵触。

再次，关于教育公平的法律可操作性差。在我国，教育立法很多都有宣言性质，缺乏实际操作性。《教育法》、《高等教育法》等条文规定比较笼统、抽象和原则，程序规范少，实际操作难，可诉性不强，在司法实践和学校中少有实用性。如修订后的《义务教育法》第4条规定：“凡中华人民共和国国籍的适龄儿童，依法享有平等接受义务教育的权利，并履行接受义务教育的义务。”但是具体救济措施、权利受侵害时如何救济法律并没有明确的规定；义务的主体是否为政

① 余雅风：《重构中国高等教育公共性的法律保障》，教育科学出版社2004年版，第110页。

府和监护人也没有明确规定；如何通过法律强制履行其义务法律亦没有明确的规定。又如《义务教育法》第12条规定“地方各级人民政府应当保障适龄儿童、少年在户籍所在地学校就近入学”，但未规定如果出现与法律规定不一致的情况公民如何保障自己受教育的权利。另一条“经费的均衡拨付按学校建设标准”，其中具体设置标准由谁来定、如何操作、是否有损公民公平教育权，在《义务教育法》中都没有明确规定。

最后，我国教育法有一些在实际操作中不利于教育公平的条款。《义务教育法》规定适龄儿童在户籍所在地就近上学，而实际生活中却有一部分儿童由于种种原因在入学时并没有户籍，学校就以此作为理由拒绝其入学。随着市场经济的快速发展，大量农村劳动力涌入大城市打工，农民工子女也随之离开原居住地，因此必须对义务教育法做出相应的修改，以保证数量庞大的民工子女受教育的权利。

在这种情况下，教育立法的完善就成为实现教育公平的一个关键问题。如何加强我国教育法制建设以促进教育公平，在笔者看来，有两个途径可以探索：

一方面要加强教育法学的研究工作。教育法学不是研究一般的教育现象，而是研究教育理论法律问题和教育法律实践问题，探寻教育法律发展的基本趋势，发现教育立法、执法、守法、监督的程序等教育法律的规律。在此基础上，建立教育法学体系，以指导教育法律的实践活动。要加强教育法制建设，就必须召集专家系统地开展教育法学的研究工作，吸收古今中外有益的教育法学思想和教育立法技术。只有对许多教育法律理论问题进行深入研究，才能不断完善我国的教育法律法规体系。

另一方面，要结合教育法律在实践中存在的问题不断摸索完善教育法律的路径。在完善教育法律的过程中，要动员和组织各方面的力量，深入调查研究，进行科学论证，开展各种实验，认真总结经验。针对法律操作过程中实际损害教育公平的问题，鼓励地方权力机关和行政部门在宪法和有关法律允许的范围内，根据本行政区域的实际情况制定一些适合当地需要的地方性教育法规。在试行期认为切实有效，无后遗症的，才真正考虑运用到教育法律的修改案之中。

具体来说，可以从以下几个方面着手：

第一，将教育法律、法规进一步具体化，增强其可操作性。对操作性差的教育法律，政府及教育主管部门应及时补充制定必要的行政法规、部门规章和实施细则使教育法律能落到实处。具体采用什么措施，怎么保证，不履行应承担什么责任，应有配套的实施细则或补充规定。如已经由法律禁止的重点学校和非重点学校，现实生活中很多地方把学校分为实验学校和非实验学校；或分为全国示范、省级示范、市级示范学校；或分为试验班、特色班等，这些其实都是变相的重点学校和非重点学校。如何界定和处罚这些违反教育公平法律的行为，都应该由教育行政部门以章程形式进行量化和细化。

第二，适时修改有损教育公平发展和不符合现实情况的教育法律、法规条款。只有不落后于实际情况和按需要时时变化的法才是适应时代精神的法，才能合理地促进社会健康向前发展，才能规范、引导时代发展。随着近几年农业税和教育费附加的取消，乡镇级政府财政功能的逐步削弱，《教育法》和《义务教育法》的相关条款内容也应按需要适时修改。如《教育法》第57条和第59条：

> 税务机关依法足额征收教育费附加，由教育行政部门统筹管理，主要用于实施义务教育……农村乡统筹中的教育费附加，由乡人民政府组织收取，由县级人民政府教育行政部门代为管理或者由乡人民政府管理，用于本乡范围内乡、村两级教育事业。农村教育费附加在乡统筹中所占具体比例和具体管理办法，由省、自治区、直辖市人民政府规定。

> 经县级人民政府批准，乡、民族乡、镇的人民政府根据自愿、量力的原则，可以在本行政区域内集资办学，用于实施义务教育学校的危房改造和修缮、新建校舍，不得挪作他用。

这类具有城市偏向已经严重不符合时代发展和有损教育公平发展的法律，应该及时修改。

第三，要明确把增进教育公平作为《教育法》、《义务教育法》的立法精神和基本原则。以公平的法的精神与平等的基本原则适时修改教育法，是促进教育公平发展的坚实的法的前提。法律规则就像体育比赛中的比赛规则，规则的公平是游戏结果公平的前提条件。教育公平发展是整个教育大厦公平的坚实基础。因此，加紧以公平的法的精神和平等的基本立法原则对《教育法》、《义务教育法》适时地修改有很重要的社会和教育意义。

第四，清晰、明确地界定国家公共教育财政投入范围，明确各级政府公共财政对公共教育的投入责任及其问责制度是修改教育法律以增进教育公平的重要工作。我国教育分配不公平其中有一个重要原因就是国家没有建立明确的公共教育财政投入范围。要通过修改教育法律，充分明确公共教育财政的投入范围，明确中央和省级政府承担与其财力相匹配的义务教育的财政责任，把钱真正用于社会公共性需要较强的教育上。同时，还要在明确真正公共教育投入范围的基础上，从法的根源上确立各级政府财政对公共教育投入的责任。避免作出诸如“各级政府都要把教育摆在优先发展的地位”等没有号召力和约束力的模糊规定。在协商、博弈确定各级政府在各级公共教育投入比例的基础上，才可能建立各级政府教育投入责任的问责制度。

第五，要使农村义务教育财政运行机制法治化。现在，我国农村义务教育财政体制存在的一个大问题就是教育财政支出缺乏法律的保障，挪用、挤占义务教育经费的现象很严重，个人意志代替政府组织行为的现象时有出现。要使农村义务教育财政运行机制法治化，就必须在以法律形式保证各级政府对农村教育的财政支出足额和公平的基础上，以法律形式使教育转移支付资金和拨付程序成为常规的政府组织行为。同时，要加强农村义务教育财政预算的硬性约束，把农村义务教育财政投入状况作为考查地方干部政绩的重要指标。

四　努力推行多元化办学和多元化教育

2010年，《国家中长期教育改革和发展规划纲要（2010—2020年）》特别指出，要坚持教育公益性原则，健全政府主导、社会参与、办学主体多元、办学形式多样、充满生机活力的办学体制，形成以政府办学为主体、全社会积极参与、公办教育和民办教育共同发展的格局。调动全社会参与的积极性，进一步激发教育活力，满足人民群众多层次、多样化的教育需求。要改进非义务教育公共服务提供方式，完善优惠政策，鼓励公平竞争，引导社会资金以多种方式进入教育领域。要大力支持民办教育。民办教育是教育事业发展的重要增长点和促进教育改革的重要力量。各级政府要把发展民办教育作为重要工作职责，鼓励出资、捐资办学，促进社会力量以独立举办、共同举办等多种形式兴办教育。完善独立学院管理和运行机制。支持民办学校创新体制机制和育人模式，提高质量，办出特色，办好一批高水平民办学校。①

知识经济、信息化、多元化、全球化是20世纪90年代以来人类新纪元的象征。知识经济逐渐成为经济增长的主导力量，多元化信息为人类信息交流开辟了新的渠道。努力推行多元化办学和推行多元化教育，是实现教育公平的全新有效途径。

多元化办学，包括创新高等职业教育，提倡民办教育和创办农村教育新体系等教育新举措。创新高等职业教育，是维护教育公平的一个重要途径，也是市场经济的发展趋势。高职教育适应了经济的发展要求，弥补了专业性实践技术的短缺需求，其实在我国有很大的发展空间，其发展前景在于以社会需求为目标、以就业为导向的办学定位。创新高等职业教育，应该从以下几个方面着手：首先，通过宣传等手段减少社会对高职高专的认识偏差。各个行业（基层）急需大量的具有实际技能的新生劳动者，而大批高职高专毕业生却找不到适合自己发挥作用的岗位。要通过宣传等手段让企业认识到高职高专学生在实践方面的优势。其次，要创新培养模式，努力打造订单式培养方式。根据用人单位需要进行教学改革，根据用人单位对应用型人才的

① 《国家中长期教育改革和发展规划纲要（2010—2020年）》，中华人民共和国中央人民政府门户网站，新华社北京，2010年7月29日。

需求培养学生。推行毕业设计、岗位培训和就业安置相结合的方法，在企业里进行毕业设计和上岗前的训练等环节。以此增强毕业生的实践能力，使之更容易为企业接受。再次，要以专业的设置入手，力求实现“产销”连接。要在广泛调研的基础上，瞄准产业结构调整的方向，形成行业、企业、学校参加的专业指导委员会，对人才需求预测、产业发展前景分析、人才培养目标、专业开办条件以及专业建设、教学计划安排、主干课程设置、能力结构要素、社会可利用资源等方面进行评议、论证、审核。最后，从双证培养入手，整合资源，打通产学合作的途径。高等职业教育以培养生产、建设、管理、服务一线的高等技术应用型人才为目标，而产业、企业具有高等职业教育的巨大可利用资源，这样势必使得高职教育需要行业、企业的深层次参与。要通过积极打通产学合作的途径，逐步完善健全每个专业对口的社会需求以及实施哪几个相应的职业资格培养（技术等级培训），拓展技术与技能培养的教育资源，提高高职毕业生对职业岗位能力要求的适应程度。

高校连续扩招，使得公立高校在校学生大幅度增加，原来公立高校存在的师资和基础设施的潜力已经得到充分利用，现在普遍出现一定程度的紧张，师资、教学设施、教学和生活条件都有恶化趋势。仅仅靠政府的财政投入，在一个相当长的时期内将难以解决教育供求的矛盾。提倡民办教育，更大程度地发挥了市场在资源配置中的基础性作用，使教育成为全社会共同参与的事业。1997 年，我国颁布了《社会力量办学条例》，在法规上对民办学校进行规范和保护，民办学校被定性为不以赢利为目的的非营利组织。目前，公共教育政策已经在宏观领域赋予了民办教育与公办教育平等的法律地位和待遇。但在更多更具体的微观领域，民办教育与公办教育还是有不对等的政策。民办教育政策在某种程度上的强制性、滞后和地方保护主义倾向，制约着民办教育进一步健康、协调地发展，使得民办教育与公办教育之间的差距进一步拉大。

提倡民办教育，有以下几个途径可以积极探索：首先，要完善有关民办教育的法规，对民办学校大力支持；完善相关的管理制度，减少和防止营利性民办高校的消极影响；加快对民办高校的学历认可，实现民办高校按规模扩张。其次，注重体制改革和制度创新，多种形式发展民办教育。加强民办教育的规范与管理，实现社会创新活力、资金资源与现有优质教育资源的有机结合。鼓励社会力量与普通高等学校按民办机制合作举办独立学院，有效拓展民办高等教育的发展空间；鼓励举办民办学前教育、高中阶段教育、高等教育，大力支持举办民办职业技术教育、社区教育和各种文化、技能培训，积极发展各种类型的民办非学历教育；通过积极引进国外先进的办学思想、管理经验、师资、教材和资金，采取独资、股份、联办和中外合作等多种多样的办学形式建设一批国际化学校。最后，把民办教育纳入教育以及国民经济和社会发展规划，进行综合协调和统筹管理，在其他相关政策上对民办教育予以扶持。鼓励民办学校在全国招生，支持民办学校到外省联合招生和设立招生点。而社会信誉好、教学质量高的公办学校可以适当吸引社会资金，与社会力量特别是现有的民办学校实行股份制合作办学，使优质教育资源得到有序扩张。省有关部门要对民办学校实行信誉记载制度，改变由物价部门审批学费制度，对民办学校的收费项目和收费标准实行公示制。

目前，我国低素质的劳动力绝大多数留在农村，农村人力资源丰富而人才资源缺乏，形成了庞大的剩余劳动力市场。推行多元化教育以推进城乡教育公平，还可以从以下几个方面着手：

第一，把各地区城市高等学校、技术学校和本地区农村相联系，把专业技术知识与农村的实践相联系。对乡镇领导干部进行培训，以提高其行政能力与效率；对乡镇企业的企业经理、员工进行管理培训、技能培训和整体素质培训。对农村的青壮年农民，包括农村中等职业学校毕业生和农村中学落榜的初高中毕业生进行以成人教育、职业教育、普通教育相结合的培训，建立农业、科学、技术相结合的教育体系和互动机制。

第二，充分运用现代远程教育网络平台。现代远程教育把优质的教育理念、教育方法引入到课堂，把科学的方法、先进的文化输送到边远山区、少数民族以及贫困地区，将有效解决广大农村资源匮乏和教师短缺的问题。以信息化带动农村教育跨越式发展，关键要做到机构健全，责任明确，高度重视资源建设，多渠道筹措运转经费。同时，还要尽快形成适合当地的教学应用模式，加大教师培训力度，提高教师对现代远程教育的应用能力。

参考文献

《马克思恩格斯全集》第1—50卷，人民出版社1956—1985年版。

《马克思恩格斯选集》第1—4卷，人民出版社1995年版。

教育部财务司、国家统计局人口和社会科统计司：《中国教育统计年鉴》(1993—2005)，中国统计出版社1994—2006年版。

国家统计局：《2008年中国统计年鉴》，中国统计出版社2008年版。

国家统计局：《中国统计年鉴》(1996—2004)，中国统计出版社1996—2004年版。

何东昌主编：《中华人民共和国重要教育文献》，海南出版社1998年版。

教育部组织编写：《中国教育年鉴》(1949—1981)，中国大百科全书出版社1984年版。

中央教育科学研究所：《2001中国基础教育发展研究报告》，教育科学出版社2002年版。

教育部财务司、国家统计局人口和社会科统计司：《中国教育经费统计年鉴》(2000—2005)，中国统计出版社2001—2006年版。

教育部财务司、国家统计局人口和社会科统计司：《中国教育经费统计年鉴》(2009)，中国统计出版社2010年版。

教育部财务司、国家统计局人口和社会科统计司：《中国教育统计年鉴》（2008），中国统计出版社 2009 年版。

约翰·罗尔斯：《正义论》，上海译文出版社 1998 年版。

转型期中国重大教育政策案例课题组：《缩小差距——中国教育政策的重大命题》，人民教育出版社 2005 年版。

王积业、王建主编：《我国二元结构矛盾与工业化战略选择》，中国计划出版社 1996 年版。

李彬：《乡镇公共物品制度外供给分析》，中国社会科学出版社 2004 年版。

孙兵、孟庆肴：《教育的公正与利益》，华东师范大学出版社 2005 年版。

赵云旗：《中国分税制财政体制研究》，经济科学出版社 2005 年版。

赵勇：《城乡购买力动态平衡理论》，中国经济出版社 2002 年版。

林毅夫：《再论制度、技术与中国农业发展》，北京大学出版社 2000 年版。

林善浪、张国：《中国农业发展问题报告》，中国发展出版社 2003 年版。

郭剑雄：《二元经济与农业发展》，经济管理出版社 1999 年版。

刘怀廉：《农村剩余劳动力转移新论》，中国经济出版社 2004 年版。